管理就是搞定人

如何让你的下属心服口服

GUANLI JIUSHI GAODINGREN

谢国计◎著

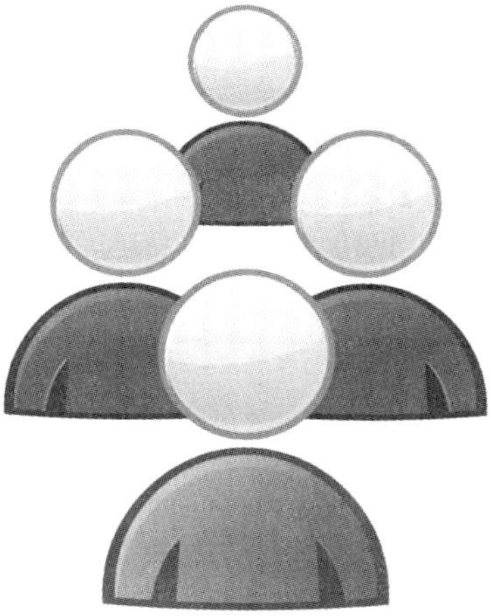

成都时代出版社
CHENGDU TIMES PRESS

图书在版编目（CIP）数据

管理就是搞定人 / 谢国计著. -- 成都 : 成都时代出版社, 2014.8

ISBN 978-7-5464-1151-4

Ⅰ. ①管… Ⅱ. ①谢… Ⅲ. ①管理学 Ⅳ. ①C93

中国版本图书馆 CIP 数据核字(2014)第 073793 号

管理就是搞定人

GUANLI JIUSHI GAODING REN

谢国计 著

出 品 人　石碧川
责任编辑　曾绍东
责任校对　李　航
装帧设计　林自伟
责任印制　干燕飞

出版发行　成都时代出版社
电　　话　（028）86621237（编辑部）
　　　　　（028）86615250（发行部）
网　　址　www.chengdusd.com
印　　刷　北京建泰印刷有限公司
规　　格　710mm×1000mm　1/16
印　　张　19
字　　数　260 千
版　　次　2014 年 8 月第 1 版
印　　次　2014 年 8 月第 1 次印刷
书　　号　ISBN 978-7-5464-1151-4
定　　价　39.80 元

目 录
CONTENTS

第三章 》》》》》》

管事先管人，管人要管心

一个只会管事的人只能叫“总管”，一个会管人的人才称得上是领导。管人的精髓在于管心，管好了人心，你才能人心所向，才能让员工从行为上、精神上都有一种自动自发的意识，使大家为团队的目标积极主动地工作。所以，管事先管人，管人要管心，从心开始做管理，你才能成为优秀的管理者。

第四章 》》》》》》

如何找到最好的人才

“企”，上有“人”下有“止”，充分说明，企业的发展关键在于人才。有人才，就能势头旺盛；没人才，必定停滞不前。作为老板，既要引进人才、培养人才，还要尊重人才、善待人才。只有给人才以施展才华的机会，公司才能步步升腾，财源不断。

第五章

小公司如何留住骨干——抓住关键的20%

二八法则告诉我们，在任何一家公司，起关键作用的都是占20%的骨干力量。作为老板，要想管好企业，就必须抓住这关键的20%：解决员工的后顾之忧，与他们同甘共苦，用最高的位置把最有本事的人留下来。这样，才能在激烈的竞争中杀出一条血路，打下一片江山。

第六章 »»»»

有效激励，让员工的潜能发挥到最大

一个优秀的领导者，要有一双善于观察问题的眼睛，员工有任何出色的表现，要及时发现、及时奖励。只有在物质和精神上高度地满足员工，他们才能使出牛劲儿，将自身的潜能发挥到最大，为公司出力卖命。

第七章 »»»»

批评与问责，对事不对人

管理企业，奖励不可缺，批评与问责更不可缺。很多公司为了处罚而处罚，不光没有达到“治病救人”的目的，反而伤害了员工的积极性。做老板，一定要会批评、巧问责。扇一个巴掌，再给两颗枣，这样员工才会乖乖认错，被你的“甜枣”所感动，从而死心塌地追随你。

第八章
“沟”而不“通”，是因为你不懂得“沟通”

管理说到底，就是沟通、沟通、再沟通。未来，大公司之间的竞争实质是管理的竞争，而竞争的焦点，恰恰体现在公司内部的沟通力上。因此，建立了解员工心声的渠道和机制，缩短上下级的距离，保证公司上下沟通畅通，对企业管理来说至关重要。

第九章
学会授权，让员工在成长中创造奇迹

有句话说得好：“紧攥着拳头里面什么也没有，张开双手你才能拥有全世界。”管理企业也是如此，当你紧攥着权力不肯放手时，你不是权力的拥有者，而是权力的奴隶。权力不是用来控制人的，而是用来督促人的，只有把权力授予下属，让下属有空间施展自己的能力，你才能在掌控者的位置上如鱼得水。

第十章

找出团队中的“害群之马”

俗话说：“一粒老鼠屎，毁掉一锅粥。”团队就像木桶，不允许有短板，更不允许“漏底”。作为企业管理者，在培养员工的过程中，必须毫不留情地淘汰那些平庸者，保证团队成员个个精明强干，这既是对企业的未来负责，更是对奋斗者的肯定。

第十一章

如何打造一支打不垮、挖不走的铁血团队

团队打江山，要有血性，要有强硬的作风。作为管理者，你要像揉面团一样建设团队，把利益、人情、制度都添进去，揉出一个劲道十足、任尔东西南北风也打不垮、冲不散的团队。也只有这样的团队，才能经得住外界的诱惑，

经得住风险的考验，才能所向披靡，战无不胜。

第十二章
少管是最好的管，无为而治是管理的最高境界

管理一家公司，最理想的状态就是“无为而治”。你一定要认识到：即使你能力再强，也不可能成为“百事通”。身为老板，就应该少管、精管，给员工足够的自由度，重视员工创造性的发挥，而不是裹住“思维的灵性”，让他们举步维艰。

第一章 Di Si Zhang

像大老板一样思考

常言道："心有多大，舞台有多大。"心的境界有多高，管理的境界就有多高，管理的效果就会有多好。老板要想把企业做大做强，就不能忽视内心的修炼和境界的提升。只有高瞻远瞩，站在更高的角度做企业、谋发展，才能赢得下属的敬佩和拥护，引领企业迈向成功的巅峰。

1 管理最重要的不是权力，而是智慧

在企业中，有一种领导说出来的话“一言九鼎”，全体员工非常拥护，积极按照领导的意图去执行任务；有一种领导说出来的话却“一文不值”，全体成员不屑一顾，但“人在屋檐下，不得不低头”，只能被迫去服从。这两种领导的差别在于，前一种领导靠的是智慧、权威和个人魅力来领导员工，后一种领导是靠单纯的权力来管理员工。

领导者的权威留存于员工的内心，权力却是浮在表面上的。员工当面对你敬畏，背后对你异常钦佩，这是权威的作用；员工当面对你点头哈腰，背后却说你非常糟糕，这是权力的作用。作为一个领导者，你肯定希望用智慧和权威领导员工，而不是用权力“压迫”员工。因此，你必须认清领导智慧与权力在管理中各自发挥怎样的作用。

众所周知，一个领导者必须拥有权力，领导者本身的职位就赋予了他这样的权力，没有权力，便不称其为领导。权力的力量能使别人服从，如果运用得当，权力可以产生巨大的影响力。但如果使用不当，权力就会成为“暴政”的工具，成为强制员工服从的外在力量。在这种情况下，员工会对你产生反感，他们很难发自内心地服从你、支持你、认同你。

不少领导者没有认识到这一点，认为自己是领导，就应该对员工呼来喝去，就有权“专制”——说一不二，一言九鼎，员工必须绝对服从。否则，就用权力来强迫员工、处罚员工。而真正有智慧的领导者不会这样做，他们深知：打动员工、赢得员工敬意的最好办法，是用自己的智慧和

能力来带领团队。所谓“将帅无能，累死三军”、“兵怂怂一个，将怂怂一窝”，足以证明领导者的能力对整个团队的重要性。有能力的领导者在团队里，很容易产生巨大的号召力。

一个成功的领导者，在管理企业的过程中，往往会表现出超群的智慧，能赢得下属的敬佩和拥护。与此同时，他还要有较好的内在品格和个性魅力，这样一来，他的威信就会逐步树立起来，在工作中他就会一呼百应，大家都会心悦诚服地听从他的安排和管理，这样就很容易将工作做好。

领导者的权力是职位赋予的，但领导者的影响力则来自他本人的能力、素养和品质。权力的运用往往依靠高压，而影响力的发挥则表现为赢得对方发自内心的认同、打动对方的真心。权力可以通过个人的资源、势力去影响他人的行为，而影响力则能促使他人态度、信念、价值观和行为的改变。

《葛底士堡》这部电影，讲述了美国内战时期一个重要的战役——葛底士堡战役。影片中有一个片段描写了张伯伦上校如何处理一批逃兵。当时一批逃兵被抓之后，逃兵的一个代表向张伯伦抱怨：“我们在战争中做了很大的贡献，但是却受到了很多虐待，我们厌恶战争，我们想回家……”

张伯伦是怎样处理的呢？他没有动用手中的权力，严惩甚至枪毙这些动摇军心的逃兵，而是对逃兵说了一番情真意切的话：“这场战争非常重要，如果北方军失败了，那么我们就将失去最宝贵的自由。既然你们不想战斗下去，那你们就走吧，我不会处罚你们。在你们走之前，我只想告诉你们：我们都渴望回家，但是如果战争失败了，即使我们回家也将失去意义。”

最终，这些逃兵改变了主意，他们重返战场，全军团结一心，取得了葛底士堡战役的胜利。

在这个故事中，张伯伦上校作为一个领导者，他拥有处罚士兵甚至枪毙士兵的权力。但是他没有用权力镇压逃兵，而是选择用自己的智慧——

通过以情动人、以理服人的办法，说服逃兵重返战场，最后他成功了。也许他的成功不在于他的说理多么有说服力，而在于他这种行为本身所产生的感染力。

要知道，很多军官在战争中，往往动不动就向不服从命令的士兵大吼大叫，甚至用枪口对准他们，毫不犹豫地扣动扳机。如果张伯伦也这么做了，也许逃兵会屈服，但这往往是口服心不服，结果身在曹营心在汉，又谈何战斗力？这种服从是暂时的，一旦有机会，士兵就可能再次哗变，甚至“临阵倒戈”，这种结果是非常可怕的。而张伯伦通过个人影响力打动了下属，所产生的影响力是内在的、长久的。

事实上，战场上的将军领导士兵，与企业中的领导者管理下属，道理是一样的。看看今天的中国商界，华为的任正非、联想的柳传志、海尔的张瑞敏，他们都在用自己的智慧影响着企业员工，用自己的能力带领企业迎着世界趋势锐意进取，使企业在激烈的竞争中，依然能取得骄人的战绩，这也使他们在员工心目中的影响力进一步提升。

领导者的智慧表现在很多方面，既表现在制订长远的战略规划上，还表现在按制度办事，公平公正地对待员工上，也表现在日常管理中，与员工和谐相处上等等。如果你想树立自己的影响力，那么不妨动用聪明才智，想方设法让员工“服你”。在这方面，英特尔公司总裁的做法非常值得借鉴：

曾经有段时间，英特尔公司的员工经常迟到。公司领导者对迟到者处以批评、扣工资等处罚，但是问题依然没有解决。最后，总裁想了一个办法，他每天第一个到公司，并站在门口迎接员工。迟到的员工见总裁在门口迎接自己，内心产生了强烈的自责感，他们发誓不再迟到。那些没有迟到的员工见总裁来得比自己早，便提醒自己：明天我要来得更早一点。渐渐地，员工迟到的现象得到了根本的改变。

毫无疑问，总裁先生的做法是充满智慧的，他通过以身作则的方式，给员工树立了一个标杆，让员工自觉地向他看齐。这样一来，不用发火动怒、不用扣钱惩罚，员工迟到的现象就得以解决。试问，这难道不是高明的管理智慧吗？所以，如果你的员工上班也经常迟到，那么请先反省一下自己：是不是我经常迟到，是不是我不重视员工迟到问题？同时了解员工迟到的原因，而不是用权力来处罚员工。

员工迟到问题只是管理者需要面对的众多问题之一，在管理中，你还会碰到很多问题，但无论碰到怎样的问题，不到万不得已，不要轻易动用你的权力去“镇压”你的员工，而要试着用劝说、说理等感性的办法，用你的个人品行和人格魅力去影响员工。当然，对于明确的制度规定，如果员工违反了，该罚还得罚。当然，要记住：罚不是目的，不能罚完了事，而要用你的影响力，引导员工走向你所期望的方向。

2 事必躬亲者，没有当领导的命

很多企业，尤其是中小企业，由于刚刚起步，资金、人力不足，为了节约用人成本，他们的老板或管理者往往事必躬亲，一人多职、一人多劳。当公司逐渐发展壮大时，他们原本可以把那些不太重要的事情交给下属去做，但由于他们已经习惯了事必躬亲，所以依然凡事亲力亲为。因此，他们经常感叹“太忙了”，以至于有些重要的事务都无法及时处理，这直接导致工作效率的低下。

事实上，任何一个企业，当其发展到一定的阶段时，其经营形态必然会呈现出多元化、复杂化的趋势，其规模也会扩大，企业管理者还想事必躬亲，再也不是一件轻松的事情。毕竟管理者的精力是有限的，诸葛亮事必躬亲，落了个“出师未捷身先死”，试问，又有几个管理者比诸葛亮高明呢？

司马懿曾听说诸葛亮什么事情都自己来处理，当即断言：“亮将死矣。”果不其然，不久之后，诸葛亮真的累死在阵前。可见，一个不懂得授权、事必躬亲的人，真的没有当领导的命，有的也许只是累死、累垮的命，这样怎么能管理好企业呢？

要知道，当一个领导者琐事缠身时，他往往没有时间和精力去聚焦重要问题。而且由于领导者事必躬亲，很容易导致新人没有成长的机会，能人没有发挥的机会。结果就会出现两种情况，要么是蜀中无大将、廖化为先锋，要么是干脆没有人才可用，最后领导者不得不更加事必躬亲。这样一来，一个悲剧性的恶性循环就诞生了。

汪先生是一家大型民营企业的总经理，他做事认真细致，凡事都要关注细节。就拿招聘员工这件事来说，公司每招聘一个员工，汪先生都会把关，即便临时的编制增加都要经过汪先生的批准。这样直接导致了汪先生忙得晕头转向，而且让整个管理层感到非常郁闷。

公司曾招聘一个营销经理，这个职位在组织构架中属于中层经理，人事部逐级向上汇报，经过层层通报，最后汇报到汪先生这里。前来面试这一职位的不下 50 个人，经过层层筛选，最后推荐了 5 个人。当正式面试开始以后，大家才发现这几乎是一段马拉松式的进程。因为人事部的经理要面试，营销总监也要面试，大区经理还要面试，最后汪先生还要亲自询问。

有趣的是，除了汪先生之外，其他管理者在面试 5 个应聘者时，都不表态相中哪位，也不筛选，可能他们早已习惯了不做决定。在这个过程中，有 3 个应聘者无法忍受如此漫长的面试过程，中途退出了。剩下的两人最后见到了汪先生，据说汪先生的面试比所有管理者都仔细，他的面试持续了两个小时，但由于汪先生特别忙，因此等待一个面试往往要花一个月的时间。

经过 6 个月的折腾，终于招聘来一位营销经理。然而，最终获得这一职位的候选人陈涛上了半年班就决定辞职，询问陈涛原因，陈涛是这么说的："我最不能接受的是公司的效率问题，连招聘一个促销员都需要大区经理申请，大区经理再向上级申请，下级管理者没有一点权力，有好的想法也不能及时实行。"

陈涛还说："在这里，每个管理者都是一个中转站，只要有汪总在，只要他这种管理方式不变，企业整个氛围就变不了。在这种氛围下，大家都觉得很累，都在假装干活，其实大家都没有创造多少价值。"

实际上，正常的面试流程根本不需要这么复杂、繁琐，只要人力资源部门的负责人面试应聘者，选出几个候选人，再将候选人推荐给营销总监面试即可。汪先生做事细致无话可说，但是他的做法直接导致下级管理者手中无权，也导致自己陷入忙碌之中，在琐碎的事务中根本脱不开身。

一个真正优秀的领导者应该懂得放权，懂得什么事情是自己应该做的，什么事情应该交给下属。只有认清了这一点，他们才能轻松地从琐事中抽身而出，才能把主要精力放在影响公司命运、事关公司前途的问题上，才能把这些问题处理好，从而为公司的长远发展保驾护航。

美国投资大师乔治·索罗斯就是这么做的，他对部下采取"放任"的态度，把公司的很多事情都交给员工去打理。他鼓励员工"先斩后奏"，经常对员工说："很多事情你们自己拿主意就好，不用事前向我请示，如果每件事情都向我汇报会错失掉很多时机。"索罗斯为什么大胆放权给员工呢？其实，这与一件事情有很大关系。

有一次，索罗斯从国外出差回到办公室，还没坐下来，秘书就抱着一大叠文件过来让他签字。这些文件都是他出差的日子里积下来的，索罗斯翻看了文件之后，发现里面有几个文件还非常重要。索罗斯非常生气地质问道："部门的经理都在忙什么，这些文件为什么不让他们签，你知道耽误的几天浪费掉多少机会吗？"

秘书一脸委屈地答道："这都是你自己定下的制度，每份重要文件都必须交给你亲自过目。"

索罗斯听后，马上想起他曾经在一次会议上说过这句话，顿时觉得自己真是搬起石头砸自己的脚。于是他立即召开部门经理会议，向大家宣布了一个重要决定："除非碰到你们没有办法解决的事儿，否则不要来打搅我打球。"

从此，秘书再也没有抱着成堆的文件来找索罗斯签字。

有时候，索罗斯会自我解嘲道："这帮家伙都把我晾在一边，不再理我了。"正因为索罗斯懂得有所为，有所不为，懂得下放权力，他才能有更多的时间去思考公司战略层面上的问题。

当然，下放权力给员工，并不意味着管理者对员工的工作进展不闻不问，任由员工"胡作非为"，而是让员工主动承担起属于自己的责任。管理者只有做到了这点，员工才能有机会获得成长，也才能让自己告别"穷忙"一族，更好地去思考和把握企业发展的大局。

所以，聪明的领导者一定要懂得抓大放小，要懂得抓权，更应该学会放权，因为"分身"有术的关键在放权，管理好企业的秘诀也在于放权。只有真正放权，才能充分调动起每一个员工和下级管理者的聪明才智和工作积极性，才能把事业经营得红红火火。

3　心的境界决定管理的境界

有一句话说得好："心有多大，舞台就有多大。"同样，老板心的境界有多高，管理的境界就有多高，管理的效果就会有多好。甚至可以说，老板心的境界决定了企业发展的规模。因此，老板要想把企业做大做强，就不能忽视内心的修炼和思想境界的提升。

作为老板或管理者，内心的修炼首先要从尊重员工、关心员工开始，多给他们微笑和赞美，使他们保持愉悦的心情，以充分激发他们的潜能。

要记住一句话，管理不是靠权力来压制人，而是靠魅力来感动人。老板与员工是合作关系，老板不是上帝，员工更不是奴隶，尊重员工、关心员工是非常有必要的。你尊重员工才能赢得员工的尊重，你关心员工才能赢得员工的拥护，在员工心中你才有影响力。

老赵在一所小学当校长多年，无论你什么时候去参观他的学校，总能感觉到环境整洁、清新、优雅，师生们朝气蓬勃，精神状态积极向上，让人觉得这所学校的管理井井有条。再看学校的制度，和大部分学校一样，没有什么特别之处，学校的领导和普通老师一样，也要任课，有的还要当班主任，也就是说并没有专人负责管理学校。可为什么该校秩序井然，教师个个尽职尽责，学校的教学质量在当地总是名列前茅呢？

老赵的管理秘诀是什么呢？一次，老赵和几位朋友闲聊时，有人问到这个问题，老赵笑着说："我管理学校没什么秘诀！我觉得只要你把老师当人看，老师们都会自觉地完成教学任务，根本不需要谁管理。闲来无事时，我会和老师们打打乒乓球，见哪位老师心情不好，我会找他聊一聊。"

听了老赵的话，几位朋友顿时明白了，原来老赵的管理秘诀就是"管心"。这也难怪老赵学校的教师那么敬业，教学质量那么高，因为老赵把教师们的心都拴在了一起。

说到管理，很多人往往会习惯性地想到"管人"，要么想到"管事"，很少有人想到真正的管理是"管心"。因为人非动物，也非机器，都有感情，一个人工作做得好与坏，并不完全取决于能力，更重要的是取决于态度，而他的态度又取决于他的感情和心理。因此，只有想办法让员工心情愉快，从内心里认可你这个管理者，他们才会听命于你，才会服从你的管理，按照公司的要求去认真对待工作。

世界著名的哈佛商学院曾在教学中使用了一个测试性的案例：请根据下面三家企业的管理现状，判断他们的前途和命运。

第一家公司：每天八点钟上班，公司实行打卡制，每迟到或早退一分钟扣 50 元，以此类推。员工必须统一着装，必须佩带胸卡，公司每年给大家提供四次体育比赛、三次联欢、两次聚会、一次旅游的机会。每个员工每年必须给公司提供四项合理化建议。

第二家公司：每天九点上班，但不计考勤。每人有一间独立的办公室，员工可以根据自己的爱好布置办公室。员工可以在走廊的白墙上信手涂鸦，公司给大家免费供应饮料和水果，员工可以在上班的时间去理发、游泳。

第三家公司：没有上班时间的规定，你什么时候想来就来，什么时候想走就走；没有专门的制服，你爱穿什么衣服就穿什么衣服，你可以把自家的小狗和孩子带到公司，上班的时候你去度假也不会扣你工资，只要你能按时完成工作任务。

面对这个测试题，96%的人认为第一家公司的前景会更好，但是实际上呢？当哈佛教授宣布这三家公司的真实身份时，大家都会为之震惊。因为第一家公司是创立于1997年的广东金正电子有限公司，这是一家集科研制造为一体的多元化高科技企业。可是因管理不善，在2005年7月申请了破产，生存仅9年。

第二家公司是创立于1975年的美国微软公司，是当今全球最大的软件公司和美国最有价值的企业，股票市值2883亿美元。第三家公司是创立于1998年的美国Google公司，如今每股股价402美元，上市一年翻了3倍，超越全球媒体巨人时代华纳，直逼百年老牌可口可乐。

从这个案例中我们可以发现，管理的境界决定了企业的命运，而管理的境界又由管理者心的境界决定，一个有胸怀，一个有智慧的管理者，才能做到管人先管心，才能做到无为而治。

中国古代大思想家老子曾说过："我无为，而民自化；我好静，而民自正；我无事，而民自富；我无欲，而民自朴。"他一直强调无为才能不为，强调无为而治。他认为治理国家靠万民的自觉行为，这样君王就可以实现不治而治的目的。

海尔集团的董事长张瑞敏曾说："我经营海尔主要是无为而治。我只抓大事，企业的大事就是文化、组织和战略。”在张瑞敏看来，“无为”中有“有为”，他认为“无为”就是企业的价值观，它是无形的，但是非常重要。在这个无形价值观的指导下，可以产生有形的企业发展成果。张瑞敏说：“所谓的‘超级领导’，就是当你的下属没有你的管理，仍然能够正常工作。”

可见，真正的管理不是管住人，也不是管事，而是管心。古人云：“得人心者得天下。”作为一个管理者，只有当你管住了人心，你才能管住了企业的效益，才能把握企业的命运。所以说，管心才是企业管理的最高层次，才是企业管理最高的境界。

4 将帅无能，累死三军

在曾经红极一时的电视剧《亮剑》中，李云龙说过这样一句话：“兵怂怂一个，将怂怂一窝。”将帅无能，累死三军。带兵打仗，最怕将领是个窝囊废。所谓的“怂”，指的是没胆识，没魄力，没智慧，没勇气，没果断抉择的能力。这样士兵的才能得不到发挥，大家的气势会被打压，积极性会受到影响，整支部队都将变成窝囊废，怎么能打胜仗呢？

在这一点上，三国时期十八路诸侯联合讨伐董卓，就是一个最典型的案例。诸侯方有袁绍、孙坚、曹操、刘关张、马腾等，董卓方有吕布、华雄等，而吕布有勇无谋。无论是从双方的力量对比上来看，还是从得人心方面来看，诸侯方都占尽优势，应该说灭掉董卓不在话下。可是，由于当时各路诸侯推荐袁绍为盟主，而袁绍就是一个无能的将帅，优柔寡断、疑心很重，加之不会用人，不但没有剿灭董卓，反而搞得联盟中纷争迭起、人心离异，最终讨伐董卓一战不了了之。

董卓的无能折射出企业管理中一个老板对企业发展的重要性。从董卓身上，我们可以看到四大不足：

第一，价值不明，策略呆板。十八路诸侯就像一个多样化的团队，各路人马之间没有足够的信任，没有统一的思想，而且各怀企图。然而，袁绍没有考虑到这一点，只是草草地开了个盟会，然后就匆匆上阵与董卓叫板。却不知，匡扶汉室，讨伐逆贼董卓是一个正义行为，应该以此为理念，宣扬一项崇高的事业，向各路诸侯描绘美好的蓝图，从而统一大家的作战思想，并告诉大家：事成之后，封官论赏。这样十八路诸侯的作战积极性就会被激发出来，就不会发生临阵退缩的现象。

第二，联盟紊乱，没有分工。讨伐董卓是一场巨大的战役，对一个组织来说，应该有明确分工。比如，给孙坚、曹操、刘备等人一个“副总”头衔，给他们明确的任务，然后研究一个作战策略。这样就可以很好地凝聚大家的力量，有序地展开讨伐董卓的行动。但是袁绍不愿意放权，自己在那儿瞎指挥，结果讨逆以失败告终。

第三，没有纪律，赏罚无方。董卓方的华雄将诸侯方的多位将领斩于马下，气势极为嚣张，对盟军产生了很大的震撼力。之后关羽主动请缨，温酒斩华雄，美谈从此传开，威震全军。这样的功劳应该给予重奖，但是袁绍没有奖赏关羽；鲍信、鲍忠不听指挥，一味抢功，造成重大失误，应该受到责罚，但是袁绍没有责罚他们；袁术私心甚重，后勤供应不足，致使孙坚战前失利，使讨董变得极为被动。对此应严明纪律，赏罚分明，但袁绍并未这样做。这样就很容易打击盟军的积极性，尤其是对刘关张的打击更大。

第四，没有远见，不识人才。用人先识人，只有先识别人才，才能把人才安排在合适的位置上，让他做最适合的事情。关羽自荐迎战华雄，袁绍却因关羽的出身卑微而担心被人嘲笑，这是严重的狭隘和不识才。大敌当前，袁术却以出身取人，以级别论人，甚至害怕被人笑话，严重不懂识人。

现在看来，袁绍带领十八路诸侯讨伐董卓失败，也没有什么奇怪的。不过，袁绍的“鸡肋”形象对企业管理者，尤其是一家企业的老板有深刻的启示。那就是，要想让企业获得长足的发展，老板就必须成为一个铁腕将领，要有魄力，有胆识，有远见，有识人用人的能力，绝不能目光短浅、畏畏缩缩、犹豫不决、前怕狼后怕虎。

陈先生是某食品企业的老板，他花重金聘请了一位销售总监，并给他提出了年销售额比头一年提高50%的目标。销售总监上岗之后，第一个月忙着市场调查，制订企业的年销售计划；第二个月忙着组建销售团队，建立管理和考核制度；第三个月，当销售业绩有所起色时，陈先生坐不住了，他说销售总监三个月都没有给企业带来利润，于是把他辞退了。

老板们经常说的一句话是：“我用人，是帮我创造利润的。”这句话当然不错，但是任何一个新人，都需要一段时间来适应企业，特别是高层管理者，更需要时间理解企业的组织结构、战略决策、产品特性、竞争对手等等。因此，老板应该对新人多一点耐心，要善于看到新人的潜质，而不是想当然地解雇员工。否则，就是不懂用人，没有远见。

拿破仑曾经说过：“不想当将军的士兵，不是好士兵。”同样的道理，不想成就一番事业的老板，也不是一个好老板。然而，成就一番事业，仅有这样的愿望是不够的。老板必须具有智慧，必须善于用人。因为一个人的能力是有限的，只有结合大家的智慧和才能，才能成就大业。在这一点上，我们可以对比楚汉两大英雄人物项羽和刘邦。

项羽和刘邦都想成就一番霸业，可是项羽勇气可嘉，但智谋不足，他只知道冲锋陷阵，和别人硬拼硬打。纵然他武艺高强，以一敌十、敌百，纵使他能率领几千人马打败别人几万人马，但最后依然逃脱不了灭亡的命运。而刘邦则不同，他非常自知，明白自己的能力有限，于是他最大限度地运用有能之人。通过对萧何、韩信、张良的大胆放权，最后消灭了项羽，建立了汉王朝。

在现代商战中，联想总裁柳传志就像刘邦那样善于用人。作为联想集团的领军人物，他能充分发掘人才，大胆放权。他还善于学习和总结，懂得审时度势，能在复杂的事情中理出头绪。柳传志认为，领军人物必须具备几点素质，那就是“做人要正”、“有大志”、“善于学习和善于总结”和“审时度势”。当一个老板具备了这些特质，企业才能更好地谋求长远的发展。

5 带出一群精兵强将是企业发展壮大的关键

很多管理者个人能力很强，在某一领域甚至称得上是专家，但是他们不一定能带领好一支团队。因为他们习惯了做执行中的主角，喜欢大小权力一把抓，喜欢让员工当他们的助手，最后他们取得了突出的业绩，而员工的表现却很一般，整个团队的战斗力也没有得到提升。

美国著名管理学家哈默有一个朋友，他在公司是领导者，每天除了要与客户进行电话联络外，还要处理公司的大小事情，桌子上的公文一大堆，每天他都忙得不可开交。

后来，这位朋友对哈默说：“我做的事情太多了，我的员工却只做简单的工作，也不愿意动脑筋思考问题。”

哈默对他说：“我不否认你的个人能力，但是作为领导者，你是不称职的，因为虽然你很优秀，但是你却没有让员工变得更优秀，你的团队依然停滞不前。这对公司发展是意义不大的，因为公司的壮大靠的不是一个或几个领导者，更多的应该靠广大员工，靠整个团队的付出。”

一个优秀的管理者，即使不吃不喝、不睡觉，一天也只有24小时可供使用。若不能充分调动员工的积极性，让员工变成精兵强将，那么单靠管理者个人的力量，是不可能推动企业发展的。因此，管理者的工作重点应该是建设团队，让团队成员变得更优秀，这才是企业发展壮大的关键。

怎样才能让团队成员变得更优秀，让团队力量壮大呢？毫无疑问，答案是正确地用人，选好人、用好人、用对人，并让每个人都有强烈的团队意识，相互间保持协作与支持。同时，作为公司的最高领导者，要在中层管理者心中树立这样一种管理理念：带出一群精兵强将才是你应该做的事，表现自我、突出自我，忽视对员工进行培养，是不值得提倡的。这样，中层管理者们才不会以个人的业绩为荣，而是以他们各自团队的业绩糟糕为耻。

刘先生和吴先生分别是一家公司两个营销团队的主管，两人水平不相上下。工作上，刘先生认真负责，工作之余，他有强烈的学习意识。一年下来，他的个人业绩在全公司名列前茅，而且拿了很多重量级的资质证书，他以为这样可以在不远的将来，为自己的职业晋升增加筹码。

然而，一年后总公司市场部经理一职空缺，公司打算从公司内部提拔人才担任市场部经理，刘先生信心满满，很多员工也认为市场部经理一职非刘先生莫属。可是当公司宣布市场经理的人选时，刘先生彻底傻眼了，这个人不是他，而是吴先生。

刘先生非常气愤，他找到公司老板，说："我的市场营销能力大家有目共睹，去年我的业绩全公司第一，我这么出色，为什么不让我，而是让吴先生做市场部经理？"

老板平静地对刘先生说："我知道你的业务能力很强，而且你考了很多资质证书，这证明你个人水平、能力十分出色，但并不代表你带领团队的能力出色。你看看，去年你的业绩非常突出，可是你的团队总业绩却很糟糕。这一年你的团队业绩与前年相比，没有任何增长，而吴先生担任营销主管的一年里，让他团队的总业绩比往年翻了5倍，虽然他个人的业绩不如你，但是他给公司带来的效益却是你的5倍，这个你不得不承认。"

听到这里，刘先生无话可说了。这时，老板对刘先生说："其实你完全有能力培养出优秀的下属，也能让你的营销团队变得更加有战斗力，希望你今后朝这方面去努力，而不是一味地追求个人的业绩。要知道，公司考核你的业绩主要是看你所带领的团队为公司创造了多少利润，而不只是根据你个人的业绩来考评你。”

刘先生说：“那么我该怎么做呢？我有时候担心下属的业绩会超过我，所以我总是抢着接单。”

老板说：“在这方面，你可以向吴先生学习，他花费了大量的精力和心血，为公司培养了5名非常优秀的业务骨干，他们在销售方面的技能非常出色，甚至都超过了吴先生，但是吴先生丝毫不担心他们超越了自己，因为他始终看的是团队的业绩。”

一个优秀的管理者不但要自己会打仗，更要让下属们都成为精兵强将，成为独当一面的人物，这样公司才会有希望。因此，管理者要努力把下属培养成人才，培养出一个有战斗力的团队，而不仅仅是追求个人业绩。在这方面，杰克·韦尔奇为广大管理者做出了一个榜样。

杰克·韦尔奇曾经说过：“我的主要工作是培养人才。我就像一个园丁，给公司750名高层管理人员浇水施肥。”管理者不仅要对企业和上级承担责任，还应该对下属负责，指导他们完成工作任务、帮助他们成长。当下属的能力不断提高，当他们变得越来越优秀时，团队的战斗力自然会提高，企业才会茁壮成长。

6 企业一定是先做精，再做强，后做大

在经营企业的过程中，为了能让企业健康迅速地发展壮大，每个老板都必须考虑一个问题：是先把企业做大、再做精、后做强，还是先把企业做精、再做强、后做大，还是先把企业做强、再做大、后做精？

对于这个问题，可谓众说纷纭，各持己见，什么样的理解都有。但有两种相对集中的答案，相当一部分老板认为：应该先把企业做精、再做强、再做大，理由是把企业做精是基础，有了坚实的基础，企业才能图谋发展，才能做强、做大。还有一部分人认为，应该先把企业做大、再做精、再做强，理由是市场竞争太残酷，只有迅速做大，抢占市场的份额，才能积累足够的资金，才有机会做强、做精。

不可否认的是，这两种理解都有道理，但选择哪种发展模式，更有利于企业发展呢？答案是先把企业做精，再做强，后做大。而先做大企业，再做强、做精企业，这种发展模式适合资金充足的老板。因为只有资金充足，才能迅速做大，快速抢占市场。对于大多数创业者来说，投资的每一分钱，几乎都是自己的血汗钱，金钱有限、资源有限，只有选择卧薪尝胆式的修炼，等到产品做精了，才有出头之日。

世界沐浴产品行业，品牌林立、鱼龙混杂。不过，有一家企业特别引人注目，那就是德立精工，尤其是它那句“求精做细，就是德立”的口号，更是让人耳熟能详。

德立精工从一家生产沐浴配件的小企业，发展成行业第一家自主研发全套沐浴产品的公司实属不易，其产品远销欧洲、美洲、亚洲的众多国家，它坚持从客户的沐浴感受出发，专注于每个细节，求精做细，这使它多年以来稳步发展成为行业里的领军企业。

从 2003 年下半年开始，德立开始走上自主研发的新道路，率先推出了多种创新产品，在行业内引起了很大的反响。可以说，不经意间，德立精工在知名度、产销量、市场占有率等方面，都在行业内遥遥领先。那么，它的发展秘诀是什么呢？那就是：先做精，再做强，后做大。

德立公司对产品的质量要求特别完美，每一环节都要严格控制。很多低端的沐浴房产品把玻璃、拉手、滑轮、胶条等半成品买回来，经过简单组装就对外出售；而且在组装过程中，不注重产品质量。但德立公司不会这么做，他们独立研发、设计、生产密封胶条和磁胶条、滑轮、拉手等部件，并对组装质量进行严格控制。正是这种精益求精的企业精神让德立公司不断发展壮大，在众多沐浴产品企业中脱颖而出。

德立公司表示，他们会继续坚持先做精后做强的理念，不盲目求大，而是重点考虑产品质量的稳定性、供应能力、代理商的生存质量等等，稳固地提高公司的实力。

把企业做大做强，是很多老板的梦想，他们都在试图通过产业整合或融资手段实现企业的快速扩张。但是著名经济学家郎咸平认为，企业盲目做大做强会导致其偏离主业投资，甚至加速企业的灭亡。正确的出路是先把企业做精，再做强，后做大。

在自然界中，一颗树苗能否长成参天大树，要具备两个条件：一是树的质地要好，可以抵抗风雨寒暑；二是要有较快的生长速度和长大的潜力。如果一颗树苗生长速度很快，但是质地不好，就算长得再大，也无法成为栋梁之才。如果树的质地很好，但是生长速度很慢，或者没有长大的潜质，也难以堪当大用。

其实，一家企业也是这样。只有同时具备了内在的素质和生长能力、生长潜质，经过几十年甚至上百年的持续稳定发展，才能在国内甚至国际市场上占有一席之地。毫无疑问，企业先做精，再做强，最后做大，是企业健康发展、稳步壮大的必由之路。只有做精了，企业才能健康，只有做强了，企业才能持续，只有做大了，企业才能稳定。

有一家公司，在十几年中，只做音乐播放器和手机，而且只做了五个型号的音乐播放器和两种款式的手机，你觉得这家公司有希望吗？在这个山寨机猖獗的时代——看看深圳数码产品的小作坊，一天就可以制造出几十种产品，再看看诺基亚和摩托罗拉公司，一年少说也会推出几十种型号的手机……

尽管现实如此残酷，但是这家公司依然能强大到无法撼动，它的名字让人们为之疯狂，它早已是时代的代名词，它就是美国的苹果公司。提起苹果公司，相信大家都不陌生，虽然它推出的产品只有屈指可数的几款，但是其市值一度超过了 Google。这不得不令人佩服。

乔布斯经营苹果的思路就是专注，就是求精。他把所有的研发、市场和推广都专注于一个产品上，甚至只有一种型号、一种颜色，不留任何后路。正是因为苹果公司坚持做精，苹果的产品才能以质取胜，风靡全球。乔布斯坚信：只有专注，才能把每件事情做到极致。这就是苹果公司每款产品横扫全球市场，缔造王者之气的原因所在。

把企业做精，就是企业要有自己的核心业务，要对核心业务投入 100% 的技术、心血和精力，把它做到极致。有人说，市场经济就像地上撒了很多钱，你一定要先捡离自己最近的钱，因为触手可及。同样的道理，你要做自己最有优势的产业，并用心做好，这样你永远不可能空手而归。只有把企业做精了，你才有希望把企业做强、做大。

7 不要神化自己，偶尔暴露一下自己的缺点

俗话说：“树活一张皮，人活一张脸。”管理企业，在与员工打交道的过程中，很多领导者往往竭力掩饰自身的种种缺陷与弱点，以顾全脸面，在下属面前树立一个“高大全”的形象，把自己神化成“不食人间烟火”、“不与员工同流”的完人。

殊不知，掩饰自身缺点、刻意美化形象很容易在领导者与员工之间制造一条心理鸿沟，使员工对领导者产生一种距离感，员工甚至会这样看待领导者：你不是很牛吗？我偏不服你、不配合你，看你还能牛多久！这样一来，团队凝聚力就无从谈起，团队战斗力就难以体现。

其实，与其刻意神化自己，不如适当暴露自己的缺点，让员工知道你也是普通人，而不是神；让员工知道，你也有不足，你也需要他们的支持

和帮助；让员工知道，你其实很谦虚，你希望向他们学习。如此一来，你的个人魅力就一下子增强了，你的领导力也会变得强大起来。这一点在著名的 NBA 球星迈克尔·乔丹身上表现得特别明显。

众所周知，迈克尔·乔丹被誉为“世界篮坛巨人”，他的成就至今无人能及。乔丹在球队里是毫无争议的领袖，在广大球迷以及很多队友眼中，他被神化成无所不能的球星。可是乔丹不这么认为，他意识到如果芝加哥公牛队要想连续夺得总冠军，就必须推倒“乔丹偶像”这一形象，以证明公牛队不是他一个人的球队，而是整个团队的球队。

乔丹的队友斯科蒂·皮蓬也是 NBA 中的一名超级球星，当人们狂热地追捧乔丹时，皮蓬的心理无疑会受到不良的影响。毕竟，一山难容二虎。为了打造一个有凝聚力的团队，乔丹主动向皮蓬暴露了自己的缺点，指出了皮蓬的优点，激发了皮蓬的自信心。

在一次训练中，乔丹主动与皮蓬聊了起来，他问皮蓬：“咱俩的 3 分球谁的更好?”

皮蓬说：“那还用说，当然是你。”

“不，是你!”乔丹肯定地说，“虽然我投 3 分的命中率比你高一点，可是你投 3 分的动作比我要规范、自然得多，在这方面，你的天赋远胜过我，相信以后你还会做得更好，而我投 3 分是个弱点，以后必须改善一下。”

接着，乔丹说：“我扣篮的时候习惯性地用右手，即便是左手扣篮，也会习惯性地用右手帮一下。我左手扣篮能力不好，这是我的一个重大的缺陷，而你呢，左右手都能扣篮，甚至左手扣篮比右手还要好一些。”

这些细节皮蓬从来都没发现，通过这次对话，皮蓬对乔丹有了更多的敬佩，他明白自己与乔丹相比有哪些优势。从此以后，在乔丹的鼓励下，皮蓬的团队协作意识越来越强，在球场上表现得越来越好，和乔丹的关系也变得越来越融洽。正因为如此，NBA 的历史上才会有“公牛王朝”。

领导者主动暴露弱点，向他人展示真实的自我，这体现出领导者的坦荡和谦逊。这样做可以让团队成员明白，领导者虽然优秀，但并非完美，也有缺点和不足，需要支持和帮助。暴露了缺点和不足，可以向团队成员表明：你是一个真实的、可接近的人，而不是一个无所不能的神。

一位经理在管理上非常有才能，但他的缺点是性格火暴，当下属犯错时，他就会不顾情面地一顿猛“批”。为此，下属们都不太愿意接近他，甚至有些怕他。后来，在一次部门会议上，他动情地说：“我这人，从小就是‘牛’脾气，发起神经来就会让别人难堪。我下决心改了十几年，还是没改掉。今后，如果我‘牛’气上来了，拜托大家用力顶回去，谁帮我改掉了‘牛’气，我就把我的年终奖给他。”从那以后，大家再也不把他的牛脾气放在心上，相反，大家经常在他发作的时候，笑嘻嘻地和他开玩笑：“经理，我们看到了一头发疯的牛。”

领导者身上如果有缺点，改又改不过来，与其一味地回避、遮掩，还不如坦率地自我揭发、自我曝光。这样，下属反而觉得你为人坦诚，觉得你平易近人。

每个团队的领导者都希望自己手下都是精兵强将，这样大家才能助你的事业不断飞跃，你才能获得更大的提升空间。因此，你不妨借鉴一下乔丹的做法，主动暴露自己的缺陷和不足，肯定别人的闪光点，或者出点小洋相，表明自己不是一个高高在上、十全十美的人，这样不但可以使你变得更容易接近，有时候还会使别人不与你为敌。

有一位记者去拜访一位企业家，目的是求证有关他的一些丑闻。因此，他带着一连串的质问气势汹汹而来。简单地寒暄之后，这位企业家对记者说：“时间还很充足，我们可以慢慢聊。”这种从容不迫的姿态让记者大感意外。

片刻之后，秘书端来咖啡，这位企业家端起咖啡喝了一口，立即惊慌失措地把咖啡放下来，嘴里嚷道：“啊！好烫啊！”咖啡洒了一桌子。等秘书收拾好之后，企业家拿了一支香烟放入嘴里，但是记者发现，企业家居然从过滤嘴一头点火。于是他赶紧提醒道：“先生，你的香烟拿倒了。”企业家听到提醒，才慌忙地把香烟拿好，不料又将烟灰缸碰翻在地。

在商界中叱咤风云的企业家，居然出了一连串的洋相，让记者大感意外。不知不觉中，记者原来的那种挑战情绪完全消失了，甚至觉得企业家也不过如此。其实，这些都是企业家刻意安排的，他就是想以此弱化记者的挑战情绪——他的目的达到了。

在很多人的印象中，领导人物总是“高大全”的，如果领导人物能主动暴露自己的缺点，就很容易消除普通人对领导人物的仰视姿态，甚至会对领导人物产生一种亲近感。因此，身为领导人，你应该让部下看清你也是一个普通人，这对改善部属关系、团结部下会有很好的效果。

在企业界，职位越高的人往往越容易相信自己比别人更重要，或者更聪明。SGS 汤普生微电子公司的总裁比尔·马尼拉曾经说过：“当务之急是我们应该把自己从职位、头衔以及过去的成见中抽出来。从新的角度去看，其实每个人都是领导者。”而约翰·罗宾逊更明确地说：“我们应该提醒自己，除了拥有显赫的头衔之外，其实我们跟其他同事和部属毫无区别。”

约翰·罗宾逊回忆道：“我 30 岁出头就当上了银行总裁，那时觉得自己实在是个了不起的人物。可是每次我回家时，宝宝的尿片湿了，我还是得帮他换尿片。我忽然间回到了现实，对自己有了新的认识，并得以保持自我平衡，免于自我膨胀。”

这些优秀的成功人士都在提醒我们：身为企业的领导者，有必要把自己视为一个普通人，一个与员工毫无区别的普通人，而不要自以为是，高高在上，甚至刻意地神化自己。这样，才能成为一个有亲和力的领导者。

当然，在暴露自身弱点的时候，要有所选择，对于那些致命的缺点，永远不要暴露，刻意被暴露出来的弱点，应该是那些无关紧要的缺点；或者挑选从某种意义上可被视为优点的“弱点”来暴露。

8 领导者个人魅力大小决定团队气场大小

每个人都希望自己有魅力，个人魅力可以展示自我的外在形象，无形之中传达出我们的正能量。在企业中，领导者尤其需要强大的个人魅力。

优秀的领导者除了具备优秀的领导才能，还应有与众不同的魅力。领导者的个人魅力是领导才能的一种反应，是凝聚人心、激励斗志、带领队伍完成任务的重要保障。领导者的魅力能让领导者产生持久的影响力，使他在团队中充满威信，去影响团队成员的行为。

曾4次被美国《国际投资者》评为“世界最佳饭店”的泰国曼谷东方饭店，有一个十分出色的总经理——库特·瓦赫特·法伊特尔。他在泰国是个很有声望的人，曾数度被泰国秘书联合会评为“本年度最佳经理”。正是在他的管理下，曼谷东方饭店才有蒸蒸日上、誉满天下的盛况。

法伊特尔的管理秘诀就是“大家办饭店”，他把东方饭店当成一个大家庭来经营。在饭店内部，除了有一套行之有效的管理制度之外，法伊特尔的个人魅力也起到了十分重要的作用。作为饭店的总经理，作为饭店的最高负责人，法伊特尔从来不摆架子，他对每个员工都十分和蔼。无论是哪个员工遇到了困难或疑问，都可以直接找法伊特尔面谈。

在管理企业的过程中，法伊特尔十分重视感情交流，他经常为员工及其家属举办各种活动，比如，生日舞会、运动会、佛教仪式等等。通过这些活动，各部门之间、员工之间、上下级之间有了更多的交流和接触，大家的距离就拉近了，这对提高员工的工作积极性、融洽彼此的关系、凝聚团队人心具有强大的推动力。

在东方饭店，从看门的人到出纳员，每个员工都充满着荣誉感。在这里，员工不仅有丰厚的工资，还有丰富的福利待遇，比如，免费就餐、年终红包、职业保险、年终休假、紧急贷款、医疗费用等等。这些对推动员工积极工作，也起到了举足轻重的作用。

领导是一门艺术，领导者的个人魅力在这门艺术中起着重要的作用。很多人认为，领导者必须有知识、有学问、有铁血手腕、有手段，但实际上，真正高明的领导者不会以拥有这些为荣，相比之下，他们更重视用个人的修养，亲民、和蔼的姿态，表达对员工的尊重和重视，使员工感受到被尊重、被信任，从而凝聚人心。当领导者具备了这些特质时，他的团队成员就会紧密团结在他周围，形成一个气场强大的团队。

在中国历代君王中，不乏优秀的领导者，但说起唐太宗李世民，我们不仅要用优秀来形容他，还要用“个人魅力强大”来形容他。早在当秦王时，虽然他的地位不及兄长李建成地位显赫，但是他以独特的个人魅力，吸引了众多能人志士追随。当他登上皇位之后，满朝文武，智者云集。后来，他们在李世民的带领下，打造了一个“贞观之治”。

在位期间，李世民从来不像其他权贵一样发号施令、玩弄权术，而是选择身体力行，为文臣武将做出示范。行军时，他与士兵同甘共苦，并把下属视为知己；打仗时，他不畏强敌，冲锋在第一线；决策时，他不独断专行，而懂得倾听他人意见，通过集思广益来制定策略。正是因为这些超凡脱俗的个人魅力，李世民才能让一群桀骜的草莽豪杰心甘情愿地臣服于他，并终生为他效力。

身为管理者，你的个人魅力与团队的气场有直接的关系。如果你的魅力强大，大家就容易在你的影响下抱成一团，凝成一股强大的合力。领导者的魅力不是天生的，完全可以通过实践来培养。一般来说，领导者可以在这样几点上努力修炼自我：

（1）高贵的人格

人格是指人的性格、气质、能力等特征的总和，也是一个人道德品质的体现，孟子在《滕文公下》中说：“富贵不能淫、贫贱不能移、威武不能屈，此谓之大丈夫。”这就是君子的人格魅力。而有些企业领导媚上欺下、耍两面派，这就是最大的人格缺陷。作为领导者，最应具备的人格就是正直、行事光明磊落、有责任感、有担当。

（2）独特的风格

所谓独特的风格，指的就是一个人的个性和特点，如果管理者没有自己的风格，就很难出类拔萃。这种独特的风格，不是处处张扬、标榜自我，而是一种适合于己、业已成熟、便于识别、行之有效的行为方式。比如，阿里巴巴的总裁马云、搜狐公司的张朝阳，他们就是有个性的领导者。

（3）大胸怀、大气魄

一个人的魅力不是取决于他的身高有多高，而是取决于他的胸怀有多宽广。就像林则徐写的一副自勉的对联："海纳百川，有容乃大；壁立千仞，无欲则刚。"试想一下，如果领导者小肚鸡肠、斤斤计较，怎么称得上有魅力呢？怎么可能赢得他人的追随呢？

（4）以身作则

以身作则的重要性不言而喻，通过以身作则，可以形成上行下效的良好团队氛围。领导者做得好，下属们还敢胡来吗？许多优秀管理者的例子都告诉我们，管理者的一举一动，往往会影响下属的积极性，给下属留下深刻的印象。因此，率先垂范，树立榜样，是一个领导者必须重视的问题。

（5）睿智的头脑

领导者是决策者，必须要有睿智的头脑，想问题、做决策应有理有据、有条有理，尤其是在遇到棘手的问题时，要冷静地思考，泰然处之，而不能慌不择路，这样才能妥善地处理问题。

（6）渊博的学识、学习的心态

一个有魅力的领导，应该是一个爱学习、有学识的人，同时，他们还拥有丰富的管理经验，懂得虚心请教、耐心倾听、乐意与下属交流。这样不但可以让领导者扩充学识，还能使他们显得有亲和力、谦逊、温和。

总而言之，领导者若想打造个人的魅力，不妨从以上几个方面去努力，不断地提升自己、完善自己，这样一来，个人魅力定会油然而生。

第二章 Di Er Zhang

制度第一，老板第二

制度是企业生存与发展的保障，有了制度，就有了公平和效率，而效率恰恰是企业的生命，是企业永葆生命力的良药。老板只有改变以往的“人管”，用制度来管理企业，通过合理的考核和约束，改善员工的工作习惯，改进员工的工作方式，才能促使企业在发展的道路上越走越远。

1 你不讲制度，别人就跟你讲条件

国有国法，家有家规。任何一个企业都应该有自己的一套规矩，而这一套规矩，就是公平合理的企业制度。如果你不讲制度，不用制度管人，而是用人情管人，那么员工就很可能跟你讲条件，这样你就很难服众了。

蔡先生是北京一家公司的老板，小芬是他的助理。小芬是山西贫困山区的苦孩子，当初聘用她时，就是考虑到她的家庭实际情况（父亲早逝，母亲下岗，还有一个弟弟要上学），加上她能吃苦耐劳，在她进入公司时，蔡先生就许诺了她正式员工的待遇。其他几位管理者认为蔡先生这是妇人之仁，过于讲人情，而没有按公司的制度办事。可是蔡先生不以为然，两个月后，果然出了问题。

因为蔡先生提前给小芬转正，让她享受了正式员工的待遇，所以，两个月后，她的工资没有继续涨。可是小芬不满意，她说了很多理由，说她一个人干了好几个人的工作，特别辛苦。蔡先生只好对她表示理解，但是这个岗位只有这样的薪资水平，蔡先生没法给她加。否则，会引起大家的不满。考虑再三，他对小芬说："这样吧，我把你个人出的保险费报销了，相当于每个月给你涨了200元工资，你觉得怎么样？你要想涨工资，也只能等半年以后了，毕竟你的资历太浅。"小芬答应了。

随后的一个月，小芬在工作中频繁出错。蔡先生听说她的母亲要来北京，以为她是受家庭琐事干扰，所以没太在意。当时公司的生意正转入旺季，急需人手，其他事情也特别多。在这个节骨眼上，小芬又找到蔡先生，要求涨工资。小芬似乎觉得自己不可替代，觉得自己的价值没被发现，要求公司每个月给她涨500元工资。这让蔡先生非常恼火。

后来蔡先生和财务经理、销售经理、物流经理商量，他们都觉得公司给员工的待遇应按照公司的薪资制度、奖励制度来定，而不应该任凭员工讲条件。最后，蔡先生辞掉了小芬。

蔡先生作为一家公司的老板，在员工的工资问题上不遵照公司的薪资制度来定，而是和员工讲人情。没想到，他对员工的照顾却没有换来员工的理解，员工屡次和他谈条件，要求涨工资。这真可谓是“好心被当成了驴肝肺”。这个案例告诉我们，你不和员工讲制度，员工就会跟你讲条件。

其实，中国人最爱讲人情，尤其是在员工犯错的时候，老板很喜欢说“下不为例”。可是，有了下不为例，就会有第二次，第三次。作为企业的老板，一定要认识到：在制度合理的前提下，如果你法外开恩，那么就会为制度的推行埋下地雷。

古语说：“没有规矩，不成方圆。”这句话充分说明了制度、秩序、规则的重要性。如果企业缺乏明确的规章制度，那么工作中就很容易出现问题。如果企业有制度，但是却不按制度执行，制度就会成为一纸空文，对员工根本无法产生约束力。这是非常糟糕的事情。

一般来说，有制度却不严格执行，而是制度之外开恩，会造成诸多不良的后果。比如，造成员工职责不清。制度不执行，很容易造成某项工作好像大家都在负责，但实际上谁都没有真正负责的状况。于是，两个部门对一项工作纠缠不休，相互扯皮，使原本有序的工作变得无序，造成了极大的浪费。

为了避免员工和你谈条件，你一定要把公司的规章制度严格推行下去，让每个员工按照制度去行事，避免造成管理的无序，对员工的积极性造成消极的影响。在这一点上，红楼梦中的王熙凤就做得很好。

在《红楼梦》中，有这样一个故事：

宁国府贾蓉的媳妇秦可卿死了，宁国府内要办理丧事，每天前来吊唁的人络绎不绝，里里外外的事情非常杂乱，非常琐碎，因此需要一位有管理才能的人来做总管。贾蓉的父亲贾珍觉得荣国府的王熙凤堪当此任，就把她请来料理宁国府的丧事。

王熙凤接受了这一邀请，她来到宁国府之后，做的第一件事就是建立人事管理制度。她让每个人都有具体的事情可做，各司其职，互不推诿，谁去执行、谁去监督，都有明确的分工。如果没有干好，怎样处理，制度上都写得清清楚楚。

接着，王熙凤又建立了考察制度和物品管理制度，她规定：什么时候点名，什么时候吃早饭，什么时候领物品，什么时候请示，都非常清楚。由于建立了人事、考勤、物资等制度，避免了办理丧事过程中无头绪、忙乱、推诿、偷懒等弊端。就这样，一两百人的工作群体，在这些规章制度的管理下，变得井然有序。

个人的智慧、水平是有限的，而且很多人对别人的能力往往又不太认同，都认为自己聪明能干，所以不太容易服从别人。因此，如果单纯地“人管人”、“人治人”，就很容易产生这样那样的弊端。下面我们具体来看一下。

“人治”带有明显的随意性，主观性，缺乏科学性，员工很难适应；“人治”有很强的专制色彩，缺乏公平性、民主性，很容易导致决策失误，也容易造成管理者和员工的关系紧张；“人治”是以人为主的，很容易出现“一朝天子一朝臣”的现象，员工很可能会巴结管理者，不利于“人和”；“人治”往往难过人情关，因为人与人之间，有亲疏远近的关系，一旦发生“奖亲罚疏，任人唯亲”的事情，管理者就会失去威信，团队也会失去凝聚力。

所以，人治不靠谱，建立企业制度，凡事以制度为准，才是最靠谱的。看看战场上，军纪严明，众志成城的军队，总能打败纪律涣散的乌合之众。同样的道理，企业也需要严格的管理制度，有了合理的制度，员工的工作效率才有保障，企业的长远发展才有保障。

2 没有规矩，不成方圆——制度才是真正的老板

俗话说："国有国法，家有家规。"凡是都要讲个规矩，做人有做人的规矩，做事有做事的规矩，管理企业同样有管理企业的规矩。如果没有规矩，那么企业经营就非常容易变得混乱。如果有规矩不遵行，有章不循，规矩也会成为一纸空文，对企业管理产生不了任何作用。对企业管理而言，"没有规矩，不成方圆"这句话是绝对的真理，它主要会产生以下几种不良的后果：

首先，职责不清造成的无序。

在有些推崇"人治"的企业和制度不规范、不合理的企业，经常会出现这样的情况：某项工作好像两个部门都负责，但其实谁都没有真正负责。一旦出了问题，两个部门就开始相互推诿责任、纠缠不清、整天扯皮，使企业运营陷入无序之中，造成极大的资源浪费。

其次，业务流程的无序。

在很多不讲制度、不按规矩办事的企业，领导者往往采取的是人治的模式，采用直线职能制的纵向部门设置，而忽略横向的业务流程，各个部门大多以本部门为中心，考虑的是一项工作在本部门是否进展顺利，而较少以整个企业为中心，与其他部门协调配合、从而导致流程的混乱，使工作无法顺利完成，需要反复协调，加大了管理成本。

再次，协调不力造成的无序。

一般来说，协调不力表现为上级的指示不明确、信息传递不明确、业

务流程不明确等情况。比如，由于制度不规范、不合理或根本没有制度，企业根本没有明确规定某项工作由哪个部门负责，导致权责对应不明确，导致部门间出现断层，相互间的工作缺乏协作精神和交流意识，彼此都在观望，结果工作没人管，小问题也被拖成大问题。协调不力是管理工作最大的弊病，它使整个组织无法产生凝聚力，缺乏团队意识，导致工作效率低下。

最后，有章不循造成的无序。

很多企业虽然制定了规章制度，但是大家并没有把制度当成自我规范的守则，没有自律。尤其是领导者，没有以身作则，不按制度进行管理考核，造成有章不循、有章无序的状况，影响了制度的威严，损害了遵守制度的那些员工的积极性和创造性，影响了整个团队的工作效率和质量。

通过上面的四点分析，我们可以发现：规章制度对企业管理而言，其重要性是不言而喻的。身为企业管理者，一定要想办法用制度来经营和管理企业。在这一点上，老干妈的创始人陶华碧做得很好。

陶华碧从小到大没有读过一天书，但是当她的老干妈公司越办越大时，她意识到只靠自己来管理是不行的，必须制定合理的规章制度，用制度来管理公司。为此，她想到了自己的长子李贵山。

李贵山是一个转业军人，做事非常讲规矩。进入老干妈管理层后，他第一件事就是处理文件，整章建制。他经常把规章制度读给陶华碧听，陶华碧听到重要处时，经常站起来说："这条很重要，要制定得更具体一些。"当她听到不妥之处时，就会立即口述更正，然后再由李贵山修改……如此反复多次，直到满意，她才会在材料的右上角画个圆圈。在李贵山的协助下，陶华碧的老干妈公司终于制定了规章制度，而且制度宽严并济，奖惩分明。

规章制度制定之后，并不意味着万事大吉。很多管理者认为，规章制度是给普通员工制定的，是用来规范大家的，而把自己置身于规章制度之外。其实，管理者更应该身先士卒，率先垂范，为员工树立一个遵守规章制度的榜样，这样才能带动大家积极遵守规章制度。

在美国 IBM 公司董事长沃森身上，曾发生过这样一件事：

一天，沃森陪同一个国家的王储到工厂参观，走到厂门口时，两名警卫拦住了他们："对不起，先生，您不能进去，我们 IBM 的厂区胸牌是浅蓝色的，行政大楼工作人员的胸牌是粉红色的，你们佩戴的粉红色胸牌是不能进入厂区的。"

沃森的助理彼特见状，马上对警卫叫道："这是 IBM 的董事长沃森，难道你不认识吗？现在我们陪重要客人参观，请放行吧！"

没想到警卫却说："我们当然认识沃森董事长，但公司要求我们只认胸牌不认人，所以我们必须按照规定办事。"

面对这一情况，沃森高兴地赞扬了警卫的尽职，并安排助理立即给大家更换了胸牌。

沃森身为公司的董事长，其拥有的权力至高无上，但是在规章制度面前，他和普通员工是平等的。他没有以董事长的身份自居，更没有凌驾于制度之上，这种敬畏制度的表现，值得每一位管理者借鉴。

在中国企业界，联想集团的总裁柳传志也是以身作则、遵守制度的典范。联想集团每周都会召开一次办公例会，有一段时间，经常有参会的领导因为各种原因迟到，会议经常因迟到者而中断，极大地浪费了大家的宝贵时间。

鉴于这种情况，柳传志决定在会议制度里补充一条：迟到者要在门口罚站 5 分钟，以示警告。纪律颁布后，开会迟到现象有了明显好转。但不久之后，柳传志因电梯出现故障，被困在电梯里导致开会迟到。走进会场之后，他自觉地罚站 5 分钟。很快，这件事在联想就传开了，全体员工为柳传志的做法喝彩，其榜样的效果不言而喻。

在企业中，管理者是众人瞩目的人物，其一举一动，都会对其他员工产生很大的影响。如果领导者严于律己，遵守公司制度，对员工而言无疑是一种良好的示范。大家会想：领导都遵守制度，我还好意思违反制度吗？这样一来，大家的自觉意识就会提高。

对于不遵守制度的员工，管理者有必要按制度办事，当批评则批评，当惩罚则惩罚，绝不姑息纵容。只有这样，才能维护制度的威严，才能建立按制度办事的企业文化。在这一点上，《孙子兵法》的撰写者孙武的做法，值得每一位管理者参考。

吴王为了考察孙武的练兵能力，特命他训练宫里的一群宫女。孙武自信地接受了这一任务，他将列队操练的要领讲得清清楚楚，但正式喊口令时，这些宫女依然嬉戏打闹、笑作一团。孙武又喊了一遍口令，但宫女们依然我行我素，不听指挥。结果，孙武对带头的两位宠姬处以斩首的处罚。顿时，场上立即肃静下来，宫女们再也不敢有令不遵、有章不循了，结果孙武把这群女人训练成了一只纪律森严、令出必行的军队。

从孙武练兵的故事告诉我们，合理的规章制度一经制定，就必须严格执行。如果有制度，却不按制度办事，当员工违反了制度时，管理者不对违反者予以处罚，那么制度的威严就得不到维护，如此一来，企业就没了规矩。只有严格按制度办事，制度才是有效的，才能对企业管理起到积极的作用。

3 制度化：用铁的纪律约束每一个员工

俗话说：“铁打的营盘流水的兵。”把这句话用在企业管理上，再合适不过了。尽管企业员工不断流动，但只要有牢靠的制度，那么无论员工怎么流动，企业依然能够稳定地发展。反之，如果企业不实行制度化，那么员工就会像一盘散沙，握不紧也抓不牢，无法产生强大的战斗力。

日本东芝公司的电子产品之所以光鲜亮丽，备受世界人民的欢迎，很重要的一个原因是东芝公司对工作间的卫生有苛刻的要求：女工严禁擦粉，男工必须每天刮干净胡子，操作时，不允许说话、咳嗽、打喷嚏，防止空气振动，把尘埃扬起。

美国格利森齿轮机床厂也有十分严格的安全生产制度，员工只要进入车间，不论是工作还是路过，都必须佩戴安全眼镜，穿硬底皮鞋，并把领带放入衬衫里。如果谁不遵守，谁就将受到惩罚。

然而，在不少企业中，当员工不遵守制度时，管理者不严加处理，却碍于情面而放纵员工。比如，一天，一位员工迟到了，这位员工与领导的关系很好，领导不忍心处罚他，就睁一只眼闭一只眼；没过几天，又有一个员工早退了，由于这个员工的业绩突出，领导想：如果处罚他，很可能打消他的工作积极性。于是，他“宽容”了这个员工。这两件事情多数人都知道，结果很多员工都不遵守上下班时间。

其实，制度能否约束员工，很大程度上取决于管理者对员工违反制度后的处理态度。如果管理者不予重视，不加处理，就意味着默许员工的违纪行为；如果管理者毫不犹豫地按照制度处罚员工，那么制度的严肃性就得到了维护，领导者的威信也得到了维护。

但是人性化的变通是企业管理的长久之计，如果制度真的不合理，那么就要对制度进行重新审查，做出适当的修改。

宋先生是某私营企业的老板，经营着一家中型皮鞋公司。一直以来，公司都有非常严格的考勤制度——上下班都要打卡，对迟到或早退的员工，公司有严格的处罚措施。然而，最近人力资源部的主管向他反映：公司中员工之间相互代为打卡的现象比较普遍，明明看到员工在上班后几分钟到公司，可检查考勤时却发现迟到员工的考勤卡已经打过了。

人力资源主管表示，虽然知道员工在考勤卡上做了手脚，但是苦于没有证据，也无可奈何。于是，宋先生要求人力资源主管每天早一点来到公司，站在打卡机旁边监督员工打卡，希望杜绝代打卡现象。

很快，人力资源主管发现，在他检查期间，总有员工主动和他搭讪，甚至有人想把他的注意力引开。人力资源主管也是人，不好得罪员工，因此，这一招也难以奏效。最后，宋先生购买了一部指纹打卡机，希望从源头上刹住代打卡的歪风。

果然，自从推行了指纹打卡的考勤方式，代打卡的现象得到了很好的扼制。然而，还没等宋先生高兴几天，另一个问题又出现了——员工因为迟到的问题经常抱怨不断，以致影响了工作情绪。

这是怎么回事呢？

自从推行指纹打卡制度以后，每天迟到的员工比以往“增加”了不少，很多员工迟到的时间仅为一两分钟，有些员工为了避免这一两分钟的迟到，不惜花钱打车到公司。由于按公司规定，只要上班之前没请假，就判定为迟到。因此，员工经常因为晚了几分钟，而被罚款，员工的不满情绪可想而知。因此，他们会在工作期间大声地抱怨，还有不少员工附和。接下来，该员工可能一整天都消极怠工，他的不良情绪还会传染给其他员工。

表面上看起来，宋先生公司的考勤制度得到了严格贯彻执行，但是却给员工造成了极大的心理压力，影响了员工的工作积极性。这样的结果是宋先生始料未及的，作为公司的老板，他深知员工士气低落会影响公司的生产效率，可是该怎么办呢？

或许有人建议：迟到 1 分钟可以不算迟到。如果真是这样，当员工迟到两分钟时，该不该算迟到呢？这样的问题在管理中是一个很有代表性的问题，它反映了管理的制度化和人性化之间平衡的重要性，把握好二者之间的平衡才能使管理效益达到最佳化。

针对这个案例中的问题，其实宋先生可以每个月给员工 3 次迟到的机会，并且规定迟到最多不得超过 10 分钟。这种规定，就是对意外迟到的一种宽容，是管理人性化的表现。如果迟到次数超过 3 次，哪怕第 4 次迟到 1 分钟，也要坚决按制度予以处罚。这样才能维护公司制度的权威性。但是人性化也要掌握好限度，否则也会让制度失去权威性。

有一家小公司规定，每个月员工的请假次数如果超过了三次，就享受不到本月的全勤奖。

有一次，公司一位骨干的父亲住院了，该员工一个月请了 5 次假。不过，他为了保证完成工作任务，通过其他时间来加班，最后顺利地完成了本月的工作任务。

按照公司的制度，这位骨干的全勤奖要扣除。但是老板为了显示管理的人性化，对他说："鉴于你已经完成了本月的工作任务，我就不扣你的全勤奖了。"

表面上看，这位老板的管理手段非常人性化，但是他却违背了公司的全勤奖制度，会导致全勤奖制度在员工心目中失去约束力。因为按照老板的做法，员工可能会想：只要每个月完成了工作，就不用每天都坐班。如此一来，员工就可能增加请假的可能性。

不可否认，那位骨干对工作怀有敬业之心，对自己的本职工作认真负责，但是他请了 5 次假，按规定确实无法获得全勤奖。对公司而言，既然制定了全勤奖制度，就应该坚决执行。因为制度就是公司成员间的"信用"，如果制度被随意破坏，那么老板在员工心目中的信用就丧失了。所以，一定要认真贯彻执行公司的制度。

《孙子兵法》中指出，军队要有明确的法律条文，要用严格的纪律训练整顿军队；对士兵不能过于宽松，否则，很容易导致士兵不严格执行命令，从而导致部队陷入混乱，没办法约束。在现代企业竞争中，企业之间的残酷厮杀不亚于战场上的弱肉强食，因此，企业一定要用铁的纪律约束每一位员工。

4 制度的设置应兼顾公平和效率

在某工厂的生产车间门口，门卫提醒前来视察的领导戴上安全帽，但是却被领导恶狠狠地瞪了一眼："懂不懂规矩，没看到领导来视察吗?"门卫无奈地赔笑道："对不起，对不起!"某公司会议室的墙壁上有一个醒目的标语：进入会议室请关手机。但是有些领导者却没有这么做，开会时经常有短信或电话铃声响起，有些领导者还公然在会议上接听电话、回复短信，对墙上的标语视若无睹。

从这两件小事中，我们看到了一些领导者的特权思想，他们把自己凌驾于制度之上，在用制度管人的同时，自己却不遵守制度，当了员工的反面教材。如此一来，制度就缺失了公平性，员工感受不到公平感，工作积极性就会受到影响，工作效率也会降低。因此，优秀的管理者都懂得维护制度的公平性，以保护员工的工作效率。

维护制度的公平性首先要从管理者自身做起，自觉地遵守制度的规定，在这一点上列宁为我们做出了榜样。俄国十月革命后不久，列宁参加苏维埃会议。当卫兵要求他出示证件时，他才意识到忘了带证件，结果被卫兵挡在了门外。后来，有人向卫兵说情，说那是列宁，但卫兵依然坚持按制度办事。列宁不但没有批评卫兵，反而特意表扬他。

IBM 公司有一条重要的管理理念，那就是人人平等。公司的前总裁汤姆·沃森表示，企业的最高管理者经常犯一个错误，他们对自己和员工采取双重标准，他们在违反公司的规定之后，往往会受到宽待，甚至不会受到任何惩罚。但是当员工违反了公司规定时，他们则会按照规定惩处员工。前总裁汤姆·沃森说："这种做法会造成很坏的影响，你应该毫不留情地把这类管理人员开除。只有在制度面前，人人平等，公司的利润才能实现最大化。"这就是IBM成功的重要因素之一。

IBM创立于1911年，目前拥有职工30多万人，其业务遍布全世界160多个国家和地区，是世界上最大的信息工业公司。其创始人老沃森出身贫寒，在奋斗的过程中，深感不平等给人心理带来的创伤，给人事业上造成的障碍。因此，在创办了IBM之后，他将人人平等的理念融入到管理中来，坚持在制度面前人人平等的管理原则，让每个员工都感受到平等和尊重，使他们有机会展现自己的才华。

在IBM，管理者与普通员工是平等的，那里没有单独的经理餐厅，没有管理者特有的俱乐部、高尔夫球场，也没有专供经理人使用的卫生间、停车场。这些都反映了一种追求平等的企业文化。

在IBM，每个职工都有平等的机会展示自己，无论你是谁，都必须从基层做起。当你做出成绩，当你证明自己有能力胜任某个更高的职位时，你就会得到晋升的机会。这一点，在前总裁汤姆·沃森身上也没有例外，虽然他是老沃森的儿子，但是进入公司后，他和普通的员工一样，必须先接受公司的销售培训，然后进入基层工作。培训结束后，担任一名普通的销售代表，负责曼哈顿的销售业务。

在IBM，还有一项规定：不得歧视有色民族或少数名族。在美国，很少有公司出台这样的规定，IBM能做到这一点实属不易。曾经有两个年轻聪明的犹太人来IBM求职，结果被拒之门外。两位年轻人认为自己受到了歧视，才失去了进入IBM的机会。于是他们写信给老沃森。

老沃森十分重视这件事，立即派人调查事情的来龙去脉，结果证实公司的招聘人员确实对犹太年轻人有种族歧视。老沃森非常恼火，他将所有的招聘人员召集起来，把两位年轻犹太人的来信读给他们听，最后严肃处理了公司的招聘人员。从此以后，IBM再也没有发生这类歧视事件。

IBM 还规定，每个员工都可以对公司的管理问题、对自己所受到的不公正的待遇向管理高层提出意见和申诉。有一次，IBM 的一家分公司的员工被开除了，他写信给老沃森，说他干活多，拿的工资却很少。老沃森经过调查，发现情况属实，结果严肃地处理了这家分公司的管理者，最后留下了那名员工，还给他增加了工资。

IBM 的制度文化告诉我们，制度不只是针对普通员工的，而是针对公司所有人员的，这里面包括了所有管理人员以及公司的老板。在制度面前，每个人不论职位高低、对公司的功劳大小，大家都一律平等。公司有公平和正义，公司的工作氛围才会和谐，员工的积极性才能得到保护和激发。当大家意识到只要努力工作，就能得到公司的回报时，他们自然会加倍努力地去工作。

5 明确告诉员工：什么该做，什么不该做

老板是团队的“头儿”，要为员工指明方向、明确目标，要明确地告诉员工：“什么是应该做的，什么是不应该做的；应该怎么做，不应该怎么做。”就像岗位说明书中的清晰描述那样，这样员工才会清楚自己的职责。

或许有人觉得老板这样做会很累，其实不然，老板只需出台一个制度。在制度里，明确地告知员工老板对他们的期望，把企业允许和禁止的行为一条条地罗列出来，并制定具体的惩罚措施。

有个法国人在北京开了一家餐厅，该餐厅从卫生到服务，甚至对客人的各种问题该怎样回答，都有严格的制度。制度的内容非常细致具体，任

何人都必须严格执行，不得违反。比如，在制度中，有一条醒目规定：无论顾客提出什么问题，你永远都不能回答“不知道”。如果你自己不清楚，应向客人说明情况，然后马上想办法找到问题的答案，再给顾客一个满意的回答。

其实，这种规定并不只是这家餐厅的“发明”，在国外很多高级饭店、餐厅，早有这样的先例。通过这些规定，企业向员工传达了这样一种信息：制度里规定的，就是你应该做的；制度里不允许的，就是你不应该做的，如果你做了，就犯错了。这是企业对员工的一种期望，员工按照制度去做，坚持下去，就会养成一种习惯。

当然，有些工作需要让员工发挥主观能动性，这个时候老板除了明确地告诉员工朝哪个方向去做是公司允许的之外，具体用什么方法去做，老板也没办法告知员工。也就是说，老板只能给员工明确一个大致的方向和原则，而不能给员工具体的操作方法。

日本索尼公司的创始人盛田昭夫曾对下属说：“放手去做好你认为对的事，即使你犯了错误，也可以从中得到经验教训，不再犯同样的错误。”这体现了索尼公司对员工的宽容，在这种宽容之下，员工才敢大胆地探索、发挥创意，从而充分调动每个员工的聪明才智。

盛田昭夫认为，如果所有的思考工作都由公司的管理层来最做，那这家公司是很危险的，正确的做法是，让每个员工都贡献自己的聪明才智。这就是盛田昭夫鼓励员工做的事情，这就是索尼公司规定的员工应该做的事，也是索尼公司对员工的期望。

你对员工有怎样的要求呢？你有没有明确告诉员工应该做什么呢？值得注意的是，“要求员工应该做什么”不一定是指让员工完成某个具体的目标，也可能是一个模糊的概念。比如，在崇尚创新的企业里，企业明确告诉员工：积极创新，大胆思考是应该做的事情，懒于思考，不愿意创新是不应该做的。而在重视实干的企业里，企业明确告诉员工：少说话，多做事，踏踏实实完成工作是应该做的，偷奸耍滑、滥竽充数、满嘴跑火车是不应该做的。

其实，透过“企业告诉员工：什么是应该做的，什么是不应该做的”这个问题，我们看到的是企业对员工的衷心期望。就像一位老板对员工的期望是：主动去做非常需要做的事，而不必等待我去要求你。下面是一位老板写给员工的一封信：

亲爱的员工：

我们聘用你，是因为你能满足我们公司发展的需要。如果没有你公司也能顺利发展，我们就不会费这么大劲把你邀请过来。但是既然你来了，我就要明确告诉你，什么是你应该做的。

在你工作期间，你要做好三种事情：一般性的职责，特殊时候交办的任务，团队的协作项目。通过这些事情，你有机会超越别人，以此向我们证明你的价值，证明我们选择你多么英明。

当然，你还应该随时随地自主地思考，运用你的智慧去判断并行动；你还应该毫不隐瞒地发表看法，表达观点，提出建议，我们将随时乐于倾听。如果今后我们不再提这个原则了，你千万别误会我们不重视这一点。只要你在我们公司，就不要忘记公司对你的要求，不要忘记你应该做的事情。

总经理敬上

作为公司的老板，如果你没有明确告知你的员工什么是应该做的，什么是不应该做的，就可能产生不好的后果。员工不知道怎样做是被认可的，做到什么样的程度才会让你满意。相反，如果你明确要求员工应该做什么，不应该做什么，员工就有了努力的方向，他会因此更加敬畏你、服从你。

6 制度要抓重点，要简洁、明确

不少公司的制度文本拿出来一大叠，厚厚的像一本书，翻开内文，细细一看，你会发现，里面啰唆的内容一大堆。原本一句话可以说清楚的内容，他们硬生生地扩展成一段话，好像写得“丰满”就意味着制度完善一样，好像上面的字越多，显得制度考虑的问题越全面一样。

其实，真正好的制度，并不是越复杂、条款越多越好，而是针对一定的问题，把该考虑到的方面考虑到，避免有些“坏”员工钻了制度的空子。与此同时，制度的表述应简洁、明确、言简意赅，让大家看得明白，容易执行。

说到容易执行，我们就不得不提制度的另一个极端，那就是过于简单，过于模糊笼统，没有具体的执行标准。举个例子：

某公司员工上班迟到现象屡见不鲜，有时候甚至过了上班时间9:00，只有两三个员工准时坐在电脑前办公，多数员工没到公司。9:10之后，那些迟到的员工手里提着早餐，三三两两、陆陆续续地来到公司，然后大家打开电脑、聊着天、吃着早餐、看着新闻，这么一折腾，时间差不多到了10:00，原本只有3个小时的上班时间，仅剩两个小时。

有几次，公司领导来到公司，发现很多员工没来，于是意识到要解决这个问题。一天，他开会时宣布：“大家注意了，为了提高工作效率，以后上班不要迟到了。”就这么一句话管用吗？当然不管用，这句话说出来等于没说。因为这项规定没有监管的负责人，没有任何惩处措施。

果然，那些习惯了迟到的员工，除了在会议的第二天做了做样子早到之外，过后又和往常一样了，他们继续发扬着上班迟到的“工作作风”……

在这个案例中，领导者针对具体的问题——员工上班迟到频繁的现象，做了一个规定：“以后上班不要迟到了。”这个规定抓住了迟到问题，但是没有提出具体、明确的要求和处理措施，也没有指定具体的监管人，因此，这项规定流于形式，如风中的一团烟雾很快就烟消云散了。如果该规定明确指出，上班以后迟到多少分钟，要扣发多少钱；考勤制度由谁来具体负责监督实施等，那么效果就会大不一样了。

现实中，公司在制定制度的时候，发生这种舍本逐末、表述繁冗或过于笼统、不够明确的现象是非常普遍的。那么管理者在制定制度时，应注意什么呢？

（1）抓住重点问题，避免舍本逐末

有些制度条文中，列举了很多无关紧要或关系不大的内容，这会严重削弱制度中重点内容的分量，是典型的喧宾夺主。比如，有一项制度是针对员工上班聊QQ的，但制度条文中，却大篇幅地说员工上班聊QQ的不良影响，这有必要吗？管理者只需规定上班除工作需要可以聊QQ外，不准闲聊QQ即可，闲聊者一经发现如何处理等，无需在制度中讲大道理。

（2）制度表述要简明扼要，避免啰唆

制度的出台，是为了让公司全体成员执行，如果制度条文太啰唆，絮絮叨叨，就会削弱制度的威信。比如，有一家纺织厂的《安全守则》中，有这样一条：“公司厂区内不得燃放可燃性或容易导致燃烧的器具。”这句话就不够简明，不易被人理解，其实这句话的意思就是——厂区之内，严禁烟火。

（3）内容具体，避免误解

内容具体的制度，不容易让人产生误解，可以减少执行过程中的偏差。所谓具体，指的是公司希望员工怎样做，如果员工不怎样做，将会受到怎样的处罚。因此，制度包含了两方面的内容，一方面是不允许员工做什么，另一方面是如果员工违反了规定，将受到怎样的处罚。可是很多公司在制定制度时，只有前一个方面，却没有后一个方面，违背了制度应该承担什么责任，没有事先的约定。

比如，公园的草坪上有“请勿践踏草坪”的标语，但是草坪照样被人践踏。厂房里有“禁止吸烟”的字样，但是员工照样在厂区吸烟，为什么会这样呢？因为这些禁止的内容，根本没有惩罚性，如果把那句标语改成“禁止吸烟，违者罚款”，甚至更具体一些“禁止吸烟，违者罚款 100 元”，那么这项规定就更有约束力了。

因此，管理者一定要搞清楚：制度是干什么的？制度是规范人们的行为的，让人们按照一定的标准去行事，如果员工没有做到，要承担什么责任？是扣奖金、扣工资、降级，还是辞退？当然，具体怎样处罚，还需管理者自己思考清楚。

7 制度的生命力在于不折不扣地执行

建立一套合理的规章制度是经营和管理好企业的前提，但是有了制度不等于高枕无忧，如果有合理的制度，却没有有效执行，那么会出现什么情况呢？有这样一个案例：

一天晚上，某家公司的财务室被撬开，墙边的保险柜也被打开，柜内的 20 万元现金被盗。这笔钱是公司第二天急用的购料款，但这笔钱突然丢失了，严重影响了公司的正常业务。

然而，令人不解的是，这个保险柜是国内最先进的一款，柜子上面有报警器、电击系统和密码装置，而且密码系统由电脑控制。既然保险措施如此齐备，那保险柜为什么还会被盗贼轻而易举地打开呢？

事后经过调查发现，使用保险柜的出纳是个马虎大意的人。虽然公司制定了一整套财务保卫的规章制度，但是出纳根本没有按制度执行。在他看来，这个保险柜确实不错，但是他觉得公司很安全，没必要小题大做，因此他把钱放进保险柜之后，并没有将其锁上，而是虚掩着保险柜的门，这样取钱方便……

有保险柜不用，有制度不执行，这样的保险柜还有何用？这样的制度还有何用？这个案例告诉我们，企业的规章制度再好，如果没有不折不扣地执行，制度也会沦为一纸空文，无法发挥应有的作用。

很多企业制定了成套的管理制度、工作标准，大到厂纪厂规，小到领物规定、作息规定等，不可谓不完善。如果这些制度真的能贯彻执行下去，对企业绝对有很大的帮助。但遗憾的是，很多企业把制度当做花瓶和摆设，导致制度流于形式——做出来只是为了给别人看，却没有体现在执行中。

看看那些破产或倒闭的企业，它们破产或倒闭的原因在哪呢？很多人可能会说，管理者的决策失误，领导不力。也许有这方面的原因，但在管理者没有失误、公司制度没有问题的情况下，有些企业依然会破产，这是什么原因呢？其实，出现这种问题的根源在于制度没有得到有效执行。

东北某地有一家工厂倒闭了，之后该工厂被一家日本公司收购。日本总部只派来一位日籍管理者，他上任之后，没有风风火火地搞改革，而是遵照工厂原来的规章制度搞生产。结果不到一年，工厂就起死回生了。这是怎么回事呢？原来这位日本管理者上任之后，只做了一件事：强化制度落实。

这个案例告诉我们，企业倒闭的原因是多方面的，但根源可能不在别处，而在于制度没有得到不折不扣地落实。由此可见，制度再合理完善，如果没有强有力地执行，也没有意义。只有付诸实践，不折不扣地执行，制度才能发挥作用，企业发展才有保障。

把眼光放到那些发展势头良好、生命力强大的企业身上，你就会发现它们成功的原因所在。这些企业的管理者一定是强化制度执行的人，决不会无视制度的权威。他们发现有不遵守制度的情况发生，肯定严肃处理。

康佳是国内彩电行业知名度颇高的企业，也是一家十分强调制度执行的公司。在康佳公司，有这样一条规定：在工作场合不准吸烟！然而，这个看似简单的规定，并不是每个员工都做得到。公司里有一个20多岁的年轻技术员，非常受公司领导的器重。由于他能力突出，进入公司不久便晋升为车间的副主任。在走向领导岗位之后，他工作更加积极，表现更加优秀。

可是，他有一个不好的习惯——特别爱抽烟，而且烟瘾极大。由于公司明文规定不准在工作场合吸烟，因此，他只好每天上班之前猛吸几口烟，到了中午吃完饭，再猛吸几口烟，然后强忍着烟瘾熬到下班。

一天，他发现楼梯的拐角处比较隐蔽，他个人觉得这个地方不能算是工作场合。于是，他抱着侥幸的心理，在上班的间隙在这个地方抽烟。非常不幸的事情发生了，正当他享受吞云吐雾的快感时，公司的副总经理恰好路过此处。

虽然当时副总经理没有过多地批评他，但是公司的人力资源部很快就做出了处理决定：第一，免去了他车间副主任的职务；第二，罚款；第三，全厂通报批评。

这事件被公之于众后，在康佳公司的整个生产车间引起了巨大的反响。很多员工认为公司的管理方式太苛刻，惩罚力度太大。但是自从这件事之后，再也没有人在工作场所吸烟了。

如果你是那位年轻人，也许你会觉得自己很冤，心想：我不就是抽了一支烟吗？至于大动干戈吗？给我一个口头警告不就可以了吗，或者让我私下写个检讨书，再不然罚我一两百块钱也行，为什么要撤我的职呢？这不是存心让我难堪吗？

但是，如果你能站在公司管理者的角度考虑问题，也许就不这么认为了。因为公司已经明确规定，不能在工作场合抽烟，你却明知故犯，公然违反制度。如果管理者不按制度的规定严惩你，制度的威严何在？今天管理者对你网开一面，明天别人违反了制度，管理者是否也要对他网开一面呢？如此一来，制度还有约束力吗？

所以说，康佳的副总经理的处理方法是明智的，他让公司的制度成了万伏高压电，让员工害怕触碰，这对全体员工都充满威慑力。对不遵守公司制度，不按制度办事，不按制度执行的员工，若不下几剂“猛药”，他们是不知道疼痛的。只有让他们痛过，才能深刻地记住教训，才能乖乖地执行制度。

三国时期，诸葛亮挥泪斩马谡，在军中树立了不折不扣地执行制度的楷模。今天的康佳公司，严肃地处理了违反制度的员工，也为现代企业管理者树立了榜样。如果你想管好企业，想让企业不断发展壮大，一定要让公司的制度得到不折不扣地执行。

8 管理要人性化，制度要严格化

近年来，很多人呼吁企业实行人性化管理，要求提高员工的工资、福利待遇，要求尊重员工，让员工成为企业的主人翁，激发员工的积极性。这种管理方式确实是受员工欢迎的，身为企业管理者，应该在这方面进行努力，用人性化的关怀激发员工对企业的归属感，使员工把企业当成自己的家，尽职尽责地在工作岗位上为企业做贡献。

不过，提倡人性化的软性管理方式，并不是否定制度化的硬性管理，而是说将这两种管理方式有机结合起来，既有人性化的一面，又有制度严格化的一面。否则，如果一味地实行人性化管理，过于抬高员工的地位，一开始员工尚且会带着感激的心理去工作，但时间稍微一长，员工就可能过于自以为是，出现消极怠工、违规乱纪等不良现象，这样可能会把企业活活拖垮。因此，在实行人性化管理的同时，决不能丢掉制度化管理。

在全球500强企业中，凡是有30年以上历史的企业，不论是家族企业还是公众企业，他们几乎都注重两种模式并用——人性化管理＋制度化管理。即管理要人性化，执行制度要严格化，这被人戏称为“胡萝卜＋大棒”的管理模式。

在海尔分公司，厂长尤建平就是一个既实行人性化管理，又实行制度化管理的领导者。他平时注重与员工打成一片，就连吃饭的时候，他都不忘走近群众。他经常和大家坐在一起吃饭，一边吃一边沟通感情，倾听员工的意见和建议，给大家留下了非常好的印象，赢得了广大员工的支持。

但是，在处理管理中的问题时，尤建平表现出来的却是另一种形象。当他得知熊副厂长以清理废料为名，倒卖公司的物资时，他毫不顾及熊副厂长的颜面，在众人面前严肃地盘问事情的细节。之后，他将事情的详细情况告知海尔集团董事局，并按公司的制度规定处理熊副厂长。

对很多企业管理者而言，能做到像尤建平那样并不容易，因为熊副厂长毕竟是公司的高层管理者，“不看僧面看佛面”，同朝为官，总得给别人一点面子吧。也许正是有了这样的心态，才会使得有些管理者在企业中“官官相卫”，无法做到公正执法，也就无法客观处理违反制度的人。一个管理者一旦有了这种心态，那么就很难做到执行制度严格化。

著名的管理大师杰克·韦尔奇曾告诫人们：“管理者在管理的时候可以讲人性，也必须讲人性，但是在处理问题的时候一定要严格执行制度，学会扮黑脸。”在韦尔奇的回忆录里，记录了这样一个小故事：

韦尔奇的副总对别人说：“昨天晚上，杰克请我吃饭，他非常热情地替我夹菜，还为我斟酒，吃完饭和我拥抱，但是我知道，那个老家伙叫我离开的决心是不会改变的。”三天之后，在杰克·韦尔奇的授意下，副总被人事部辞退了。

杰克·韦尔奇的做法表明，管理者可以对员工表现出人性化的一面，去关心员工、与员工谈笑风生，但是涉及到原则性的问题，就应该回归到客观公正的立场，决不能把私人感情和企业制度搅和在一起，在处理违反制度的问题时掺杂个人私情。

有人说：“一位管理者如果既想当员工的领导，又想当员工的哥们儿，最后往往既做不成好领导，又无法成为好哥们儿。”真是这样吗？其实不一定，只要管理者做得到公私分明，在该坚持按制度办事的时候按制度办事，在该表达人性化关怀的时候向员工表达人性化的关怀，管理者就能同时扮演好这两种角色。

20 世纪 70 年代，美国通用电气有一位很有名的人物，名叫雷杰·H·琼斯，他从 1972 年开始，一直担任美国通用电气的董事长兼 CEO，直到 1981 卸任。

有一段时间，琼斯发现一个叫彼得的员工精神不集中，生产的零件有很多质量不合格。这与彼得以往的表现反差很大，因为他一直是企业中的骨干。经过一番调查后，琼斯发现彼得的妻子出了车祸，他既要照顾妻子，还要照顾孩子，因此，没有充足的时间休息，导致精神状态不佳，工作经常出错。

按常理说，琼斯应该努力关怀彼得，想办法帮一帮彼得。但是没想到，琼斯还是按照公司的制度规定解雇了彼得，他不想把同情与工作规章制度搅在一起。不过，解雇彼得之后，琼斯通过个人的关系为彼得找了一份新的工作，这个工作离彼得的家比较近，方便他在上班之余照顾妻子和家人，而且这份工作的上班时间比较灵活。

琼斯的做法不仅没有让人觉得他不近人情，反而使他得到了公司其他员工的赞赏，因为他维护了公司的制度。大家都觉得他是一个好领导，都非常尊敬他。

公平公正不一定等于冷酷无情。在处罚违反规章制度的下属时，管理者要做到公平公正，但与此同时还应该表现出人性化的教育、关怀和帮助。这样可以帮助员工更好地成长。

事实上，人性化管理与制度化管理是相辅相成的。在管理中，倡导人性化、讲究人情味不等于抛弃管理制度，严格贯彻落实公司制度也不意味着抛弃人性化和人情味。最佳的办法是将两者有机地融合在一起，在恰当的时候使用合适的管理模式，既让员工心甘情愿地遵循制度，又让员工在人性化的关怀中收获感动、激发热情和能量。

第三章 Di San Zhang

管事先管人，管人要管心

一个只会管事的人只能叫“总管”，一个会管人的人才称得上是领导。管人的精髓在于管心，管好了人心，你才能人心所向，才能让员工从行为上、精神上都有一种自动自发的意识，使大家为团队的目标积极主动地工作。所以，管事先管人，管人要管心，从心开始做管理，你才能成为优秀的管理者。

1 一个管理大师首先应当是一位心理大师

有些管理者深得民心，走到哪里都能被欢声笑语、掌声鲜花围绕。在他们下达命令之后，下属绝对服从，立即执行。而有些管理者不得人心，他们所到之处，周围员工死气沉沉，当他们离开之后，大家背后议论、抱怨。在他们下达命令之后，下属们磨磨蹭蹭，不愿意行动起来。同样是在企业管理界“混”的两种人，怎么受到的待遇差距这么大呢？

其实，他们的差距在于：前一种管理者懂管理，后一种管理者不懂管理。要想懂管理，必须懂人的心理，并根据人的不同心理，采取有针对性的管理方法，这样才能管理好团队。世界上，但凡优秀的管理大师，他们首先都是一个心理大师。因为只有懂人的心理，管理者才能与下属更好地相处、沟通，才能游刃有余地驾驭下属，才能更好地激励下属。

中国无产阶级革命家、政治家陈云同志曾经指出：“领导艺术在于了解群众的心理。”如果你想成为优秀的领导者，你就应该了解丰富的心理学知识，了解下属的心理，从员工的心理出发进行管理。这才是有效的管理方法，也是管理的最高境界。

1981年，由于市场萎缩，美国马萨诸塞州巴莫尔的戴蒙德国际纸板箱厂的效益糟糕，工人们十分担心自己的前途，一个个唉声叹气、抱怨连连。

公司管理层看到这种状况，心中十分担忧。他们聘请专业的调查人员针对全体员工做了一场对企业满意度的调查，调查结果显示：65%的员工不愿意尊重公司的管理层；56%的员工对工作感到悲观；79%的员工认为自己的付出没有得到应有的报酬。

针对这个调查结果，管理层推出了“100分俱乐部”计划，即无论哪位员工，只要一年下来，所取得的工作绩效高于公司规定的平均水平，就可以得到相应的奖励。业绩高出平均水平越多，所获得的奖励额度越大，并且还能获得一件印有公司标志和“100分俱乐部”臂章的浅蓝色的夹克衫，这象征的是公司的认可，是一种荣誉。

两年后，工厂的生产效率提高了16.5%，产品质量差错率下降了40%，员工对企业的不满减少了72%，公司生产事故造成的时间损失减少了43.7%，公司的利润比往年增长了100多万美元。

这个案例充分说明，要想把企业管理好，把员工管理好，管理者就必须充分了解员工的心理，针对员工的心理需求下手，才能调动他们的工作积极性，从而提高企业的经营效益。

心理学研究证明，一个人的心理需求是其动力的最大来源，每个人都希望被尊重、被信任和被重视。这种心理需求很容易产生，也很容易满足。管理者应该在第一时间洞察员工的心理，并采取有力的措施来满足它，这样员工才会产生更强的动力。

沃尔玛公司十分重视关心员工，他们把员工称为合伙人，并注意倾听他们的意见。沃尔玛的创始人萨姆·沃尔顿曾对公司的管理者们说：“管理的关键在于深入商店，听一听各个合伙人要讲的是什么。那些最妙的主意都是店员和伙计们想出来的。”

在萨姆·沃尔顿看来，只有管理者真诚地尊敬和亲切地对待自己的员工，了解员工的为人，了解他们的家庭，了解他们的困难和他们对公司的希望，尊重和欣赏他们，表现出对他们的关心，才能帮助他们成长和发展。他本人经常飞往世界各地的分公司，询问基层员工的想法，通过与他们聊天，了解他们的需要。这样很好地让员工感受到公司的尊重、重视和关心，从而把企业当成自己的家，认真对待工作。

作为一名企业管理者，贵在知道员工的需求，并懂得如何满足他们的需求。每个员工都有不同的需求，公司无法一一满足，但若能寻找他们的共性需求予以满足，这就相当于给他们吃了一颗定心丸。员工的共性需求得到了满足，他们就会对企业产生归属感，忠诚度也会大大提高，他们就会对企业产生一种割舍不断的感情，心甘情愿、一如既往地为企业效力，最大限度地发挥自己的能量、做出自己最大的贡献。那么，什么是员工的共性需求呢？

共性需求 1：渴望有稳定的、不错的收入

工作是为了什么，这一点不言自明。说得俗一点，工作不过是为了混口饭吃，为了养家糊口，每个员工都渴望获得理想的收入。怎样才是理想的收入呢？一般来说，员工渴望现在的收入比过去的收入高，渴望自己的收入比自己的家人、亲戚、朋友等社交圈子里的人的收入高，渴望自己的收入比同岗位者的收入高。如果员工的收入能满足这几点，他们往往会感觉较好，可见，员工的收入除了满足生存的条件外，更多的是一种比较之后的主观感受。管理者在给员工设定薪资时，有必要了解员工过去的收入、员工社交圈子的大概收入以及同行同一岗位的大概收入，这样便于制定出让员工满意的薪资。

共性需求 2：渴望一个能够发挥自己能力的舞台

在工作中，每个员工都渴望获得成就感，即把自己的知识用在工作上，把自己的能力发挥出来，把自己的智慧彰显出来。因此，每个员工都渴望有机会、有舞台展示自己的能力，体现自己的价值。管理者有必要结合员工的能力，把他们安排在适合自己的岗位上，使他们有机会解决实际工作中的问题，为企业创造价值。如果员工在自己不喜欢、不适合的岗位上工作，他们的能力也无法最大化发挥出来，他们是不会快乐的。

共性需求 3：渴望有一个发展成长的空间

在员工把自己的知识、智慧、能力发挥出来的同时，他们还渴望学习新知识、提高自己的能力、增长自己的智慧，这样他们才会感觉自己在成长、在进步。否则，员工就会有一种被掏空的感觉，觉得企业在压榨自己的思想精华，从而缺少安全感。

如果一个企业组织纯粹是一个机械性的工厂，而不是一个学习型的组织，它是很难留住人才的。现实中，有这样一种现象：当企业发展到一定的规模后，不少骨干纷纷跳槽，或自立门户，原因就是企业不能满足他们成长的需要，所以，管理者要重视员工培训，这比高薪留人更能满足员工成长的需求。

共性需求 4：获得欣赏、认可和赞美

心理学家威廉·杰姆斯曾经说过："人性最深层的需要就是渴望别人的赞赏。"每个员工都渴望获得领导者的欣赏、认可和赞美，这可以激发他们的工作激情，使他们对工作更有信心、更有责任感、更有创造性。

共性需求 5：要有一个健康愉快的工作环境

作为企业的员工，没有人不希望自己所处的环境是和谐愉悦、轻松快乐的。如果生活在一个尔虞我诈、钩心斗角的企业环境中，即使员工有再多的收入，他们也不会快乐地工作，不会长久地为企业效力。这就是人们常说的"快乐是金钱买不到的"，所以，管理者要重视营造良好的企业环境，要把企业环境中不和谐的因素消除掉。

2 对下属要讲原则更要讲人情味

凡事讲原则，会让你显得冷酷、古板、不通情理；凡事都讲人情，会让你显得没有原则，没有底线，不讲规矩。在企业管理中，过于坚持原则的领导者，往往不受人欢迎，而过于讲人情的领导者，往往没有威严，这两种领导都称不上优秀的领导者。那么，优秀的领导者应该怎样对待原则问题和人情问题呢？让我们先来看一下战国时期著名军事家吴起是怎么做的。

吴起是战国时期魏国的名将，他在镇守河西地区的27年中，与各诸侯国大战76次，全胜64次，其余12次打成平手。这样的战绩可谓前无古人，后无来者。吴起为什么能取得如此骄人的战绩呢？这一方面归功于他的军事才能，另一方面归功于他的领导力。吴起有一句名言："用兵要狠，爱兵要深。"也就说，他带兵打仗时既讲原则，又对士兵充满人情味，让士兵对他又爱又怕，对他心服口服。

有一次，吴起指挥军队与秦国作战，两军在旷野上对峙，剑拔弩张，只要将帅一声令下，一场惨烈的战斗就会拉开序幕。在吴起的军队中，有一个士兵武艺高强、作战骁勇，他未等吴起下令，就迫不及待地挥刀冲向敌阵。大家还没搞清楚是怎么回事，他就已经斩杀了两个敌兵。对于这样勇猛的士兵，吴起却当即下令"斩之"。这时，军吏劝说吴起不要斩杀这样的人才，但吴起却说："材士则是也，非吾令也，斩之。"从那以后，再也没有士兵敢违抗吴起的命令。

在平时，吴起虽然身为军队的统帅，但是他却和士兵穿一样的衣服，吃一样的伙食，睡觉不铺垫褥，行军不乘车骑马，亲自背负着捆扎好的粮食和士兵们同甘共苦。甚至有个士兵患了恶性毒疮，吴起还亲自为他吸吮脓液。吴起对士兵的深切关怀，使士兵愿意以死相报，正是因为如此，吴起的军队才会充满凝聚力和战斗力，才能战无不胜。

管理企业、管理员工与带兵打仗的道理如出一辙，既需要讲原则，按原则办事，按制度办事，又要讲究人情，表达对员工的关怀和疼爱。只有这样，才能在企业中营造一种温情，让员工对企业产生归属感，从而全身心地投入到工作中。

讲原则、按制度办事，是为了惩恶扬善，为了根除员工不良的行为，保证企业正常地运行。讲人情、讲温情，是为了笼络人心，加深员工对企业的感情，以激发员工对企业的认同感和忠诚度。这两者对管理好企业来说缺一不可，两者不可偏废其一。要想做好这两方面，关键是把握好什么时候该讲原则，什么时候该讲人情。

西洛斯·梅考克是美国国际农机公司创始人，是世界第一部收割机的发明者，被人们称为企业界的全才。他在几十年的经营生涯中，历尽起落沧桑，但却能屡屡得胜。

在公司里，梅考克是最高掌权者，有权左右任何一个员工的命运，但是他从来不会滥用职权。相反，他懂得设身处地为员工着想，只要员工不触犯公司的制度，他就不会伤害员工的热情。而且即使在处罚员工时，他也能做到既讲原则，又不失人情味。

有一次，一个老员工违反了公司制度，在工作期间，他酗酒闹事，迟到早退。按照制度的规定，他应该受到开除的处分。管理人员做出了这一决定，梅考克毫不犹豫地批准了。决定公布之后，这位老员工感到无法接受，他委屈地对梅考克说："当年公司面临危机，债务累累时，我与您共患难，三个月都发不出工资，我毫无怨言。如今，我犯了点错误，你就要开除我，你真是一点情分也不讲！"

梅考克听完老员工的话，平静地说："这是公司，是个有规矩的地方，这不是我们两个人的私事，我只能按规矩办事，不能有任何例外。"

事后，梅考克才得知老员工之所以酗酒闹事是因为他的妻子去世了，他要照顾两个孩子。一个孩子跌断了一条腿，一个孩子因吃不到母亲的奶水而不停地哭泣。老员工非常痛苦，于是借酒消愁，结果耽误了上班时间。

得知这一情况之后，梅考克立即找到这名老员工，安慰道："你真糊涂，现在你什么都不要想了，赶紧回家，料理后事，照顾孩子吧！你不是把我当成你的朋友吗？所以你放心，我不会让你走上绝路的。"说着，他从包里掏出一沓钞票塞给老员工，嘱咐道："回家安心照顾孩子吧，不用担心工作了。"

老员工听梅考克这么说，立刻转悲为喜，问道："你是想撤销开除我的命令吗？”

梅考克反问道：“你希望我这样做吗？”

老员工说：“不，我不希望你为我破坏了制度。”

梅考克说：“对，这才是我的好朋友，你放心地回去吧，我会适当安排的。”

后来梅考克把这位老员工安排到一家牧场当管家，那家牧场离老员工家很近，方便他照顾家里的孩子。

有的领导者做到了坚持原则，但往往显得无情无义。有的领导者表现出了人情味，但是却因此放弃了很多原则。梅考克既坚持了原则，又表现出了人情味，这是难能可贵的。作为一名优秀的领导者，你有必要学习梅考克这种处理两难事情的方法。只有兼顾了两者，才能让员工心服口服。在这方面，日本索尼公司的创始人盛田昭夫的做法，也值得管理者们借鉴。

有一次，索尼公司的一家分公司的产品包装出了问题，被东南亚的分销商投诉了。盛田昭夫非常生气，在公司的董事会上，他把分公司的经理痛斥了一顿，并要求公司以此为戒。这家分公司的经理感到尴尬难堪，禁不住失声痛哭。

会议结束后，该经理情绪十分失落。这时盛田昭夫的秘书却过来邀请他一起去喝酒，并表示这是盛田昭夫的意思。喝完酒，秘书陪着经理回到家。刚进家门，经理的妻子就迎上来了，说：“公司对你真重视。”原来，公司派人送来了一束鲜花和一封贺卡，因为当天是该经理和妻子结婚20周年的纪念日。这让那位经理非常感动。

盛田昭夫认为，为了公司的利益，对犯错的员工不能有丝毫的宽待，但是为了避免彻底打垮员工的自信心和工作热情，批评之后予以安慰是非常必要的。这种方式被索尼公司的许多人称之为“鲜花疗法”。在鲜花疗法中，我们既能看到盛田昭夫对员工的严厉批评，又能看到他对员工的精神抚慰和贴心关怀。这与既讲原则，又讲人情味的管理智慧不谋而合。

3 常对下属说：“你的工作很重要”

有这样一个寓言，讲的是在一个炎热的夏天，有两名旅客在大槐树下歇脚、乘凉。他们一边擦汗一边聊天，一名旅客看了看老槐树，对另一名旅客说：“槐树没什么用，长这么大，但是不能结果实，对人类没有实际的用处。”

槐树听了这话，生气地质问道：“明明享受着我带来的好处，嘴里却说没用，你们是不是太忘恩负义了？”

“你们是不是太忘恩负义了？”管理者应该好好思考一下这个问题。在企业管理中，不少管理者一边享受员工给企业带来的好处，一边却在无视或否定员工的价值。比如，领导者抱怨秘书：“你每天除了打印文件，写一些报告，还能做什么？有你和没你对我没什么影响。”类似的话一出口，将对员工积极性造成毁灭性的打击。

事实上，无论员工在什么岗位上，他对企业的发展都很重要。那些看似普通的员工，就像企业这个大机器上的一个个螺丝，没有他们企业这台大机器就无法正常运转，所以，管理者应该经常对员工说：“你的工作很重要。”这样才能激发员工的责任感和积极性，从而使员工更加认真地对待工作。

有一位员工请假了一周，当他回到公司时，领导把他叫到办公室，握着他的双手，真诚地说：“以前有你在的日子，我不觉得你的工作有多重要，但是这几天你请假回家，公司缺少了你，我才发现原来你的工作那么重要，少了你这一环节，大家工作起来都会遇到不小的麻烦。”员工听了这番话，激动得差点落泪。当时他的心里肯定在想：领导这么器重我，我一定不会辜负他，我会继续努力，把工作做得更好。

这位领导的做法是高明的，他懂得用高度的认可来评价员工，使员工获得精神上的鼓舞和情感上的支持。在他那番评价的背后，我们看到的是：每一个员工都是团队不可缺少的一个环节，当员工在自己的岗位上时，我们看不到他们的重要性，但缺少了任何一人，团队的运转都会受到影响。由此可见，每个员工的工作都很重要，千万不要轻视它，不要忽视它，更不要鄙视它。

一家营养盐公司的领导者曾给员工写过一封信，该员工是一名不起眼的开票员，这封信的主题是：你的工作真的很重要。看完这封信后，相信你也会被其中的言辞所感动。这封信的内容是这样的：

你是个平凡的员工，做着平凡的工作——开票，可是，我要告诉你：你的工作真的很重要。不要觉得我在虚假地恭维你，要知道，每一位客户都会与你直接接触。有的与你见面，有的与你通过电话联系，寒冬酷暑，送往迎来，你渐渐熟悉了一些老客户的声音，记住了他们的容貌，等下一次客户来买盐，你的一声问候："您好，今天买多少?"简单的一句话，就能拉近与客户的距离，使客户觉得亲切。

你开出每一张发票，收取每一笔款项，都是平凡的举动，也许你向客户说了很多好话，为的是让客户多买一点营养盐。也许客户对你不理不睬，也许你感觉到了灰心，但是当新业务来了时，你又打起了精神，满面微笑："您好，我是盐业公司……"

有些话，你每天不知道要重复多少遍，也许你口干舌燥，但你觉得值得，因为从概率角度来讲，成功的概率也是存在的。合家团圆的节假日，对于你却是一种奢望，你可能要忙忙碌碌一整天，坚守在销售第一线。

你的工作是平凡的，但是谁敢说平凡的工作不重要？谢谢你，辛勤的开票员，你为公司做出了重要的贡献，公司真心感谢你。

一封充满肯定和感激的信，把公司管理层的重才爱才之心表现得淋漓尽致。在这封信里，每一句话都是那么情真意切，平凡的语言，却彰显了最真实、最朴素的感动。作为公司的管理者，你可曾对员工说过这样一句话："你的工作真的很重要"？如果还没有，请记得把这句话传达给员工，让他们得到你的认可，感受到自己的价值。

玫琳凯·艾施是美国著名的女企业家，1963 年退休后，她仅用 5000 美元积蓄，创办了玫琳凯化妆品公司。最开始公司只有 9 名员工。20 年后，公司的员工超过 5000 人，公司年销售额超过 3 亿美元。

艾施成功的秘诀是什么呢？在她看来，她的成功秘诀就是让每个员工都觉得自己很重要。关于这一点，她是从曾经的实际工作中获得启发的。

多年前，艾施只是一个公司的普通员工，有一次，她为了能和公司的副总裁握手，不惜排队等候了足足 3 个小时。当终于轮到她晋见副总裁时，副总裁只是象征性地与她握一握手，而且眼睛根本没有正视她，而是瞧着艾施身后的队伍还有多长。就是这么不经意间的一个细节，让艾施至今记忆犹新。

艾施回忆说"直到今天，我还为那件事伤心，当时我暗自告诉自己：假如有朝一日我成为被人们朝觐的人，我一定要把注意力全部集中在站在面前同我握手的人士身上。"后来，她等到了那一天，她成了公司的总裁，因此，她总是尽力使每一个员工感到自己重要。

有人曾问她："你怎样才能让员工感到重要呢？你这样做会不会觉得累呢?"

艾施说："当然，虽然我累得精疲力竭，但我从不改变初衷，因为我曾亲身体验到被一个你很敬重的人冷遇是什么滋味。所以，我要求自己必须精神集中地接待眼前的这个员工。切记，永远不要轻视任何一个员工。"

艾施一直确信，每个与她接触的人都是重要的。每个月，公司都有即将升任销售主任的美容顾问去达拉斯参加训练班，而艾施的家就在达拉斯，因此，她每次都会邀请她们来家中做客。为此，她经常要为几百个女人准备饭菜，这可不是一件容易的事。她给她们准备香气扑鼻的茶、家常小甜饼。

后来，艾施还写过一本书，叫《销售主任小甜饼制作方法》的小册子，里面收录了艾施最擅长做的20种点心和饮料。有些美容顾问把艾施制作的小甜饼带回去给孩子或下属吃，原因很简单，因为那是艾施亲手做的。

玫琳凯·艾施重视任何员工的做法在业界是罕见的，但是这种做法对公司的发展起到了很大的作用。当员工觉得自己很重要时，他们才会迸发出自信心，在接待客户的时候，他们才会意识到自己是公司的形象代表，才会给客户提供满意的服务，以维护公司的形象。

尤其是对于那些有点自卑的、内向、默默无闻的员工，管理者更应该经常对他们说："你的工作很重要。"这样可以改变员工对自己的评价，使他们不再认为自己是卑微的角色。有了这种认识之后，他们才会振奋精神、端正态度，他们的潜能才能被激发出来，从而最大限度地发光发热，为企业创造更大的价值。

4 要让所有的员工知道，他们来就是要把公司做大

很多企业管理者在选择人才时，认为人品、能力等是最重要的。然而，人品、能力虽重要，但如果员工的价值观与企业不符，他们也不能给企业带来效益。举个例子，某些员工来公司，就是想来"打酱油"、"混日子"、"滥竽充数"的，他们人品挺好、不害人，他们能力出众，但却不积极发挥，试问，这样的员工你要吗？

再举个例子，某些员工来到企业，就是想来赚钱的，而你的企业正处于创业阶段，无法给他们满意的薪水，你对他说："你是一个有才华的人，我们企业可以为你提供一个展示才华的舞台，在这里你会有美好的前景，

将来公司实力增强了，那时你就是公司的元老，公司一定给你股份。”在你诚恳的劝说下，员工留下来了。但每个月员工拿着可怜的薪水，他会甘于现状吗？恐怕他很难留下来与你同舟共济。

每个企业都有自己的价值观，对于风险性的企业，比如投资公司，很多时候领导者本人的价值观就代表着公司的价值观。如果领导是保守、谨慎的人，那么公司的价值观就偏向谨慎，这个时候如果你所选择的人才是一个崇尚冒险的人，显然与你公司的价值观不符；如果你公司的价值观是实干，而人才的价值观是得过且过，显然两者也不相符。因此，在选择人才时，一定要重视人才的价值观、人生态度等因素。当员工的价值观与公司的价值观一致时，企业团队才能展现出强大的战斗力。

阿里巴巴的总裁马云曾说：“我们要让所有的员工都知道，他们来就是要把公司做大，把分公司的办公室从小单元房搬到当地最高级的写字楼。”从马云的话中我们可以看出，阿里巴巴的价值观是朴实不炫耀、节约不铺张、真实不浮夸、崇尚实干。关于这段话的由来，马云说过这样一番话，原话内容如下：

很多企业刚开张，人还没几个，就在一个高档写字楼租下了一个很大的办公室。这样，新招的员工看到这环境，就会觉得这家公司肯定不错，好好在这里发展，会出人头地的。这就是让新员工对公司有过高的心理期望值。其实，刚办的企业要发展，本身肯定有许多的困难，而新来的人却是冲着你的好，你的规模来的，对面临的困难总是估计不足。于是，久而久之，这家公司的人会变得越来越少，最后撑不下去。

我们在宁波招聘员工时，有一个女孩子，找到当地一个很偏僻、又黑又破的居民区单元房的5楼时，不相信大名鼎鼎的分公司会在这上面的7楼，于是，又跑下楼打电话给她的男朋友，吩咐说“要是半小时后我没打电话给你的话，你就到这来找我”。

就目前来说，可以说我们并不缺钱，而我们大多数分公司的办公地点，却都是在居民点的单元房里。不要说是福州，就是东京、纽约，我们都有能力租当地最贵的办公地点，而我们没有。为什么？我们要让所有的员工知道，他们来就是要把公司做大，这是眼下的目标，也是终极的目标。

马云的思维与众不同，创业多年以来，他一直坚持在居民楼办公，这种节约精神是当年留存下来的。在他看来，员工的价值观与企业的价值观不匹配是一种巨大的不幸。看看现实中，“为什么公司给员工加薪，员工还会离去?”这种不对称的离职，让很多管理者困惑，这个困惑背后所折射出来的问题大多是员工不喜欢这个企业，或者这个企业对员工没有吸引力。

对企业而言，如果价值观含糊不清，那么要想吸引优秀的人才，也是一件非常困难的事情。员工价值观与企业价值观的匹配，就像婚姻中的两个人是否志同道合一样，只有当员工认同你的企业文化、认同你的价值观时，大家在一起合作才会有默契，甚至他们愿意为了这份事业而牺牲小我的需求。这就是价值观的力量。

很多欧美企业的管理者在实践中发现，当企业有明确的价值观时，可以大大提高企业的效率，减少企业内耗。因为通过企业价值观所形成的员工行为模式，可以在短时间内让员工做出判断：哪些事情是企业允许做的，哪些事情是企业不允许做的。那些优秀的企业价值观告诉我们：当员工的价值观与企业的价值观匹配时，制度的约束机制就会变成员工自觉的行为，员工的行为体现就会成为企业的形象标签。这一点在沃尔玛体现得特别明显。

沃尔玛的老板每次坐飞机，都是坐经济舱，住酒店，也是住常规的酒店。公司的复印纸，更是两面都使用。每一分钱，都要去节俭，这种近乎苛刻的节俭，通过老板的率先垂范，达到了上行下效。这种看上去很“抠”的行为，正是源于老板的价值观：为顾客节省每一分钱。在相同利润率的前提下，这样可以使沃尔玛为顾客提供更多的优惠。因为如果企业不崇尚节俭，企业成本就会增加，这个成本必然会通过提高产品售价来弥补，如此一来，最终受损的是顾客。显然，正是全体员工对沃尔玛价值观的认同，才有了沃尔玛的长青基业。

那么，怎样判断员工的价值观是否与企业价值观匹配呢？马云说："员工是否喜欢这个公司一下就能看出来。如果员工对公司信心特别强，那么每一件小事他都会努力想办法，他会想着怎样为公司省钱。"因此，看一个员工是否喜欢企业，管理者完全可以根据员工日常的言行来判断。这样可以避免招来不合适的人才，也便于及时发现与公司价值观不匹配的员工，免得赔了夫人又折兵。

5 给人甜头，一定不要等到第二天

看过海豚表演的人大概都知道，海豚每次表演完一个动作，就会上来要吃的。吃完之后，它再去水里重新表演。如果没有吃的，它是不会表演的。从海豚表演中，我们可以发现及时的奖励多么重要。其实，在企业经营和管理中，员工也需要及时的奖励。

有一次，德国福克斯波罗公司的总经理遇到了一个非常棘手的技术难题，他苦思冥想了很久也没有找到解决的办法。这天下班后，他在办公室里继续思考那个问题，一名员工敲门进来，和他分享了自己的想法。总经理听了员工的想法之后，马上高兴起来，用他的办法，总经理顺利攻克了那个技术难题。

当时总经理非常兴奋，他觉得有必要奖励员工什么，一时又没有合适的奖品。突然，他看到办公桌上的茶几里有一根香蕉，于是赶忙把香蕉递给那位员工，诚恳地说："真是太感谢你了，你是好样的，你的办法解决了公司的难题，你是优秀的，这是奖励给你的。"

员工接过香蕉，有些受宠若惊，他激动地说："谢谢总经理，请您放心，我会在工作中继续努力的。"

后来，福克斯波罗公司设立了一个金香蕉奖章，这个奖章是按照香蕉的样子用纯金打造的，是公司给员工最高的奖励。

奖励要及时，要快一点，再快一点，这对员工来说非常重要。如果管理者把对员工的奖励拖延到第二天、第三天甚至半个月之后，那么，奖励所产生的激励性就会大打折扣。因为心理学研究发现，人在做出成绩的瞬间，最渴望获得奖励和表扬。随着时间的推移，越往后对奖励和表扬的渴望也就越低，而奖励或表扬所产生的效果也就越差。因此，如果你想让奖励产生最大化的激励性，就要像福克斯波罗公司的总经理那样，在第一时间给员工奖励，哪怕你奖给员工的只是一根香蕉，员工也会激动无比。

很多企业在奖励员工时，都做不到及时奖励。比如，员工完成了任务，或发明了一项新的技术，企业可能要等到这项技术真正投入生产中去，甚至等到用这项技术所生产的产品投入了市场，获得了效益之后，才想起来给员工奖励。试问，从发明新技术到产品问世并取得效益，这一过程需要持续多久？如果你是发明新技术的员工，半年之后你还渴望获得奖励吗？也许，那时候你都不在公司了。而企业奖励员工的诚意，也就无从体现了。

有些领导者没有认识到及时奖励员工的重要性，认为反正早晚都要奖励员工，晚几天有什么关系。殊不知，奖励晚几天与及时奖励，两者差别非常大。打个比方，炒菜的时候，在不同的时间放入调料，菜的味道和质量是不一样的。超前的奖励对员工无足轻重，迟来的奖励则可能让员工觉得老板不诚信，导致奖励失去意义，发挥不了应有的作用。

与某些企业拖延奖励的做法相比，有些企业在奖励员工时，纯粹属于"画饼充饥"。说好的完成某一目标之后，就组织员工外出旅游，但当员工完成任务之后，管理层却避而不谈旅游的事。这种虚假的承诺，对员工会产生极大的消极影响。

有句话叫“哀莫大于心死”，滞后的激励很容易让员工有这种感觉。身为领导者，一定要认识到：如果员工辛勤付出，为企业做出贡献，却没有得到及时的回报，他的信心和工作热情，都会大打折扣。所以，为了树立企业的公信力，为了树立领导者的影响力，为了鼓舞团队的士气，请及时给员工甜头，而不要等到“第二天”。

克莱斯勒汽车公司的总裁艾柯卡认为，及时奖励员工不等于一味求快。也不等于员工干出了成绩才奖励，而是在员工最需要的时候奖励他。比如，员工的工作进展非常顺利，成功就在眼前，但遇到了一点小问题，这个时候奖励员工，可以促使他一鼓作气，完成整个目标。

“打工皇帝”唐骏与艾柯卡的观点不谋而合，他也认为及时奖励不等于一味求快，而是超出员工的期望，比如，员工以为年底才能获奖，但是没想到年中就获奖了，这也是一种及时奖励。

唐骏在上海微软分部工作时，在公司的办公区设置了一个非常醒目的光荣榜。在光荣榜上，每个员工都有一张彩色的照片，还有奖项名称、获奖时间，还有一句员工亲笔写的获奖感言。每个员工都可能成为光荣榜上的明星，每个员工都以上光荣榜为荣。

从 1998 年 4 月第 1 次评选优秀员工奖起，到 2002 年 4 月，登上光荣榜的员工人数达到了 125 人，这个数字接近上海微软员工数的三分之一。在五年的时间内，上榜员工这么多，与唐骏的奖励方法有很大关系。他评选优秀员工与众不同，他不会等到年终岁尾才评出优秀的员工，而是每一年评选 3 次，这样大大缩短了奖励时间。唐骏很清楚，及时给员工以奖励最能鼓舞人心。

唐骏认为，及时的奖励才有效果。如果一个员工在工作中表现很好，希望得到公司的认可，在他最想得到奖励的时候，公司却迟迟不奖励他。那么，等到他不想要这个奖励时，即使公司奖励他，他也无所谓。这样的奖励就大打折扣，甚至毫无意义。所以，奖励要注重时效性，这一点非常重要。

6 时间无情人有情，加班宜少不宜多

“人世间最痛苦的事情，莫过于天天上班；比上班更痛苦的，莫过于经常加班；比经常加班更痛苦的，莫过于经常免费加班。”相信这是每个员工的苦恼。

全球四大会计师事务所之一的普华永道在全球139个国家和地区拥有多达12万名员工，在中国有5500名员工。然而，就是这样一家全球知名大企业，却以“要求员工加班”而闻名，并且由此引起了劳资纠纷。

关于普华永道，有这样一个令人啼笑皆非的故事：

一名普华永道的审计师来到非洲，遇到了一只大象，他走过去跟大象说：“我是普华永道的。”没想到大象当即哭了，为啥呢？因为连大象都知道在普华永道工作很辛苦。接着，该审计师对大象说：“我们打算招聘几头大象回去为我们干活。”结果你猜怎么着？大象居然吓得一边哭一边跑。

该审计师表示，他已经因工作时间过长而决定离开普华永道。他表示，有一年夏天他参与了一个国内大公司上市的审计项目，在一个半月的时间里，该项目组每天从9点工作到第二天凌晨三四点。在项目即将结束时，一位高大健壮的员工在走路时突然倒在地上。他说，在普华永道，很多员工都有每个月加班近200小时的经历。

加班时间如此之长，如果能得到相应的加班费那也尚可。然而，事实却不是这样。普华永道的审计师有初级和高级之分，初级审计师可以得到一定的加班费，但高级设计师只有一笔奖金，奖金多少由管理层决定，而且奖励机制不透明。因此，高级审计师每年得到的加班费不见得比初级审计师多，甚至可能更少。

连全球知名企业都要求员工加班，而且加班费与加班时间不对等，那么对于那些千千万万个名不见经传的中小企业来说，要求员工加班就显得再正常不过了。

说到要求员工加班，管理者也有说不出来的苦。对管理者来说，人世间最痛苦的事情，莫过于工作太多；比工作太多更痛苦的，莫过于完不成工作；比完不成工作更痛苦的，莫过于一直要求员工加班。

相信任何一位管理者都十分清楚，没有哪位员工愿意无偿加班，尤其是经常加班，因为这不但会占用员工很多私人时间，导致员工的娱乐休闲活动无从安排，还会使员工感到身心疲惫。

可是管理者也是有苦难言，因为公司的工作太多，不得不靠员工加班来完成。如果给加班费，老板不干了；不给加班费，免费加班，员工又不干。这样一来，关于加班问题就存在一个不可调和的利益矛盾。站在管理者的角度，怎样才能让老板既不支付员工加班费，又让员工心甘情愿地加班呢?

其实，最佳的解决策略就是加班宜少不宜多。当工作太多，不得不靠加班的方式去完成时，那你就要想办法让员工心甘情愿地加班了。下面就给你提供几条可行性的建议，让员工自愿地加班。

首先，给每个员工设立一个“跳一跳就能够得着”的目标。恰当的目标是激励员工努力工作的有效工具，当员工通过不断完成目标而取得成绩，获得成长和进步时，当员工看到自己以后的希望和目标时，他们往往会为了尽快实现目标而自愿加班，即使没加班费他们也不会计较。

其次，大力宣扬加班的利好，让大家看到加班与不加班的利益得失对比。人都喜欢做对自己有好处的事情，加班有什么好处呢？如果老板喜欢勤勉的人，喜欢工作努力的人，那么加班的员工无疑被提拔的概率更大。反之，如果老板喜欢到点就来、下班就走的人，那么加班对员工就没有多大的诱惑力。另外，对于加班的员工，如果公司为其提供工作餐、夜宵等福利，或给员工诱人的加班费，这也能调动员工自愿加班的积极性。

最后，营造快乐加班的文化，让员工感觉到加班是快乐的。试想一下，如果一群人为了一个团队目标，紧密地团结在一起战斗。等到加班结束之后，大家一起吃顿烧烤，喝一喝啤酒，望着满天繁星，想想这艰苦奋斗的人生，虽苦也是甜。

总之，时间无情人有情，加班能少就少，能不加班就别强制员工加班。如果真的要求员工加班，一定要提前通知员工，让员工有心理准备，尽早安排自己的私人生活。最重要的是，还要记得给员工物质奖励和精神上的鼓舞，让员工感到加班是一件快乐的事情。这样即使你经常要求员工加班，也能留住员工的心。

7 记住每一位员工的名字，让他们体会到“被尊重”

名字是一个人的代号，但却是一个独一无二的标志。每一位员工都希望得到领导的重视，如果你和员工初次见面，就能喊出员工的名字，往往能让员工获得被尊重的感觉。这对员工会产生精神激励的作用。美国励志大师戴尔·卡耐基曾说过：“记住别人的姓名并轻易地呼出，你即对他有了巧妙而有效的恭维。”

“打工皇帝”唐骏有一个非常好的习惯——记住并喊出每一位员工的名字。

在微软的时候，唐骏能准确无误地叫出一千多名员工的名字，然后给他们温和的微笑。2004 年的 2 月，唐骏在离开微软之际，给微软中国一千多名员工写了一封信。在信中，唐骏坦言对他们的爱，说他们就像自己的兄弟姐妹。唐骏说：“希望你们能记得我，就像我永远记得你们一样。”如此煽情的语言，使得每个看到这封信的人都热泪盈眶。

唐骏是怎么记住一千多名员工的名字的呢？原来，唐骏在初步掌管微软中国的时候，曾花了大量的时间去记忆员工的名字。唐骏说："在中国，你叫得出员工的名字，记得他的生日，他会感到受到了尊重。"

其实，除了唐骏，很多成功人士、成功的企业家、成功的管理者都善于通过记住员工的名字来表达对员工的尊重，吉姆·法莱就是这样一个人。

一次，卡耐基去拜访吉姆·法莱："吉姆，你成功的秘诀是什么？"

吉姆·法莱说："努力工作。"

卡耐基说："您别和我开玩笑了，我知道你可以叫出10000个人的名字。"

没想到吉姆·法莱说："不，不。你错了，"他说道，"我能叫出50000个人的名字。"

千万不要小看记住别人名字的能力，正是这种能力，才使得吉姆·法莱成功地把富兰克林·罗斯福推入了白宫，帮助他当上了美国总统。

吉姆·法莱能记住50000个人的名字，你能记住多少个人的名字呢？你能记住每个员工的名字吗？也许公司规模小，员工少的时候，你能清楚地记住每个人的名字，但如果你的公司规模很大，员工很多，恐怕你就难以记住每个人的名字了。或许你会想："我每天有那么多的事情要忙，哪有那么多精力去记员工的名字！"殊不知，当你叫不出员工的名字，或叫错了员工的名字时，会产生多么消极的影响。

举个例子，如果有一天，你去生产车间视察工作，当你发现有个小问题需要马上处理时，你对旁边的员工说："唉……唉，你过来，把那堆杂物搬走。"如果你记得员工的名字，你会说："陈XX，你过来帮下忙。"试着比较一下，前一种语气让员工感受到的是冷冰冰的命令，后一种语气让员工感受到了领导的尊重，员工做事的时候会更有积极性，更加认真。

请记住员工的名字，意在倡导一种上下级之间亲密无间的关系；请记住员工名字，提醒管理者经常到员工中去走动，倾听他们的意见，帮他们排忧解难；记住员工名字，可以营造一种温和的工作氛围；记住员工的名字，能让员工感受到情感上的尊重。

某公司举行员工年度聚餐宴会，上任不到半年的外籍总经理在台上发言之后，微笑着走下台。他端着一杯盛满醇香红酒的玻璃杯，走到最后一排的30号餐桌前，他要和员工干杯。大家见总经理站在面前，不约而同地站起来，以示尊重。然而，这位年近60岁的总经理却示意大家坐下来，他用不太流利的普通话说："尊敬的员工们，我提议，我站着，你们坐着，当我喊出谁的名字，谁就站起来，我要和他碰杯，至于酒嘛，就请大家随意喝，不要勉强，好吗？"

大家异口同声地说："好。"然后眨巴着眼睛，等待这个来自异国他乡的老头喊员工的名字。大家知道，要想喊出每个员工的名字并不容易，因为今天有42桌酒席，每桌10人，共计420人，总经理能一一叫出大家的名字来吗？大家都为他捏了把汗。

只见总经理走到一位员工面前，准确地喊出对方的名字，接着再报出对方的工号，然后和对方轻轻碰杯，问候道："辛苦了，公司不能没有您，谢谢您！"说完，他抿了一口红酒，再和员工拥抱一下。如果对方是女士，就和对方握一下手。完毕之后，他示意员工坐下。

当他准确无误喊出了420位员工的名字时，全场响起了经久不息的掌声，大家对这位慈祥的老头投出了敬意的目光。而老头似乎也被这一情景触动了，他一会儿高扬着手臂，一会儿双手握在一起，向全体员工表达诚挚的谢意。这次年会让大家印象深刻，每位员工的内心都激荡着自豪感。

会后有人问总经理怎么记性那么好，竟能记住每一位员工的名字。总经理笑着说："我是公司的总经理，每天都要去各个车间"实施走动管理"，我命令自己每天必须记住3位员工的容貌和姓名。这样做不仅是对员工的尊重，也是和员工心灵的一种沟通。因为我以前也是员工，作为普通员工，我渴望在总经理心目中有一席之地，让领导知道我的价值，这样工作起来才会有股劲头。"

多么朴实的话语，多么深刻的道理。这位总经理的话告诉管理者们，如果你想员工充满干劲，就要多到员工中去，这样要至少便于叫得出每个员工的名字，给员工传递一种被重视的感觉。

当然，记住员工的名字并不是一件轻松的事情，需要花一点功夫。下面提供几点记住别人名字的建议：

（1）当别人介绍自己时，认真倾听

当别人自我介绍时，请不要心不在焉，否则，你不可能记住对方的姓名。你要聚精会神地听，默默地把对方的姓名记下来，如果你没听清楚，不妨说："对不起，我没有听清楚。"让对方再说一遍，这样可以加深记忆。当然，你还可以在听别人自我介绍时，用笔把别人的名字记下来，对别人是更好的尊重。

（2）记住每个员工的特征

每个员工都有不同的特征，有容貌特征，比如，眼睛特别大，胡子特别多，眉毛特别浓，身材特别高挑等等；有职业上的特征，比如，技术很过硬，谈判能力超强，写作能力很棒等等；还有名字上的特征，比如，有的人名字中有生僻的字，有人的姓氏很少见。如果你能记住这些不同的特征，那么就不容易忘记了。

（3）经常和员工接触，多一点交流

管理者应该多深入基层，多和员工打成一片，一起干活，一起娱乐，或促膝长谈，共商良策。这样不但有利于听取员工的意见，还有利于熟悉员工，牢记员工名字，向员工表达你的重视。

8 定期进行一对一"绩效谈话"，为下属指明进步方向

"我根本不知道领导想让我怎么做，这段时间我工作那么努力，他连句表扬的话都不说，真是的。而一到绩效谈话时，他就只顾自己说，也不问我在想什么，要不然就直接把考核表塞给我，真烦人！"

当你听到员工有这样的抱怨时，你就应该及时反省一下自己了：绩效面谈是否进行到位了？要知道，员工渴望在绩效考核时与领导进行一对一的谈话，希望从领导那里得到认可、得到指导、得到下一阶段努力的方向。

黄先生是某企业的老板，每个月他都要对员工进行绩效评估，评估员工在这一个月中的表现。绩效评估采用的是表格的形式，将工作的数量和质量以及合作态度等情况记录下来，最后给员工评估一个等级，有优秀、良好、一般、及格和不及格五个等级。

拿前一次评估来说，除了小张和小陈之外，其他员工都完成了本职的工作。鉴于小张和小陈是新员工，来公司不到两个月，而且工作量又偏多，因此黄先生给他们也打了“优秀”。

鉴于员工小刘家庭比较困难，黄先生有意识地提高对他的评价，他想通过这种方式让小刘多拿绩效工资，暗中帮小刘一把。

此外，员工小王的工作质量不好，刚刚到及格的标准，但是鉴于小王平时工作态度不错，为了避免小王难堪，黄先生把他的评价提到“良好”。

案例中的黄先生虽然每个月都对员工的表现进行评估，但是他没有进行一对一的绩效谈话，而是通过书面、表格的形式进行评估，这种评估方式是单方面的，员工从这种书面的评估中无法了解管理者的想法，也无法明确努力的方向。如果黄先生采取一对一的绩效谈话，在谈话中讲明员工表现优秀的一面，同时指出员工表现不足的一面，那么员工既可以得到肯定和鼓舞，又可以明确进步的方向，何乐而不为呢？

管理者一定要认识到：良好的绩效面谈有助于员工更好地将他的工作质量与公司要求相匹配，继而明确前进方向，得到激励与鼓舞，从而自愿追求工作绩效。对管理者而言，通过一对一的绩效面谈，可以及时发现员工身上的问题，可以了解员工对公司的期望，也可以向员工传递尊重与关怀。而对企业而言，一对一的绩效面谈有利于推动员工与团队做出有利于目标达成的行为，最终促进企业战略目标的实现、提升企业的核心竞争力。

值得注意的是，要想一对一的绩效面谈取得好的谈话效果，管理者就应该做好几点：

（1）事先要做好准备

在面谈之前，管理者要有足够的准备，准备员工的绩效信息、相关事例、数据、完成绩效评估表，思考清楚员工的优势、不足，还有你对员工的期望和员工可能提出的问题以及你该如何回答。很多管理者在绩效面谈之前没有准备，绩效面谈时匆忙进行，显得非常草率，让员工感觉不到领导的重视，谈到员工的绩效时，又拿不出具体的例子或数据来说明，员工又怎么信服呢？对于这一点，管理者一定要避免。

（2）选定合适的时间和环境

一对一的绩效谈话是一件正式的事情，管理者应该安排合适的时间和场所，与员工进行轻松的面谈。关于时间，最好避开繁忙紧张的时段，而谈话场地最好在轻松的场所，比如咖啡厅、茶厅，准备一些茶水和零食，边吃边聊。在谈话时，领导者最好关闭手机或将手机设置成静音，以保证整个绩效谈话不受打扰。

（3）绩效评估要具体、客观、态度要平和

不论是评价员工的优势还是员工的不足，管理者都应该客观地说话，做到有的放矢，这样才能让员工心悦诚服。在评估中，最忌讳的是带着主观情感去评估，这一点从他们的言语上就已经表现出来，比如，他们常说“我感觉……”“我认为……”“按我的经验……”，还要避免夸张或小题大做，避免使用“你从来都”、“你永远都不能”等语句，否则，不论管理者的初衷如何友善，都很容易引起员工的反感和不满。

（4）以积极的方式结束面谈

在绩效面谈中，员工可能已经意识到自己有些地方做得不对了，但又不好意思直接承认。这个时候管理者切忌一味追问，而应设法挽回对方的面子，照顾对方的自尊，尽量避免发生争执，造成情绪对立和冲突。在结束面谈时，管理者最好以积极的方式结束谈话，让员工带着信心与欢快离开，而不是不欢而散。

第四章 Di Si Zhang

如何找到最好的人才

“企”，上有“人”下有“止”，充分说明，企业的发展关键在于人才。有人才，就能势头旺盛；没人才，必定停滞不前。作为老板，既要引进人才、培养人才，还要尊重人才、善待人才。只有给人才以施展才华的机会，公司才能步步升腾，财源不断。

1 选人不要只关注学历，会干事才是硬道理

企业的发展壮大需要人才做后盾，可是选择怎样的人才为企业效力呢？有些企业管理者在选人时挑挑拣拣，一味地以人才的学历为标准，只关注人才的出身、背景，却不重视人才的实际能力，结果花重金把名校的高材生招来，企业效益却上不去。这种现象值得每个管理者反思：招聘人才来公司，到底是为了什么？是为了装点企业的门面，好让同行看到：我们公司'人才'济济——都是名校出身的人才，还是为了干实事，提效益，为企业谋发展的？

世界报业大亨默多克曾经说过："人才没有标准，新闻集团的高层并不一定都需要具备博士学历，只要你有能力，为集团发展做出了贡献，我们不会亏待任何一个在这里发展的人才。"其实不止是新闻集团没有对人才设立标准，很多行业的人才，也没有硬性的标准。如果有标准，那唯一的标准就是会干事、干好事的能力。

看看当下的一些年轻人，他们整天拿着各种各样的文凭和证书，什么博士学位、硕士学位等等，在多个企业之间挑来挑去，自认为高人一等，但是这样的人真的有能力吗？真的能胜任工作吗？这个可不一定。因此，管理者在选择人才时，一定不要只关注学历，而忽视人才的实际能力，免得招一个只会照搬书本知识而不会处理实际问题的"书呆子"回来。

在一个人才招聘现场，一位人力资源专业毕业的硕士生与企业招聘人员谈论对薪水的要求时说道："月薪不能低于1万，低的免谈。"当时已经

到了下午，招聘现场的人也不多，招聘人员就想多了解一下这位硕士生，于是提了一些实际工作中的问题，想考一考他处理问题的能力。这个问题是这样的：

公司老板让采购经理去一个指定的供应商那里购买材料，而这个供应商是老板的小舅子。采购经理犯愁了，因为他每次从老板小舅子那里买回来的材料质量都不好，但如果不买就违抗了老板的命令，买了就会挨老板的批评："你每次买来的材料质量都不好，而且价格那么贵，到底是怎么回事?"请问：如果你是人力资源顾问，你会如何与老板协商这个问题?

硕士生的回答令招聘人员大吃一惊，他的回答居然是："这个问题书本上好像没有讲过。"

招聘人员说："是的，这种问题书本上确实没有讲过，但读书并不是解决实际问题的唯一途径，做顾问没你想得那么容易，实际工作能力才是最关键的。"

顿时，硕士生惭愧无语……

我们不否认高材生的实际工作能力，但我们要强调的是：选择人才，不能只关注学历，会干事才是硬道理。巨人集团的创始人史玉柱曾经说过："初中水平跟博士后没啥区别。只要能干就行，我一直是这个观点，不在乎学历，只要能干能做出贡献就行。"在史玉柱看来，所谓的人才指的就是，我把一件事情交给你，你做成了，我再把一件事情交给你，你又做成了。只要你能把事情做成，你就是有用的人才。这种用人态度在他经营企业的过程中有很好的体现。

1995 年 6 月，毕业于南京国际关系学院的程晨进入了珠海巨人集团。在那个年代，史玉柱可是最热门的人物。进入公司后，程晨和其他员工一样，从最底层的促销员开始做起。3 个月之后，她顺利转为正式的业务员。半年之后，她成了业务主管。

程晨能取得这样的成绩，与她的勤奋不无关系。如果同事们每天跑 8 个小时的业务，那么她肯定会跑 9 个小时、10 个小时的业务。况且她有优秀的销售能力，所以，她的销售业绩总是名列前茅。而当时史玉柱一直强调“销售就是一切”，因此，程晨能以优异的销售业绩获得快速的升迁。终于有一天，史玉柱发现了程晨这块发光的金子。

1996 年 3 月，史玉柱在公司高层的陪同下，来到江苏考察销售情况。当时南京分公司的经理职位空缺，程晨临危受命，但她心里没底。因为当时南京分公司的销售业绩在全国排名倒数第 10。

当时史玉柱问程晨：“你准备用多久来改变（南京分公司销售状况不良）这个情况?”

“1 个星期。”程晨的回答立即引来了大家的一阵哄笑，史玉柱也笑了，但他没有责怪小姑娘，他知道程晨有做好的决心。两个月后，程晨领导的南京分公司的业绩在全国的分公司中排名第 10 名，3 个月后南京分公司的销售业绩在全国的分公司中名列第 1。

1996 年 7 月，程晨在加入巨人集团一年后，被调回珠海巨人集团总部，成为史玉柱的行政助理。在那段时间里，程晨觉得非常狼狈，没有了销售成绩的刺激，每天只是跟着史玉柱开会、见客户、整理文件，每天从早上 9 点忙到晚上 12 点。在得到更多机会参与珠海巨人集团的核心业务后，程晨逐渐了解到公司所面临的困难。

1997 年，巨人集团的危机终于大白于天下。为了应对危机，史玉柱在一年后启动了脑白金项目。当时程晨主动请缨，带着 25 万元现金到南京开拓市场。她依靠天才的销售能力和地缘优势，在南京迅速打开了市场。第一个月，她用 25 万元赚到了 23 万元，第二个月她赚到了 50 万元，第三个月赚到了 100 万元。

程晨在销售方面取得的成绩激励了整个集团，很多离开巨人集团的员工也回来了。他们通过滚雪球的方式，把脑白金做起来了。脑白金在江苏市场取得成功后，程晨又被任命为上海市场的开拓者，她仅用一年的时间，就在上海创造了一个亿的销售额，成为史玉柱最得力的臂膀之一。

程晨的案例告诉我们：得到一个会干事的人才，对企业的发展到底有多么重要。在选择人才时，学历真的不是最应该关注的，你最应该关注的是员工的工作能力。也许有人会问："面对一个新人时，我们无从考察他的能力，我们只能通过学历来判断他的大概能力。"这种做法无可厚非，但如果当高学历的新人在工作岗位上迟迟打不开局面，无法取得与他薪水相匹配的效益时，管理者就应该做出调整了，有必要以人才为企业创造的效益为标准来确定员工的待遇。微软就是这么做的。

在微软，员工的薪水、职位从来不会论资排辈，员工的升迁、涨薪取决于他的个人成就。在微软，副总裁的工资低于一个软件工程师的工资，这是很正常的现象。但这种现象在其他公司，恐怕很难见到。正是这种以人才的能力、个人成绩来确定员工的薪酬的用人制度，激励着微软员工更加努力地工作。到 1992 年时，微软公司的百万富翁已经多达 3000 人。

海尔集团的创始人张瑞敏曾说过一句名言："能者上，庸者下，平者让。"当你发现人才的学历与他的能力不匹配，当你发现人才空有学历，没有能力或能力不足时，管理者有必要以人才的能力为标准来择良木而用之，而人才的能力最好的体现就是他的工作业绩。所以说，员工会干事才是企业发展的硬道理，会干事才是优秀人才的主要标准。

2 如何找到最好的人才

自古以来，人才都是国家和企业兴旺发达的关键因素。唐代著名的政论家赵蕤在他的《长短经》中说："得人则兴，失人则毁。故首简才，次论政体也。"大意是说，创造任何事业，都需要他人的拥护。得到人才就能兴旺发达，失去人才就会失败。

一个优秀的人才，可以改变一个国家的命运，可以决定一个企业的存亡。所以，老板在经营企业时，一定要找到最好的人才，要把人才当成公司的宝贵资产，用心去珍惜，放手去任用。

那么，什么样的人是人才呢？对此，娃哈哈集团的创始人宗庆后是这样说的：“有用的人为我所用，有用的人各施其用，那企业就活了。”这句话就是娃哈哈集团的用人标准，这也是全国范围内第一家推行“只看本事，不看学历”的公司。毫无疑问，宗庆后的用人标准是非常富有智慧的，作为一个管理者，我们也应该做到“唯才是用”。

艾柯卡是美国著名的汽车工程师，也是知名企业的管理者，但是他的出身却很普通，是一个汽车推销员。当年他在福特汽车公司干了 32 年，其中有 8 年时间是在做管理。在担任管理者期间，他实行大胆的经营管理改革，在全公司上下推行新型汽车发展战略，大大加快了福特汽车的发展进程。

后来，由于亨利·福特的嫉妒和排挤，艾柯卡离开了福特公司，进入了美国第三大汽车公司——克莱斯勒公司，被聘任为公司的董事长和业务管理人。上任之后，艾柯卡立即着手寻找人才，他整整花了四个月的时间，通过多次交谈终于将福特汽车公司主要骨干杰拉德·格林沃尔德拉进克莱斯勒公司。杰拉德在公司出任财务主审官，很快就拯救了公司混乱的财务状况。

接着，在杰拉德的帮助下，艾柯卡又从福特公司挖来罗伯特·米勒，他在克莱斯勒公司的主要任务是与银行打交道。之后又聘用了福特汽车公司两个精明能干的业务员，通过这些强有力的人才的帮助，克莱斯勒公司迅速走向了高速发展的康庄大道。与之相反，福特公司由于优秀人才流失严重，业绩年年下降，竞争力被大大削弱。

美国吉列公司的总经理马可勒先生曾说：“我的工作很简单：找到适合的人，把他放在适合的位置，提供适合的训练。然后，我就可以享受人生。”艾柯卡在管理克莱斯勒公司的时候，就是像马可勒先生说的那样，找到合适的人才，并将其放在合适的位置上，然后克莱斯勒公司就迅速发展壮大起来。可见，找到最好的人才对企业发展至关重要。

说到这里，很多企业老板可能会问了：“人才在哪里呢?”其实，人才处处有，我们身边就有，所谓“众里寻她千百度，蓦然回首，那人却在灯火阑珊处。”只要你有敏锐的观察能力，有一双识才的慧眼，那么你将会有一份“灯火阑珊处”的喜悦。也就是说，发现人才要从身边着手，要从你熟悉的人群中去寻找。

吴纪侠曾是正泰集团的总裁顾问，他加盟正泰集团之后，使得正泰在营销道路上实现了跨越式的进步，他也因此被正泰人尊称为“财神”。吴纪侠是怎么进入正泰集团的呢？关于这个问题有一个动人的故事。

1993 年，吴纪侠从乐清财税退休。在家刚休息几天，南存辉就找上门来了，他真诚地邀请吴纪侠加盟正泰，他说：“正泰就需要像你一样的人才，我真诚地希望你加盟正泰，帮助正泰发展。”

年近 60 岁的吴纪侠看到南存辉真诚的眼光，笑着说：“人才？我可算不上什么人才。不过，我可以向你推荐一个人，他是一个真正的人才。”

“谁?”南存辉求贤若渴，听到这话之后，立即眼前一亮，赶忙问道。

吴纪侠对南存辉说：“这个人就是我的顶头上司周敬东，他即将退休，他才是真正的人才。”

南存辉听到这话，非常欣喜地说：“周局长我要，你，我也要!”

在南存辉的诚心邀请下，吴纪侠和周敬东都加盟了正泰集团。

吴纪侠在正泰先是做财务部经理，后来他在南存辉的支持下建立了营销队伍，在全国乃至全世界铺设营销网络。此后，他开始全面负责营销工作。就这样，正泰在全国各地设立的营销公司和特约经销处多达 2000 家，在国外还设立了 30 多个销售机构，初步形成了一个覆盖面广的营销网。

在这个过程中，南存辉一直十分信任吴纪侠，他总是鼓励吴纪侠大胆去干。吴纪侠则帮助正泰把握着营销的方向，每当市场状况发生变化时，他就会第一时间提醒公司做出决策上的调整。最终，正泰集团的营销走上了星光大道。

每一位管理者，都应该像南存辉那样，一旦发现了优秀的人才，就要在第一时间将其招揽到自己的麾下，让他为你效力。不过，不管是怎样的人才，都有缺点或不足。所谓“金无足赤，人无完人”，企业用人一定要有大胸怀，要像那位大老板一样，及时发现人才的优点和长处，这样才能用好人，也能留住人。

另外，除了用人之长，真正会用人的老板，还善于用人之短。例如，清代杨时斋将军让聋人当勤务员，让哑人负责送密信，让腿脚不灵便者坚守炮台，让盲人伏于阵前。这就是巧妙地用人之短。由此可见，如果我们换个角度看待别人的缺点和缺陷，有缺点和缺陷的人也会变成人才。如果你能这样用人，那么团队中人人都会变成千里马。

3 敢于任用比自己优秀的人

有人曾专门做了一项研究，大意是：如果领导者的个人能力是 90 分，但带的“将”的能力大都只有 60 分，那么这个团队的战斗力大概只有 60 分。如果主管的能力是 80 分，但带的“将”的能力大都在 90 分以上，那么这个团队的战斗力可以达到 90 分以上。

这项研究告诉我们，领导者的价值不在于他个人能力有多强，而在于他能够带领更多有能力的下属来完成团队目标。因此，领导者不应该只关注个人的“成绩单”，而应该更关注团队的“成绩单”。怎样才能让团队的成绩单更优异呢？最有效的一个办法就是任用比自己更优秀的人。在这方面，美国历史上的第二任总统约翰·亚当斯就做得非常好。

美国华盛顿总统卸任后，亚当斯成为美国的总统。当时美国正面临着与法国关系破裂的危机，到了 1797 年底，两国的关系已经到了剑拔弩张、一触即发的危险边缘。亚当斯意识到，与法国开战是不可避免的，而要想打胜仗，就必须要有一位得力的统帅。

谁堪当此任呢？当时很多人劝亚当斯亲自统帅军队，但亚当斯知道，自己的军事才能一般。思来想去之后，他认为华盛顿才是唯一能够激起美军士气、团结美国人民的统帅。于是，他决定请华盛顿出山。

亚当斯的亲信们得知这一情况后，一致表示反对。他们认为，如果华盛顿复出，很可能再次唤起人民对他的崇敬，进而威胁到亚当斯的总统位置。但是亚当斯却认为，国家的利益和命运高于一切。于是，他授权汉尼尔顿写了一封信给华盛顿，请求他出山担任大陆军总司令，指挥美军迎战法国入侵者。

与此同时，亚当斯亲自给华盛顿写信，在信中他的态度十分诚恳："当我想到万不得已而要组织一支军队时，我就把握不准到底是该起用老一辈将领，还是起用一批新人，为此我不得不随时要向你求教。如果你允许，我们必须借用你的大名去动员民众，因为你的名字要胜过一支军队。"

华盛顿看到这封信之后，被深深感动了，他表示愿意立即出山，担负重任……

这件事被美国人传为佳话，亚当斯的正直与豁达赢得了人民的赞扬。有一位著名的记者采访亚当斯时问道："您请求华盛顿出山，不怕他唤起人民对他的留恋和崇敬吗？不担心他会威胁你的地位和威望吗？你为什么敢用比你更优秀的人呢？"

对于这些问题，亚当斯的回答是："真正出色的领导者，绝非事必躬亲，而是知人善任，特别是敢于起用比自己更优秀的人才。如果高层领导者事无巨细，一律包揽，那只能成为费力不讨好的勤杂工式的领导者。"

正是因为亚当斯知人善任，才能凭借众多的优秀人才，特别是凭借那些比自己更优秀的人才，一步一步地攀登上人生的巅峰。然而，并不是每个领导者都如亚当斯那样心胸豁达，敢于任用比自己更优秀的人。很多领导用人时都会存有私心，害怕比自己优秀的人才抢了自己的饭碗，抢了自己的风头，担心下属把自己比下去，其实这是小人之心在作怪。

马云曾经说过："领导比员工多什么？领导永远不要跟下属比技能，下属肯定比你强；如果不比你强，说明你请错人了。要比眼光，你要比他看得远；要比胸怀，你要能容人所不容；要比实力，你抗失败的能力比他强。一个优秀的领导人的素质就是眼光、胸怀和实力。"因此，不要害怕员工比你更优秀，让优秀的人才为你所用，才是领导者真正的本事。

敢于任用比自己优秀的人才，公司才会越办越好，越做越大；只重用比自己差的员工，公司就会越办越萎靡，越办越糟糕。古往今来，高明的领导者无不深谙此理。

刘邦治军打仗不如韩信，但是他敢用韩信；运筹帷幄不如张良，但是他愿意起用张良；镇守国家、安抚百姓，供给饷馈，他不如萧何，但是他愿意重用萧何。通过重用这 3 个人，刘邦在楚汉之争中才得以获胜，开创了大汉的百年江山。反观项羽，虽然他"力拔山兮气盖世"，可他用的人没有一个比自己高的，范增足智多谋，但是最后被他撵走了。最后，项羽落得四面楚歌、众叛亲离、自刎于乌江的下场。

领导者有必要认识到，如果团队里你是最强的，你不知不觉就会成为"锅盖"，把团队成员"盖"住了，使员工很难有展现自己的机会。这个时候，领导者就会成为团队进步的障碍。只有敢于任用比自己更优秀的人，才能揭开"锅盖"，让团队成员看到更广阔的天地，拥有更大的发展空间。

4 真正的天才，往往是有些"傻气"的人

从古至今，每个想成就一番事业的人都渴望得到天才的辅佐，每一个胸怀大志的人也都希望自己在某方面是个天才。可真正的天才是怎样的呢？他们的脸上会不会写着"天才"两个字呢？当然不会，天才不一定是

英俊潇洒的形象大使，也不一定是能说会道、能文会武的大智之人。相反，天才很可能看起来其貌不扬，甚至看起来不怎么灵光，还有些傻气，根本不会让人觉得是“天才”，倒是很容易被人视为“蠢蛋”。关于这一点，美国第九任总统威廉·亨利·哈里斯就是最好的例子。

威廉·亨利·哈里森出生于美国一个小镇，小时候他非常文静怕羞，人们把他看作傻瓜，经常捉弄他。怎么捉弄他呢？人们经常把一枚5分的硬币和一枚1角的硬币扔在他面前，让他任意捡一个。威廉总是捡起那个5分的硬币。于是大家都嘲笑他是傻瓜。

一天，一位好心的老妇人可怜威廉，就问他：“威廉，难道你不知道1角钱比5分钱值钱吗?”

没想到威廉慢条斯理地说：“我当然知道，不过，如果我捡那个1角的硬币，恐怕大家以后再也不会扔硬币给我了。”

威廉的话是否让你为之一惊呢？一个表面上连1角钱和5分钱的傻孩子，日后通过不断的努力，成为了美国第九任总统，如此巨大的反差，不由得让人感叹：原来，真正的天才总给人傻傻的印象。在这一点上，爱因斯坦也有诸多傻气的表现。

一天早晨，爱因斯坦没有下楼吃早餐，他的太太便上楼去看他，发现他一副魂不守舍的样子。只见他双眼痴痴地看着前方，面无表情地说：“亲爱的！我得到了一个绝妙的想法。”说完之后，他就走到钢琴边，认真地弹起钢琴，弹得十分陶醉。

突然，他停止了弹琴，在纸上写了一些东西，然后自言自语地说：“我得到了一个绝妙的想法，绝妙的想法……”

接着，他又继续弹钢琴，每弹一段时间，就写下一些东西。大概过了半个小时，他走进他的研究室，把自己关在研究室里，并嘱咐他的太太不要打扰他。

这一关就是两个星期，在这个两个星期里，太太每天给他送三餐。两个星期过后，爱因斯坦终于走出了实验室，只见他脸色苍白，神情呆滞，手里握着两张纸。他颤抖着双手将纸放在桌子上，并告诉太太那是“相对论”。

类似的事情在爱因斯坦身上还有很多。爱因斯坦最爱吃鱼子酱，在他生日晚宴上，朋友给他订了一盘鱼子酱。当鱼子酱端上来时，爱因斯坦正在与人谈论“惯性”问题。于是他一边吃鱼子酱，一边继续谈论“惯性”。当他谈完“惯性”问题时，鱼子酱也吃完了。

这时，有一个朋友问爱因斯坦：“你刚才吃了什么东西？”

爱因斯坦摇了摇头说：“我不知道刚才吃了什么东西。”

朋友告诉他：“你刚才吃了鱼子酱。”

爱因斯坦“啊”地惊了一声，然后用手挠了挠头，“是鱼子酱，我怎么没有尝出来呢？”

爱因斯坦成名之后，移居到美国，有一天，他办公室的秘书接到一个电话，听到一个德国口音很重的人在电话中询问爱因斯坦博士的住处。秘书说：“对不起，我不能奉告，因为爱因斯坦博士不喜欢别人去他的住处打扰他工作。”

这时话筒的那头传了很小的声音：“请你不要告诉别人，我就是爱因斯坦，我正要回家，可是我忘记了自己的住处在哪……”

看了爱因斯坦的故事，你是否觉得这位科学天才的傻的可爱呢？事实上，爱因斯坦并不傻，他只不过过于狂热地痴迷科学研究，几乎把所有的精力都放在科学研究上，对生活中的其他事情缺少注意，这才会导致他闹出了那么多可爱的笑话。正是这种专注与热爱，使爱因斯坦成为了20世纪最伟大的科学家。

事实上，真正的天才往往是与众不同的，往往会表现得“傻”、“怪”、“痴”、“呆”，总之让人觉得有些脑子不正常。如果企业管理者用常人的眼光去寻找天才，往往很难找到真正的天才。这个时候，不妨向本田宗一郎学习，用另类的眼光来选拔人才。

本田宗一郎在经营本田公司时，专门招收个性不同的“怪才”，他认为，“怪才”虽然有些怪、有些傻，有时其行为甚至让人捉摸不透、难以理解，但往往正是这种“怪才”拥有出奇制胜的本领。

有一次，本田公司在招收优秀人才，招聘负责人对两名年轻人取舍不定，向本田宗一郎请示，本田宗一郎随口便答道：“录用那个较不正常的人。”本田宗一郎认为，正常人的发展有限，“不正常的人”才可能不可限量，而且往往会有惊人之举。正是靠着这种选人用人的方法，本田公司创立不到半个世纪，就发展成为世界超级企业。

与本田宗一郎相同，日本索尼公司也重用“傻才”、“怪才”。索尼公司曾在电脑市场上落后于人，要想后来居上，就必须尽快拿出有竞争力的产品。按常规的办法，让科研部门研发，至少要花两年时间，这样一来，即便拿出了有竞争力的产品，也很难在竞争中取胜。怎么办呢？

公司做出了一个出人意料的决定——招聘了三名“怪才”。这三名怪才清高而不合群，点子很多，自尊心很强，总之看起来有点不正常。但是没想到的是，正是靠这三个怪才，索尼公司仅用半年时间就生产出有竞争力的电脑产品，其性能比同类产品高，价钱却便宜一半，结果索尼公司占据了大片的电脑市场。

从本田公司和索尼公司的用人策略上来看，真正的天才，真正的人才，往往是有些“不正常”的，管理者应该跳出惯常的眼光，用与众不同的视角审视这些天才、人才，这样才能为企业找到最好的人才，推动企业快速向前发展。

5 外来的和尚不一定会念经，多从公司内部选拔人才

随着企业的不断发展壮大，企业对优秀人才的需求越来越急迫。优秀人才从何而来呢？很多管理者在面对这个问题时，往往不重视身边的人

才，不愿意提拔企业内部的人才，而是信奉一句俗话“外来的和尚好念经”，不惜重金从外面请来职业经理人，我们也把这类人称之为“空降兵”。然而，我们不禁要问：外来的和尚真的会念经吗？

据说有一家当企业在做大之后，找了三十几位“空降兵”，最终几乎全军覆没。大多数空降兵在岗位上没有取得良好的业绩，最后还被企业辞退。一时间，“空降兵”的问题似乎成了企业的顽疾，不找空降兵，企业觉得人力资源匮乏，找了空降兵，企业又用不好，这就是如今企业的真实写照。

企业辞退员工不足为奇，但是宁波“家世界”连锁超市把从国外聘请来的洋专家辞退了就奇怪了，那些洋专家不是“家世界”花高薪请来的吗？怎么又被辞退了呢？

“家世界”超市成立于1998年，迄今已经在宁波、台州、杭州等地创办了多家连锁超市。作为一个新兴企业，“家世界”的运作需要大批高学历、经验丰富的专业人才。因此，他们一面在国内招聘人才，一面将视线对准国外，想吸取欧美连锁业的经营理念和管理技术。

而且就在当时，很多洋超市纷纷涌入国内，这更加坚定了“家世界”聘请空降兵的决心。于是，“家世界”将目光盯向了法国，聘请了6位洋专家，其中一位还被聘为副总经理。然而，好景不长，这些洋专家在实际工作中能力良莠不齐，有的能充分发挥特长，有的则夸夸其谈，凭借自己资格老、居功自傲，甚至违反企业的规章制度。

据“家世界”的负责人介绍，国外超市的分工比较细，每个管理人员负责某一项工作，对某一具体的流程驾轻就熟，但受聘于“家世界”超市的“空降兵”既没有全面的综合知识，又无法驾驭全面的管理，尤其是对中国国情缺乏了解，还硬搬国外的模式，叫人无法理解。

被辞退的两位洋专家，在任职期间并不关心超市的具体问题，他们一味地要求与法国超市的摆设一致。事实上，法国的国情与中国的国情并不相同，法国没有农贸市场，大家买生鲜、水产品、肉类等都去超市，而中国人却习惯于去农贸市场购买这些东西，所以，这类产品超市不宜进货太多，否则卖不出去就会坏掉。但是洋专家不顾中国人生活消费习惯，硬要增加超市场地来销售这类产品。如此做法，怎么能把超市经营好呢？

商界人士认为，“家世界”辞退洋专家充分说明了一点，他们并没有迷信外来的“和尚”，更没有把洋专家当成美化形象的广告招牌。这些从国外而来的“空降兵”到底实力如何，让他们到实践中去试一试就知道。毕竟，实践考验的是真材实料，真正的人才是能为企业发展带来效益的人才。

事实上，“空降兵”的问题不仅仅是空降兵本身的问题，如对企业情况不了解，还有企业的问题，如企业管理层是否给空降兵足够的信任和支持，是否送上马、扶一程？如果企业做到了这些，“空降兵”问题依然存在，那么企业老板就要深刻反思了：到底应该提拔怎样的人才呢？到底应该从哪里提拔人才呢？我们不妨来看一看索尼公司的用人案例：

一天晚上，盛田昭夫按照惯例在职工餐厅与员工一起就餐、聊天。这是他多年以来一直保持的习惯，以增进与员工的感情，培养良好的上下级关系。这天，盛田昭夫在就餐时发现一位年轻员工郁郁寡欢，好像有心事一样，闷头吃饭，谁也不搭理。于是他主动坐到这位员工对面，与他攀谈起来。

几杯酒下肚之后，这个员工打开了话匣子：“我毕业于东京大学，原本有一份待遇优厚的工作。但是由于对索尼公司崇拜已久，最终选择了索尼。但是，我发现自己并不是为索尼工作，而是为课长工作。坦率地说，这位课长是一位无能之辈，我所有的行动都与建议都要课长批准，我有一些小发明与改进，科长不仅不支持、不解释，还挖苦我癞蛤蟆想吃天鹅肉，说我有野心。对我来说，这名课长就是索尼。我十分泄气，心灰意冷。这就是索尼？我真的后悔当初放弃了那份待遇优厚的工作。”

盛田昭夫听完这位员工的话，感到十分震惊，他意识到公司不能埋没人才，不能让庸才阻碍人才的成长。之后，索尼公司开始刊登各部门的求人广告，员工只要对职位感兴趣，就可以自由而秘密地去应聘，他们的上司无权阻止。

另外，公司每隔两年就让员工调换一次工作，特别是那些能力出众，干劲十足的人才，绝不让他们被动地等待工作，而要给他们施展才华的机会。从此以后，公司内部有能力的人才不断涌出，他们大多能找到比较中意的岗位。

从上述案例可以看出，从公司内部提拔人才是一个行之有效的用人策略。这样可以让人才从一般走向优秀，从优秀走向卓越，可以保证企业核心的一贯性、人员的连续性、简化招聘程序、节省人力资源事务性工作的成本，还可以为企业优秀人才提供职业发展的舞台，更好地留住高素质的核心人才，对培养员工的忠诚度也非常有利。

6 用人不疑，疑人不用

几乎每个管理者都听说过这样一句话：“用人不疑，疑人不用。”所谓用人不疑，首先是指对所用之人的能力、人品不存疑虑，敢于把工作交付于他，并坚信他能做好。在被授权者完成这项工作的过程中，无论外界如何质疑，授权者一直要对被授权者保持信任。

其次，由于各种各样的原因，被授权者工作出现失误，授权者对他依然要保持信任。领导与员工之间并没有血缘关系，维系双方的纯粹是利害关系，唯有双方利益都得到满足，合作才能友好地进行下去。反之，一旦平衡状态被打破，上下级之间的矛盾便会随之凸显出来，从而阻碍企业的长远发展。

秦武王想攻打韩国时，任命甘茂为主将，甘茂在出发前，对秦武王说：“韩国宜阳是一座大城，加上途中有很多艰难险阻，与秦国相差千里，攻打起来恐怕不容易。我真的很担心，我出征之后，会不会有人借此机会诽谤我。”

秦武王说：“不会的，你放心地去吧！”

甘茂说：“从前，有个与孔子弟子曾参同名的人杀了人，听者以讹传讹，最后传到了曾参母亲的耳朵里。曾母绝不相信儿子杀了人，但是接二连三有人来报告同一件事，她就开始担心起来，于是劝儿子出逃。”

说完这个故事，甘茂接着说：“我的人品不如曾参，大王对我的信任也不如曾母对儿子的信任。而且，怀疑我的人不止三个，所以，我很担心，一旦我没有顺利攻下宜阳，就有人进谗言陷害我。”

秦武王听了甘茂的话之后，斩钉截铁地说：“你放心，我绝对不会听信谗言，我愿意发誓。”于是，甘茂率军进攻宜阳去了。开战之后，一晃就是五个月，甘茂用了5个月的时间也没有攻下宜阳，这时候有人开始进谗伤害他。秦武王把甘茂之前对他说的话忘得一干二净，也把自己的誓言忘掉了，他把甘茂召回来。甘茂非常生气，严厉地质问秦武王：“大王难道忘了你的承诺吗?”

这时秦武王才想起之前的承诺，马上改变态度，动员全军支援甘茂。最后，甘茂不负众望，攻下了宜阳。

在这个故事中，秦武王所犯的错误，也是很多管理者常犯的错误。在一开始授权时，信誓旦旦，表示信任下属，一旦下属执行遇到困难，就开始质疑下属的能力。值得庆幸的是，秦武王及时醒悟过来了，但现实中，又有多少管理者迷途知返呢?

信任是管理者与下属之间一种最可贵的感情，管理者用人的前提是信任下属，因为只有信任下属，管理者才放心把工作交给下属。只有信任下属，才能激发下属的积极性、主动性、创造性，这样下属才能把工作做好。

不少领导者在分权授权的过程中，不信任下属，尽管权力下放了，但常常出手干涉，下属被束缚住手脚，自然无法放手去干，久而久之，上下级之间不可避免地产生嫌隙。实事求是地说，这种做法对于企业的发展是非常不利的。所谓“疑人不用，用人不疑”，领导者在用人以及授权时，要敢于信任下属，大胆放心地让他们去干，去负责，只有这样才能在调动他们工作积极性的同时，赢得员工们的真心拥戴。

著名台湾企业家郭台铭在这一点上便十分值得我们学习。2004 年，位于墨西哥的一家摩托罗拉工厂被并购，郭台铭打算借此在墨西哥打造属于自己的生产制造基地，此时，摆在他面前的首要问题便是用人，是任用墨西哥人还是派出自己的亲信去管理？经过深思熟虑，他选择了前者。

古人云：“将在外君命有所不受”，墨西哥这家工厂可谓“山高皇帝远”，一旦用人失误，很可能会形成割据小王国。郭台铭并非没有意识到这一点，但既然任用墨西哥人，就要本着用人不疑，疑人不用的原则，总是怀疑下属只会把事情搞砸。

从生产技术上看，墨西哥的自动化工作还远远不到位，“不良率 1%”是鸿海的基本要求，但到了墨西哥人眼中便成了最佳生产状况。为了帮助他们走上正轨，郭台铭派下属过去指导，指导人员与墨西哥方面负责人详细沟通，耐心对话，组织墨西哥方面的人员到台湾参观高标准的生产流水线，并亲身感受鸿海的企业文化和工作氛围。

事实证明，郭台铭这种用人不疑的做法是十分明智的，对墨西哥人的信任，不仅让他把生产基地搬到了墨西哥，还把管理制度以及企业文化等无形资源也复制了过去。更为重要的是，在此过程中，他赢得了该厂一大批管理者的忠诚和拥戴。

但信任也要有一个限度，过于信任下属很容易形成“诸侯林立”的局面，一旦失去控制，领导人很容易被架空，所以，管理者在使用人才，信任下属的基础上，还要保持一定的怀疑。在信任对方的同时时刻保持警惕，随时做好对下属的监控管理工作。

7 任人唯贤，而不是任人唯亲

李嘉诚曾经说过："在我心目中，不管你是什么样的肤色，不管你是什么样的国籍，只要你对公司有贡献，忠诚、肯做事、有归属感，即有长期的打算，我就会帮你慢慢经过一个时期而成为核心分子，这是我公司一向的政策。"

李嘉诚的用人观是开放的，只要他发现你是个人才，就会重用你。这种爱才的程度绝不亚于三国时期的曹操，真正做到了中西合璧，各采其长。他不但善于识人，也非常善于用人。尽管他握有大权，但他也物色了不少出众的管理人才，放权给他们去管理业务。

周年茂、霍建宁是两位少年老成的将才，他们为李嘉诚开拓商业疆土立下过汗马功劳。尽管当时他们只有 30 岁，但李嘉诚依然对他们委以重任。李嘉诚用人不看资历，不看虚名，而是看一个人的实际能力，只要实践证明他们确实有超常的才华，李嘉诚就会毫不犹豫地予以重用。这种"不拘一格用人才"的人才观，正是李嘉诚的过人之处。

很多企业家、领导者喜欢用自己的亲信，认为亲信才是最可靠的，这就是所谓的"任人唯亲"，这在李嘉诚看来，必然会有损事业，他解释说："唯亲是用，是家族式管理的习惯做法，这无疑表示对'外人'不信任。"

事实上，李嘉诚的企业是典型的家族性企业，但是李嘉诚从一开始，就不按照家族企业的模式去经营和管理，他采取的是将中西方优秀的管理方法相融合的管理模式，举贤不避亲，举亲不避嫌，只要有能力的人，他就会重用。这是他事业成功的关键。

20 世纪 80 年代，李嘉诚的企业正在蓬勃发展中，不少潮州老家的侄辈亲友，找到李嘉诚，表示希望来他的公司上班，但被李嘉诚拒绝了。尽管如今长江实业的员工中也有李嘉诚的家乡人，但他们靠的是本事和能力进入企业。曾经有一位员工这样评价李嘉诚："对碌碌无为之人，管他三亲六戚，老板一个不要。"

李嘉诚非常清楚，如果任人唯亲，那么企业内部被亲人霸占，就很容易把优秀的人才拒之门外。这样的管理，也许凭借创业者的个人才华，企业可以显赫一时，但很难维持到第二代。李嘉诚明白，创业之初靠自己，发展阶段靠团队，怎样用人，是企业稳定发展的关键。

2001 年 5 月 17 日，李嘉诚在汕头大学演讲。当谈到如何管理企业，如何处理与员工的关系时，李嘉诚这样说："在我两个儿子加入公司前，我的公司内并没有聘用亲属，我认为，亲人并不一定就是亲信。如果是一个跟你共同工作过的人，工作过一段时间后，你觉得他的人生方向，对你的感情都是正面的，你交给他的每一项重要的工作，他都会做，这个人才可以做你的亲信。如果一个人有能力，但你要派三个人每天盯着他，那么这个企业怎么做得好啊!"

袁天凡是李嘉诚一个得力的亲信，早在 1991 年，荣智健与李嘉诚以及其他富豪联手收购了恒昌行，为了给恒昌行找一个合适的行政总裁，李嘉诚特意游说袁天凡。最后，袁天凡被李嘉诚说服了，辞去了联交所的重要职位，担任恒昌行的总裁。

然而，在 1992 年 3 月，荣智健向众富豪收购恒昌行的其余股份，引得袁天凡愤然辞职。辞职之后，他与杜辉廉、梁伯韬主持的百富勤合作创办了天丰投资公司，袁天凡占 51% 股权，并出任董事兼总经理，还兼任了旗下两家公司的总裁。

为了表示对袁天凡的支持，李嘉诚认购了天丰投资公司 9.6% 的股份，这很让袁天凡感动。袁天凡在公开场合多次表示："如果不是李氏父子，我不会为香港任何一个家族财团做。他们（李氏父子）真的比较重视人才。"

1996 年，李嘉诚的二儿子李泽楷深陷困境，李嘉诚亲自出面恳请袁天凡协助李泽楷打江山。袁天凡答应了，并且分文不收，鼎力协助李泽楷，最终帮助盈动成功上市，使盈动成为一家市值上亿港元的股份公司。

对于没有能力的亲信，哪怕他是李嘉诚的三亲六戚，李嘉诚也不会录用。而对于有才能的亲信，即便他是外人，抑或是亲戚，李嘉诚都会一视同仁地重用。在李嘉诚的下属中，也有自己的亲属，但这不是胡乱提拔的，而是在考察了对方的能力和品德之后，才予以重用的。在这些亲属中，最亲近的人是他的儿子，因为他们的确是可造之才，所以李嘉诚给他们空间施展才华。对此，李嘉诚从来不忌讳被人议论，这种举贤不避亲的管理之道，也是李嘉诚基业延续至今的一个关键。

8 没有任何把握的情况下，血缘关系就是最好的保证

有这样一个笑话：

某家有一漂亮的女儿，有三名男士上门提亲，第一位男士说：“我有房子。”第二位男士说：“我有车子。”第三位男士说：“我既没有房子，也没有车子，但是我有孩子，他在你女儿的肚子里。”前两位男士听闻此言，立即黯然离去。最后，第三位男士成功娶得那位漂亮女子。

这个故事说明了房子和车子都不重要，重要的是血缘关系，重要的是在关键位置上有自己的人。很多时候，也许你对做某件事情没有任何把握，但只要你在关键位置上有自己的人，而且这个人与你有血缘关系，那么你办事成功的概率就会大大增加。

对企业老板用人来说，有时候你在关键岗位上找不到信任的人，这个时候与其冒险用你不了解的外人，不如用你熟悉、了解的自己人，比如你

的亲戚。况且，在我国民营企业发展过程中，大多数企业都是由几个亲戚合伙的，大家从小打小闹开始，逐渐完成原始积累，可以说这是中国的特色。

客观地说，在民营企业的原始资本积累上，家族企业起到了很大的作用，而亲戚又是家族企业的主体，亲戚在企业发展中的功劳是毋庸置疑的。所以，当亲戚年纪大了之后，他们让自己的子女继续在企业上班，这也是中国民营企业、家族企业的现状。在这种背景下，在关键岗位上任用亲戚还是比较可靠的。美国著名的篮球巨星迈克尔·乔丹就是这么做的。

2010 年 3 月，乔丹经过联盟董事会的允许，与山猫队的前任老板约翰逊完成交接，正式接过山猫队的权杖，成为山猫队的老板。随后，乔丹任用自己的哥哥拉里·乔丹担任特殊项目主管，又过了一段时间，他让自己的哥哥担任山猫篮球运营部的总裁助理，成为球队运营总裁罗恩·希金斯和总经理里奇·乔的左右手，同时还担任球队的人事部门主管。

不过，也不能完全说乔丹任人唯亲。一方面，在前任人事部门主管巴兹·皮特森成为 NCAA 阿巴拉契亚州大主帅后，该职位一度空缺长达 3 年。另外，乔丹还表示，他和哥哥在北卡州威明顿兰尼高中上二年级和三年级时，两人曾经是该高中校队的队友。乔丹一直认为，自己年轻时和身高 1.73 米的兄长拉里的一对一经历，对他日后成为更好的球员起到了很大帮助作用。此外，作为球员，拉里曾于 1988 年在 WBL（World Basketball League，世界篮球联赛）的芝加哥快递队效力过一年。

相比于一些我们信不过的外人，选用与我们有血缘关系的亲戚有两个好处：

第一个好处无疑是可靠性，一般来说，亲戚一般都比其他朋友可靠，即使有点冲突，也不会有什么大矛盾，大家都会尽心尽力去做事。

第二个好处是培养性，找谁都是找，为什么不找亲戚呢？所谓“肥水不流外人田”，提拔一下亲戚，既给亲戚一个机会，又给了自己找了个帮手，别人还会记住你的恩情，一举两得的事情为什么不做呢？

不过，任用亲戚必须考虑几个问题。要知道，也有一些企业因为在关键位置上用亲戚，导致矛盾和纠纷，最后亲戚间反目，企业的发展也受到重创。

第一个问题是，亲戚是否懂规矩、服从管理、尽职尽责。尽职尽责的亲戚不仅可以帮你打点日常事务，还会帮你发现一些你没注意的细节问题。有些问题或许别人也发现了，但是别人不愿意多管闲事，或不愿意得罪人，就睁一只眼闭一只眼，这个时候只有你的亲戚才会跟你反映情况，毕竟亲戚是自己人。

第二个问题，你是否有信心监管好你的亲戚。亲戚进入企业，他的身份比较特殊，既是你的员工，又是你的亲属，当他犯错时，你是否能公正客观地处理？当他违反公司规章制度时，你是否能够做到不偏袒、不纵容？如果你的回答是否定的，或者你的回答模棱两可，那么奉劝你最好不用亲戚。

为什么亲戚犯错了，你不好意思去责骂他呢？因为你责骂他，暂且不说他怨恨你，最怕的是这个亲戚背后的长辈们出来批评你，就像和尚一样给你念经。特别是当你比这位亲戚的辈分小，你是他的晚辈时，你更加不好意思批评他。而当这位亲戚是你的长辈时，你更应该好好照顾他，否则，你都觉得对不起他的父母，更何况要让他对错误负责呢？

所以，如果你的亲戚想进入你的企业，或者你想任用你的亲戚，一定要把那些丑话说在前头，只要他们接受你的要求，认同你这些丑话，即便日后他因犯错被迫离开，也不会有什么难看，你也不会陷入两难境地。

第五章 Di Wu Zhang

小公司如何留住骨干
——抓住关键的20%

二八法则告诉我们，在任何一家公司，起关键作用的都是占20%的骨干力量。作为老板，要想管好企业，就必须抓住这关键的20%：解决员工的后顾之忧，与他们同甘共苦，用最高的位置把最有本事的人留下来。这样，才能在激烈的竞争中杀出一条血路，打下一片江山。

1 留住人最重要的是留住人的心

华人首富李嘉诚曾说过，“在知识经济时代，企业竞争的核心是人才竞争，人力资本将成为知识经济最重要的资源。”在现代企业管理之中，人是管理的核心要素，只要把人管好，所有的事情都可以迎刃而解。

从发展趋势来看，企业管理的中心正在由“以物为中心”逐步转移到“以人为中心”上来，管理方式也由原来的“刚性管理”逐步朝着“柔性管理”迈进。得人心者得天下，管心才是管人的根本，企业要想尽早实现人本管理，就必须要重视人才，善于招贤纳士，并坚定不移地贯彻“人，是我们最重要的资产”的管理理念。

韩国的三星集团创办于1938年，成立之初是一家从事进出口贸易的小公司，进入20世纪50年代以来，企业发展不断加速，时至今日已成为全球知名品牌。是什么让三星从一个不知名的小企业成为今日的行业巨霸？在谈到成功经验时，三星集团董事长曾直言不讳地指出：我们奉行“人才第一”的原则。

三星集团在人力资源的开发和运用上堪称管理界的经典范例。只要是被录用的员工，不管是基层还是管理层，三星都会投入大量金钱、时间以及资源对其进行培养和训练，企业用于吸引和培训人才的时间甚至长期高达4/5，这在企业当中是十分少见的。为了更好地培训员工，三星集团斥巨资专门设立了培训中心。

作为韩国第一家设有培训中心的企业，三星集团有着完善的培训体制，每年每位员工都要到该中心接受3次以上的进修，学习新技能，探讨新技术。管理高层对员工的进修也十分重视，三星集团董事长曾在亲临培训班的讲话中明确表示："三星的人都是精英，要集合所有精英的力量，才能发挥最大的作用"。

管人最重要的就是凝聚人心，为此，三星毫不吝啬地对有干劲有才智的人进行奖励提拔。对员工的工作评定每半年进行一次，表现优异者，业绩显著者都会得到各种奖励以及晋升机遇，有些特殊人才还会得到破格提升。这种始终把人放在管理首位的做法，正是三星集团迅猛发展的不竭动力。

企业管理的重中之重是管人，管人的重中之重是管心，只有上上下下相互尊重，情感融洽，才能在合作中充分调动每个人的工作积极性，并发挥出人才的最大潜能。

领导者要想搞好管理工作，必须要赢得人心，唯有在员工为企业做出贡献的同时，给予其相应回报，并为其提供更大的舞台和发展空间，才能让大家拧成一股绳，劲往一处使，从而拉动企业的快速发展。

一流的管理者懂得管人先管心，也懂得留人要从留人心开始。如何才能留住人心呢？答案是：从小事做起，对员工表达关爱之情。

一天，日本三得利公司的总裁鸟井信治郎无意中听到员工抱怨："房间里有臭虫，害得我们睡不好。"于是，晚上他便点着蜡烛来到员工的房间，帮员工抓臭虫。这一微小的举动，把员工感动得差点流泪。

还有一次，新员工佐田的父亲去世了，鸟井信治郎得知这个消息之后，立即带领全体员工来到殡仪馆，帮佐田料理父亲的丧事。丧礼结束后，鸟井信治郎叫了一辆出租车，亲自护送佐田和他的母亲回家，他的行为深深感动了佐田。

在那段时间，佐田不断地思考一个问题："怎样做才不会辜负总裁的一片爱心？"最后他决定：只要公司不辞退他，他就会尽最大努力做好自己的工作，哪怕牺牲生命也在所不惜。

在后来的工作中，佐田奋发努力，全力以赴，把工作做得非常出色，还被公司晋升为公司主管，为公司的发展做出了很大的贡献。

在员工流动率居高不下的今天，管理者要想办法经营人心、留住人心。其实，要做到这点并不难，只要你敏锐地捕捉员工的微妙变化，并在合适的时机引导员工说出内心的想法，然后采取有效的行动帮助员工，就能达到感动员工的目的。

当员工出现以下几种情况时，管理者可以抓住机会对员工表达关爱：

（1）员工生病时。即使身体再强健的人，一旦生病了，也渴望得到别人的关心和爱护。所以，当员工生病时，如果你及时给予关心，即便是一句问候，也能让员工对你产生好感。

（2）员工为家人担忧时。比如，员工的家人生病了，员工为孩子的教育苦恼时，管理者若能真诚地关心，员工就很容易产生感激之情。

（3）员工工作不顺心时。当员工因工作失误、工作任务无法完成、与客户发生矛盾、被领导者批评时，心情往往会变得低落。这个时候，如果管理者给予适当的关心，必会换来员工的信任。

2　对自己有用的人要舍得下血本

人才，是企业腾飞的有力翅膀。在当今社会，谁能得到优秀人才的辅佐，谁就能在激烈的竞争中杀出一条血路，打下一片江山。那么，怎样才能吸引优秀的人才，怎样才能留住优秀的人才呢？如果企业老板舍不得下血本，那结果便是“舍不得孩子套不住狼”，正所谓不舍不得，人才肯定会离开企业。

蒋先生医学硕士毕业，曾在一家知名的三甲医院工作过 3 年。后来，他辞去医生的工作，改行做起了医药代表。他从公司的地区主管，做到了地区经理，然后又成为公司集团下属一家医药公司的常务副总，全盘主管公司的日常事务。蒋先生能力有目共睹，而且他品德优秀，心胸开阔，在工作期间也十分自律，因此深得下属和客户的尊敬和信任。

当年蒋先生担任公司地区主管时，公司濒临倒闭，他凭借出色的组织能力和娴熟的业务技巧力挽狂澜，又通过自己出色的人际交往能力加强了管理层与员工之间的情感交流，拉近了双方的心理距离，改善了团队氛围。可以说，蒋先生对公司的贡献非常大，因此，他不但在下属面前有很好的威信，在公司管理层也有强大的魅力，深受集团老总的厚爱。老总曾对他口头承诺，一定会在年终的股东大会上彻底解决蒋先生的年薪问题，蒋先生对此深信不疑。

然而，年终的股东大会结束之后，公司并未满足蒋先生的年薪要求。这让蒋先生非常气愤，当他找老总理论时，老总却说："我向股东提议增加你的年薪，但是股东们不同意。"蒋先生很明白并非股东不同意，因为集团老总作为公司最大的股东对这样的事情完全有自主决定权，他所说的"股东们不同意"，不过是个借口。

三思之后，蒋先生愤然辞职。辞职报告递到董事会，董事会才猛然意识到问题的严重性，可是这时想采取补救措施，已经晚了。因为同行的一家医药公司对蒋先生早已"垂涎三尺"，他们爽快地满足了蒋先生的年薪要求，得到了蒋先生的加盟。

蒋先生辞职后，公司所有的地区经理都非常愤怒，他们联名上书，要求集体辞职，追随蒋先生而去。为人正直的蒋先生出于对前公司的感情，一个个打电话给这些地区经理，让他们安下心来工作，最终他没有带走一个下属。尽管如此，蒋先生在前公司签下的大客户却不断地流失，前公司业务也因此受到了严重影响。

从这个案例中可以看出，待遇问题是蒋先生离去的主要原因。作为公司的一个高级管理人员、一个优秀人才，待遇问题伤了陈先生的感情，最终导致公司损失惨重。站在集团老总的角度，他舍不得下血本留住人才，最后因小失大，可谓“一叶障目，不见森林”。

相反，美国人哈罗德·杰尼——美国国际电报电话公司的总裁，却十分懂得吸引和留住人才。他吸引人才、留住人才的办法很简单，也非常有效，那就是重金聘用，委以重任。他给优秀人才的薪水通常比同行高10%以上。当哈罗德·杰尼发现一位三四十岁、聪明干练、富有激情的优秀人才时，他甚至会给对方15年后才能达到的薪资标准。哈罗德·杰尼认为，一家公司的老板最愚蠢的行为，莫过于舍不得给员工高薪，导致员工对薪水不满而另谋高就。

哈罗德·杰尼罗吸引人才的思想，值得每一位企业老板深思。很多老板舍得为一个美女一掷千金，舍得为一顿晚餐花掉上千元，舍得为一套西装花掉上万元，却舍不得给优秀员工更高的薪水，结果“逼走”了员工，这难道不是老板的悲哀，不是企业的悲哀吗?

老板一定要明白一点：优秀的员工为你工作，最大的愿望就是赚到更多的钱。如果员工认为自己的付出远高于公司给他的回报，他肯定会另谋高就。所以，如果你发现有用的人才，一定要舍得下血本。在优秀员工身上下血本是永远不会赔本的买卖，因为员工会更加忠于你、忠于企业，为企业的发展鞠躬尽瘁，为企业的腾飞带来滚滚财源。

著名的红顶商人胡雪岩，在聘请得力助手周一鸣时，也是采取高薪的手法。周一鸣原本在同行的一家钱庄工作，胡雪岩去过这家钱庄几次，发现他做事认真，讲究章法。于是胡雪岩判定周一鸣是人才，决心将他收为己用。但是胡雪岩知道，周一鸣所在的钱庄给他的待遇相当不错，如果想把周一鸣吸引过来，就必须给周一鸣更高的待遇。

一开始，胡雪岩找周一鸣只是闲谈，然后问他职业生涯的规划。周一鸣说，希望今后每年挣200两银子，两三年后，把妻子和父母接到杭州城一起住。这时胡雪岩心里有底了，就把自己想让他来杭州阜康钱庄任职的想法说了出来。

胡雪岩开出怎样的条件呢？他给周一鸣每个月20两银子，一年600两银子。这远远超过周一鸣每年挣200两银子的目标。而且，胡雪岩表示，每年年终会根据钱庄的效益，给周一鸣分红。还有就是，胡雪岩先支付周一鸣一年的工资，以便周一鸣把老婆和父母接到杭州来。

胡雪岩在周一鸣身上可谓下足了本钱，当然，也深深打动了周一鸣。因此，周一鸣答应来阜康钱庄任职。后来，周一鸣在阜康钱庄表现相当出色，为胡雪岩效力了几十年。

胡雪岩是聪明、有远见的，他深知企业得到一个优秀的人才，是一本万利的买卖。所以，他不惜重金聘请周一鸣，后来，周一鸣果然为阜康钱庄带来了滚滚的财源。在这一点上，胡雪岩真是下了狠心，因为他若下不了狠心，怎么可能舍得给周一鸣高薪呢？

当然，对于刚出校门、没有经验的新人，老板们要慎用“重金留用”的策略。因为你还未发现他的才能，你不妨多观察一些时日，在这段时间内，多给新人一些具有挑战性的任务，以考验其才能。如果发现他是有用之人，也不必拘泥于他年轻、经验不足的缺点，大胆放手，让其发挥潜力才是明智之举。

最后，老板们要注意一点，重金或许可以吸引人才，也可以在一段时间内留住人才，但是如果你想让人才长期辅佐你，你就必须在高薪留人的前提下，注重培养与人才的感情，以情感人，以情留人。金钱留人和感情留人相结合，才是网罗人才最靠谱的策略。

3 用最高的位置把最有本事的人留下来

留住人才是企业一大难题，除了金钱留人，我们还不得不提到“职位留人”。因为优秀的人才为公司效力不仅仅为了赚钱，他们还想获得与能力相匹配的职位，以更好地施展自己的才华，获得大家的认可。

很多人的骨子里都有根深蒂固的“官本位”思想，随着业绩的不断高升，他们也希望职位高升。举个很简单的例子，随着业绩的高升，销售人员希望当主管；当上主管之后，他们希望当经理。因此，如果你了解人才的这种心理，不妨对能力出众、业绩突出的员工“封爵”，给他们荣誉和表扬。比如，企业可以设置杰出员工奖、销售精英奖等称号，鼓励大家向先进者学习。在这方面，我们不妨借鉴一些知名公司的经验。

美国微软公司为了留住人才，公司的人力资源部制定了“职位阶梯”文件，把员工从进入公司之后，一级一级向上发展的所有可能的职位都列出来。每个职位要具备什么样的工作能力、经验和业绩，相对应的薪金待遇是怎样的，都有清楚的设定。

员工看到这个职位阶梯之后，对自己今后的职业发展就有数了。在明确的晋升目标面前，他们往往会一步一个脚印地去行动，就像打仗一样，攻克一座城池之后，继续去攻克下一个城池。这样他们会越来越有成就感，越来越有价值感。

当然，对于优秀的人才，管理者如果想把他留下来，仅仅按照“职位阶梯”所规定的来赋予他职位是不够的，必要的时候，要勇于打破常规，破格晋升。这样可以让人才看到企业留他的诚意，对优秀人才是一种无上的荣耀，是一种强大的激励。

物质对下属的激励并不是百分之百有效，随着人们生活条件的改善，以及对金钱需求的弱化，管理者哪怕是大出血涨工资也很难把员工们的积极性调动起来。工作能够养活自己，但永远不是为了养活自己，而是为了实现自身价值，所以管理者不妨给员工一个响亮的头衔，尽管只是一个虚名，却能很好地满足他们的心理需求，从而激发他们前所未有的工作激情。

对于企业管理者来说，合理的运用职位并不是一件坏事，反而迎合了下属“归属感”“荣誉感”以及“存在感”的心理需求，人是群体性动物，需要周遭社会的接纳和认可，这种认可度越高就越能激发其自信和责任感。所以，管理者要学会给员工带上耀眼的光环。

杰克是美国一家大型工厂的经理，最近这段时间以来，每当他上下班进出工厂大门时，总是会听到门卫的抱怨。

“经理，什么时候能涨点工资？你看，我每天要管如此多的人，还有很多车辆，忙忙碌碌，结果到月底才那么点薪水，实在是太低了，昨天旁边工厂的哥们还在向我炫耀他的高工资呢……”杰克几乎每天都能听到门卫的抱怨，迫于门卫准备辞职的压力，他不得不批准了门卫的加薪要求。

本以为加薪能够让下属闭上抱怨的嘴巴，从此安心认真地工作，谁知道才仅仅过去两个月，他又有了辞职的打算。面对不尽如人意的加薪激励效果，作为经理，杰克不得不另寻办法来稳住门卫的工作情绪。

一周后，杰克给了门卫一个响亮的新头衔——防卫工程师，尽管只是一个虚名，但出乎意料地激发了门卫的工作热情，其工作态度更是发生了翻天覆地的变化，从一开始的抱怨不满，到后来的一丝不苟，一个不需要增加任何成本的漂亮头衔所起到的激励效果，远远要比加薪更为显著。

管理者在激发下属工作积极性时，绝不能只盯着“金钱”。激励的方式有很多种，单纯的物质奖励所起到的效果是不持久的，而且还会增加企业人力成本，不管是从企业员工的心理需求而言，还是出于降低企业成本的目的，给员工一个响亮的头衔都是最佳的激励方案。

无论下属的工作对整个企业是否重要，他们都希望得到足够多的重视，相关数据表明“虚名”对员工的激励作用显而易见，其效果等同于增加了10%的薪水。所以，管理者要学会恰当地使用职位，来提高下属的工作积极性。

4 培训是保持人才活力的“发动机”

日本松下公司有一句被业内广为推崇的名言：“出产品之前先出人才。”这句话很好地体现了一个巨头企业对人才培训的重视。企业要想获得长远的发展，就要舍得在人才培训上下血本，因为投资人才，就等于投资企业的未来。这一点，已经成为诸多企业的共识。

放眼全球，看看世界500强企业，绝大部分企业都对其人员的内部培训给予了前所未有的重视，很多企业的人才培训费用高达企业总销售额的10%，为培训所花费的人力成本已经占到了企业总人力投入的10%。例如，美国惠普公司员工多达几万名，每周至少要花20个小时去学习业务知识。这是为什么呢？因为惠普公司的管理者懂得，培训是保证企业拥有持续竞争力的发动机。

惠普公司十分重视人才培训，他们允许员工脱产攻读更高学位，学费全额报销。同时，公司还开设时间管理、公众演讲等多种专业进修课程。惠普公司的负责人博格说：“我们通过拓展员工的基本技能，使他们更有服务价值。有些人具有很高的技术水平，但需要提高公众演讲能力。他们在这里能学到这些。也许有些人来到我们公司时并无大学文凭，但他们可以去读一个，这样就更具竞争实力了。”

爱森公司为了培训人才，专门开设了一所“午间大学”，还设立了一系列内部研讨会，由外部专家亲临讲授，涉及的课题主要有营销和调研。如果员工想考更高学位，而这些学位又与业务有关，公司则会全额资助。该公司的行政总监杰弗里表示：“我们将公司收入的2%投入各项教育中去，员工对此表示欢迎，因为这是另一种收入形式。”

一些欧美发达国家的劳动法明确规定，企业每年给员工提供培训的费用必须达到工资总额的一定百分比。例如诺基亚公司，他们在广东的工厂只有1000多名员工，但是每年投入的培训费用却高达700多万元，占销售额的9%以上。玩具大户伟易达每年用于人才培训的费用高达5000万元，国外企业对人才培训的重视程度可见一斑，这也是他们保持强劲竞争力的根本原因。

实际上，近年来，许多中国知名企业也逐渐认识到人才培训的重要性。海尔集团首席执行官张瑞敏一阵见血地指出，培训就是为员工竞争力"买单"。张瑞敏在媒体上说，在组织内不论是元老还是年轻人，真正对员工关怀不是表现在小恩小惠上，而是让他们有竞争力。怎样才能让员工有竞争力呢？那就是让员工学习，因为学习是最好的投资。

实际上，人才培训是一种双赢行为，只有卓有成效的培训才能提升员工的素质，进而提升企业的竞争力。所以说，投资培训无论是对员工还是对企业都是一种双赢。韩国LG公司直接把培训作为鼓励员工的一种方式，他们的口号是：”让有能力的人先培训，让有发展潜力的员工获得更多培训机会。”

2000年初，美国福特汽车公司宣布了一项重要的决定：公司将会陆续为其全球36万雇员配置家用电脑、彩色打印机，而且给每个员工每月增发5美元的无线上网费。员工甚至可以将设备搬回家中使用，从而不受公司的任何监督和限制。并且在三年之后，所有硬件系统的产权归员工个人所有。

福特公司的这项决定要花费多少资金呢？有人算了一笔账：如果福特公司在一年内为所有的员工配齐家用电脑，即便不计算上网费，单算硬件系统，36万名员工就要花费72亿美元，这笔资金占到了1999年全年利润的6%。

为什么福特公司舍得花如此大的血本在员工身上呢？福特公司的主席比尔·福特解释说："所有想在下一世纪大显身手的公司或个人，无一例外地都需掌握上网技术和相关技能，这就是出台该计划的缘故。”其实，福特公司这么做目的是培养人才、吸引人才、留住人才。也正是该公司如此有远见的决策，才使其在近一个世纪的激烈竞争中立于不败之地。

成功的培训能提高员工的技能，有效地减少员工在工作中的压力，增加工作的乐趣，减少员工的流动和流失。在企业的各个发展阶段，都需要与企业发展相适应的人才和岗位，只有通过对员工培训，让其具备相应的素质和技能，他们才能为企业的发展做出贡献。如果没有培训，员工不具备相应的技能和素质，是不可能为企业创造良好效益的，也很难继续留下来。从这个角度来看，培训也是留住人才的重要手段。

5 领导者的欣赏是员工进步的最大动力

我们常说：“士为知己者死，女为悦己者容。”其实，这句话出自《战国策·赵策一》，里面有这样一个故事：

战国时期著名的四大刺客之一豫让，最初投奔过范氏和中行氏，但一直默默无闻，难以成名。后来，他跻身于智伯臣下，得到了智伯的充分信任和赏识，主臣关系十分亲密。正当他境遇越来越好时，智伯却不幸在攻打赵襄子时被赵襄子和韩、魏合谋而杀。智伯死后，他们3家瓜分了智伯的国土。豫让虽然逃走，但由于感念智伯对他的知遇之恩，发誓要为智伯报仇，于是他决定行刺赵襄子。

豫让改名换姓，潜入赵襄子后宫，但是行刺失败，被赵襄子抓住了。在受审时，豫让坦白了刺杀赵襄子的原因。赵襄子听后十分感动，决定宽容他一次。然而，被释放后的豫让不甘心，他伤身毁容，不修边幅，目的是不让别人认出自己，以便再次刺杀赵襄子。然而，第二次刺杀又以失败告终。

赵襄子十分不解地问豫让："你也曾侍奉过范、中行氏，为什么智伯灭了他们，你不替他们报仇，反而屈节投靠智伯。而智伯死后，你却如此替他报仇？"

豫让说："范、中行氏只把我当普通人看待，我就用普通人的态度报答他们；但是智伯把我当成国士看待，所以我就用国士的态度报答他。"

最后，豫让请求赵襄子把华服脱下来，让他用剑刺下去，以示为智伯报了仇。赵襄子答应了他这个道义上的要求，豫让刺破赵襄子的华服之后，仰天大笑起来，最后他横剑自刎。

哲人詹姆士曾经说过："人类本质中最殷切的要求是渴望被肯定。"同样，美国心理学家马斯洛的需求层级理论也表明，渴望被人肯定是人类的一种高级需求，而赏识的过程正是肯定一个人的表现。豫让屡次冒着生命危险，不惜一切代价为死去的智伯报仇，原因是智伯生前十分信任和欣赏他。由此可见，欣赏可以让人产生巨大的动力，哪怕在死亡面前，也毫不畏惧。

企业管理者一定要认识到赏识对员工的巨大激励性。赏识是一种肯定，是一种关爱，是在发现员工身上的优点之后，给予真诚的认可。没有人不喜欢被赏识，员工得到领导者的赏识之后，往往会充满自信和干劲，从而竭尽全力地为公司做贡献。善于赏识员工是领导者管理智慧的体现，领导者的赏识是员工进步的最大动力，也是员工尽职尽责为企业奉献的最大动力。

报业大亨默多克曾创办了《澳大利亚人报》，这份报纸被称为"正派的报纸"，为他赢得了很多荣誉。然而，这份报纸连续数十年处于亏损状态，默多克为此十分苦恼。就在他踌躇之际，他发现了马克斯·牛顿。

马克斯·牛顿是何许人也？此人在1969年被指控为日本的间谍，被澳大利亚联邦警察调查。在被证明是清白的之后，他开办了一份矿业报纸，还买下了一份地方小报，名叫《每日商业和运输新闻》，之后又在墨尔本创办了《星期日观察家报》，开始了报业生涯。

尽管他经营下的《星期日观察家报》取得了不错的成绩，但由于婚姻失败，他变得堕落起来。他开始不务正业，很长一段时间，把自己搞得非常狼狈。很多人认为他的一生就这样毁了，他自己也承认“我的世界末日到了，我一无所有”。

然而，1979 年他的命运发生了改变，因为默多克看过他一系列关于政治和经济的分析文章，对他十分赏识，并请他吃饭。当时的默多克，已经是十分有名的大人物。牛顿受宠若惊，简直不敢相信这是真的。

默多克对牛顿说：“你现在的政治观点很适合在报纸上做专栏评论。”牛顿的观点是什么呢？他认为只有彻底的自由市场才能使世界变得安全和繁荣。后来，在默多克的重用下，牛顿在经济学方面和《纽约邮报》办报方向性的问题上担当顾问。再后来，牛顿担任《纽约邮报》的首席商业专栏作家。他所写的评论使《纽约邮报》在华尔街获得一席之地，他的专栏文章在默多克的商业帝国内，被多家报纸同时发表。

对于默多克的赏识和重用，牛顿一直都怀着感激之情，他说：“是默多克把我从颓废麻木中拯救了出来，我会永远追随我的老板，继续为他效力。”

默多克对牛顿的用人策略是成功的，通过欣赏和重用，他让一个堕落的人才，变成报业一颗璀璨的星星。这就是赏识的魔力所在，他可以彻底改变一个人，哪怕那个人曾经是一个自暴自弃的人。只要你懂得用心赏识他，他就会用自己的行动回报你。

赏识可以让团队成员变得更为积极。在赏识的作用下，员工的自信心与责任心能被有效地激发出来。同时，赏识可以促使员工积极地挖掘自身的潜力，不断激发各种能力，最终成为高效的员工，为企业的发展贡献更大的能量。

赏识可以让落后的员工不断进步。赏识管理提倡鼓励与支持，当员工做错了一些事情时，管理者不是批评他，而是鼓励他，引导他寻找失败的原因，这样可以保护员工的自信心和自尊心，促使他不断超越自我，超越其他同事。

赏识可以使公司内部形成良性的竞争风气。发现员工身上的优点，并且放大优点，予以赏识，可以促使员工与自己过去的表现作比较，不断超越自我，不断改进自我。这样一来，就不容易形成内部恶性竞争，避免产生内耗。

赏识可以得到员工卓越的回报。当一个员工在领导者的赏识下工作时，每获得一些成就，都会因领导者的赏识而放大成就感，最后转化为一种“我要做得更好来回报领导”的动力。在这种情况下，当员工表现不佳时，他们往往会加倍地努力。

6 一个响亮的头衔会让他把工作干得更好

身在职场，每个人会对职业荣誉感有不同程度的渴求。所谓职业荣誉感，就是一个人在自己的执业范围内做好自己分内的事情，之后受到公司的某种认可、尊敬和表扬所获得的荣耀感。对员工来说，最高的评价和最能打动他们的荣誉感莫过于给他们一个响亮的头衔。一个响亮的头衔，就如同一个漂亮的顶戴花翎，会让员工变得熠熠生辉。

试想一下，你叫员工“小张”和叫员工“张经理”，这两种称呼给员工的感觉有什么差别？员工喜欢哪个称呼呢？答案不言自明。你也许会说：“公司哪有那么多经理啊？”公司当然不需要那么多经理，但你可以通过职位设定，给每个职位拟定一个响亮的头衔，即便这个职位实质上并不像他的头衔那么富有实权，员工也会因为你给了他一个响亮的头衔而变得精神抖擞、斗志昂扬。

陈先生年轻的时候就在外打工，后来开了间书店当起老板，每天顾客进门时就喊：“老板，这本书咋卖呀?”听到这个称呼，他心里别提有多美……再后来，市场不景气，陈先生的书店关门了。好朋友开了一家公司，叫他去打工，尽管给的工资不低，但是陈先生就是不愿意去。后来，好朋友给了陈先生一个响亮的头衔——副总经理，陈先生这才兴致勃勃地加盟了朋友的公司。

人人都热衷于竞争，人人都希望有一个响亮的头衔，你说他有强烈的进取心也好，你说他虚荣心强、死要面子也罢，这都是人的正常心理需求。而且越是自我价值认同需求高的人，越是看重头衔。

同样的职位，同样的工作内容，换个职称也许就不一样了。比如，把“文员”换成“经理助理”，给人的感觉就好了很多。全世界的人都知道，助理很有可能晋升为经理或总监，而文员只是一个处理文书工作和琐碎事务的不起眼的角色。

换位思考一下，如果你是经理，你干起活来肯定比普通打工仔卖力。如果一个公司有很多员工，每个员工的职称都叫普通职员，那么大家的工作热情是不是会减少一些呢？所以，管理者一定要认识到员工微妙的心理，给员工一个响亮的头衔，瞬间笼络人心。尤其是对含蓄的中国人而言，直截了当的口头赞扬不是随时随地都会发生的事情。因此，需要一些场合、形式和媒介来实现。

美国IBM公司有一个“百分之百俱乐部”，这个俱乐部不是每个员工都能加入的，只有当员工完成了其年度任务，他才有资格被批准为该俱乐部会员，他将和自己的家人被邀请参加隆重的聚会。正因为“百分百俱乐部”是个很响亮的头衔，公司的很多雇员才会将此视为奋斗的目标，以获得那份高尚的荣耀。

日本电气公司也重视给员工响亮的头衔，他们取消了“代部长、代理”和“准”等一般普遍管理职务中的辅助头衔，继而创造了“项目专任部长”和“产品经理”等与业务内容相关、可以灵活修改的头衔。

当你发现某个员工重视头衔时，在不违反公司管理原则的前提下，你不妨给员工一个恰如其分、高端大气上档次的头衔。正如一家著名跨国技术公司亚太区的CEO所说："如果中国销售经理希望在名片上印'大中华区商业拓展总监'，我觉得这没问题，如果这是他继续留在公司、继续达到销售目标的条件的话。"

当然了，给员工响亮的头衔没有什么，但最好要让这个头衔与他的权利统一起来。你赋予员工的头衔是纸帽子，还是真实的桂冠，对员工的激励效果是大不同的。有的头衔还要附以相应的责任，否则，员工会觉得自己被架空了，头衔是有名无实的，这样的头衔就失去了意义。尤其对于事业心重，自我价值认同度高、社会认同感强的员工，徒有虚名的头衔无疑会让人很受伤，所以，管理者一定要避免这种情况发生。

要让员工看到自己晋升的阶梯，每个人都可以在组织中看到自己的成长路径，只要努力就总有"更上一层楼"的机会和阶梯。有许多公司的做法是重视技术头衔，只要技术能力到达一定的水平，甚至要比级别高的管理者获得更多薪酬、待遇上的肯定，一样会赢得更多的尊重。

为了更好的激励员工努力工作，管理者不妨多鼓励员工去获得头衔，把头衔变成组织激励员工的手段，也让员工将此视为自我肯定的好方式。另外，关于头衔也可以明确等级，让员工在一步步努力之后，不断获得更加响亮的头衔，从而获得更多的权利和发展空间。

7 解决员工的后顾之忧，与员工同甘共苦

一个合格的管理者必须清楚员工为什么工作，尽管我们周围不乏"不差钱"的富二代，但绝大多数人不过是普通人，努力工作只是为了养家糊

口，所以要想有人跟着你混饭吃，就必须解决他们的基本生存问题。只有免除了他们的后顾之忧，才能让他们真心跟随，从而建立起一个紧密团结、唯领导马首是瞻的队伍。

每个企业的领导者都想干几件惊天动地的大事，显而易见光靠领导的一己之力是远远不够的，还需要得力下属出力、卖命，那么他们又凭什么竭尽全力地为领导者打天下呢？很简单，为了“利益”。领导者要想驱使员工，就必须在物质上毫不吝啬，给予员工相应的回报。然而人是极其复杂的动物，单靠金钱物质是收买不了人心的，更换不来下属的忠诚，明智的领导者懂得与大家同甘共苦，这正是他们深受员工拥戴的根本原因。

在现实社会中，很多企业家能和员工共苦，却不能同甘，实际上这种做法是极其愚蠢的，作为在商界颇有名气的管理者，苏宁老总张近东对“财散则人聚，财聚则人散”的道理有着十分深刻的切身体会。

张近东深知能和员工同甘的领导才是一个好领导，随着苏宁的发展壮大，他的身价也是不断攀升，但他并没有忘了那些和自己一起打江山的“功臣”。张近东毫不吝啬地拿出一部分股权用于奖励那些有突出贡献的员工。他曾先后将股权分配给南京总部的数名高管，为了稳定各地分公司的管理团队，他还制定了十分具有诱惑力的特别奖励制度，只要分公司的高管表现突出，就有机会获得一定比例的分公司股份。

这种奖励措施把遍布全国各地的苏宁分公司管理层紧密地团结在张近东周边，和员工共享企业发展成果的做法，不仅打消了管理者担心被“辞退”的后顾之忧，还有效地减少了人才“跳槽”现象的发生。

张近东对待员工的这种慷慨举动，大大强化了各地高管对苏宁的归属感和主人翁意识，“同甘”的政策将众多的“职业经理人”一举变成了“事业经理人”，他们的工作积极性也得到了前所未有的调动。

对于管理者来说，与员工共患难并不是一件困难事，因为当企业面临内交外困之际，共渡难关是唯一的出路。危难过后苦尽甘来，千万不要忘记那些为你打江山的功臣。为了蝇头小利而“卸磨杀驴”“过河拆桥”是极其愚蠢的行为，不仅会丢掉大批人才，还会让员工凉了心，没了得力下属的拥戴与支持，职位再高也只能成为光杆司令。

众所周知，在马斯洛需求层级理论中，人的需求是分层次的，只有满足了低层次的需求之后，才会考虑高层次的需求。对于工资低的公司，即便企业文化搞得再好，也难以激励人心，留住人才。对于工资较高的公司，员工也不会拒绝薪酬激励。因此，管理者一定要认识到薪酬在激励中的作用。为了能让薪酬发挥最大的激励作用，管理者应采取灵活多变的薪酬方式。

一般来说，灵活多变的薪酬方式包括以下几个方面：

（1）基于岗位的技能工资

什么岗位对应什么样的技能和素质，什么样的技能和素质对应什么幅度的工资。通俗地说，这相当于很多企业所说的基本工资，基本工资是对一个员工基本能力的认可，也是对员工生活的基本保障，能给员工一定的安全感。

（2）按劳取酬的工资制

在基本工资的基础上，结合按劳取酬的工资制，这种薪酬方式对勤劳肯干的员工，对知识水平高、能力强的员工是最好的认可，对他们最有激励性、最有吸引力。同时，对偷奸耍滑、不思进取的员工有很大的约束。举个例子，如果公司主要实行按劳取酬的薪酬方式，那么得过且过、混日子的员工由于不踏实工作，没有多少业绩，肯定无法获得理想的收入。在这种情况下，他们要么说服自己认真工作，要么选择离开。

（3）灵活的奖金制度

奖金作为薪酬的一部分，相对于基本工资，主要是对员工为公司所做的贡献的一种奖励。在国内，很多企业的奖金在相当程度上失去了激励的意义，变成了固定的附加工资。美国通用电气针对奖金制度发放中的利与弊进行了研究，建立了一套灵活的奖金发放制度，对员工起到了很好的激励作用。

首先，美国通用电气割断了奖金与权利之间的“脐带”，也就是员工的奖金多少，与其职位高低没有联系，这样一来，高职位者再也不能高枕无忧地拿高额的奖金，而低职位者也不需要担心自己的付出得不到公司的认可。换言之，全体员工的奖金都依据员工的业绩来设定，使奖金起到了真正激励先进的作用，也有利于防止高层领导放松工作、不劳而获。

其次，美国通用电气的奖金数额是不确定的，即不把奖金固定化，每个员工、每个月的奖金都不一样。这样避免员工把奖金看作一种理所当然的收益，无形中让奖金沦为一种“额外工资”。美国通用电气根据员工的表现随时调整奖金的数额，让员工既有成就感，又有危机感，从而很好地鞭策了他们做好本职工作。

8　不想自己干到死，就把有潜力的人培养成“接班人”

诸葛亮屡出奇谋，帮刘备三分天下，鞠躬尽瘁，死而后已。千百年来，他已经成为智慧的象征，长留于中国人的心中。然而，蜀国还是灭亡了，而且是三国中最先灭亡的。为什么蜀国会有这样的结局呢？其实，这里有诸葛亮的责任——没有把有潜力的人培养成接班人。

自从刘备白帝城托孤以来，诸葛亮事必躬亲、不辞劳苦，但他唯独忽视接班人的培养。当他用兵点将时，我们很难看到核心团队成员参与决策，多数时候是诸葛亮一个人在决策，致使广大谋臣缺乏实战决策的锻炼，造成后来“蜀中无大将，廖化为先锋”的局面。

尽管后来诸葛亮选定姜维为接班人，其实主要是让他做事，在如何制定战略、如何处理内政等方面缺乏悉心的培养和指导。诸葛亮如此做法，就连他的对手司马懿也觉得不行。司马懿说："孔明食少事烦，其能久乎！"意思是，每次吃得那么少，事务繁杂、事必躬亲，肯定活不长。果然，最后诸葛亮积劳成疾，一个人干到死。蜀国随着他的逝世，形势急转直下，很快就灭亡了。

回到企业管理中来，有不少管理者立志高远，雄才大略，经过一番艰辛的打拼，终于使企业站稳脚跟，但是打江山容易，管理江山却不简单。公司规模越大，员工数量越多，他们管理起来越累，他们和诸葛亮一样，不重视培养接班人，事必躬亲，于是我们看到很多企业出现了"活不过三代"的现象。

有一项调查显示，在民营企业中家族企业占90%。但由于找不到合适的接班人，95%的家族企业无法摆脱"活不过三代"的宿命，90%以上小企业甚至活不过两代。当然，也有企业管理者注重培养接班人，使企业得到了很好的传承，加速了企业的发展和壮大，使企业越来越有生命力。在这方面，联想公司就得益于柳传志重视培养接班人，并培养出了合适的接班人。

在上个世纪90年代中期，柳传志就开始着力培养联想的接班人，他把杨元庆、郭为作为接班人的重点培养对象。柳传志的主要做法是一方面让他们逐渐参与决策、参与管理，一方面在价值观、思想方法甚至工作技巧等方面，与他们求得一致。

柳传志要求他们主动思考，把自己当成创造执行的发动机，而不能做被动接受、传递的齿轮。在工作上，柳传志会指导他们，但是绝不代替他们。同时，柳传志还把权责利说得很清楚，然后放手让他们去施展才能，在工作中锻炼自己。

柳传志的做法有这样几个好处：一是群策群力，避免重大决策失误；二是让杨元庆和郭为有职有权，充分调动了他们的积极性；三是当他们有能力独当一面时，柳传志可以腾出时间和精力思考公司发展更重大、更长远的问题。

从如今联想的发展来看，柳传志在培养接班人一事上是比较成功的。先有杨元庆、郭为，后有朱立南、陈国栋、赵令欢，在他们背后还有一批优秀的干将，使整个联想大家庭的人才队伍充满厚度。

在IBM，有一个接班人计划，俗称“长板凳计划”。IBM要求管理者必须确定，在未来一到两年之内，谁来接任自己的位置。在未来三到五年之后，又由谁来接任。这样做是为了保证每个重要的管理岗位都有至少两个接班人。

“长板凳计划”是一个完善的系统，在该系统中，有一个标准、两个序列、三种方式和评委审定。所谓一个标准，指的是领导力模型；两个序列是指行动和专业；三种方式是指案例培训、实践磨炼和发掘“明日之星”；评委审定是由技术、市场、销售等方面的高层经理共同组成的评审委员会，在明日之星答辩完成之后成绩通过了，才有资格做正式的高级专业人员或经理人。

每一年，IBM都要在全球5000多名管理者中挑选近300人作为重点培养对象。这种培养主要包括四个阶段：第一阶段是专业能力、专业技能训练；第二阶段让培养对象在不同的工作岗位上获得不同的经验；第三阶段是以业绩为导向的考核，使每个培养对象的能力得以释放；第四阶段是要求培养对象将个人的成功扩大到团队。IBM的这种培养接班人的方式很好地避免了把宝押在某一个人身上，避免了接班人选择失误。

世界上的优秀企业，都注重接班人的培养。在这一点上，美国通用电气就是一个典型。美国通用电气是1896年道琼斯成分股中唯一发展至今的公司。它之所以经久不衰，关键在于其领导者注重接班人培养。

在《从优秀到卓越》一书中，吉姆·柯林斯这样写道：“100多年来，GE公司最擅长的本领似乎就在于，它总能在合适的时候选择合适的人。”据统计，从美国通用电气创立至今，它已经为世界500强企业培养出170多位杰出的CEO，可以说，美国通用电气是培养领导人的摇篮。

对于很多中小企业来说，也许做不到为世界500强企业培养杰出的

CEO，但完全可以为自己的企业发展培养优秀的接班人。有了合适的接班人，企业管理者就不用担心：如果哪一天，企业没有了我，会陷入瘫痪。正如宝洁公司的前任 CEO 雷富礼所说："如果我下周乘坐飞机失事，第二天一早就会有人接替我的位置。"

尽管企业管理者的人生充满了无法预知的状况，比如，病痛、灾难等，但并非所有的管理者都能像柳传志、雷富礼那样，如此坦然地面对接班人的培养问题。与柳传志在同一时期创业的企业家，大多数习惯了"一手抓"，他们都是企业强人。比如，宗庆后兼董事长、总经理、副总经理于一身，创办企业 30 余年，却没有带出一支可以完全信赖的团队，这是不明智的。如果你想缓解公司的接班人危机，不妨像柳传志那样，把有潜力的人才培养成接班人。

第六章 Di Liu Zhang

有效激励，让员工的潜能发挥到最大

一个优秀的领导者，要有一双善于观察问题的眼睛，员工有任何出色的表现，要及时发现、及时奖励。只有在物质和精神上高度地满足员工，他们才能使出牛劲儿，将自身的潜能发挥到最大，为公司出力卖命。

1 带队伍的过程就是不断激励员工的过程

每一位领导者都希望拥有一支士气高昂、凝聚力强、战斗力强的队伍。可遗憾的是，很多领导者在带队伍的过程，一味地挥鞭策马，一味地向员工提要求，催促员工更努力地工作，却忽视了员工内在的需求，忘了激励员工。殊不知，这是一个非常严重的失误。

作为领导者，你必须明白一点：不管你管理的是大型的跨国集团，还是小型的企业，抑或是小作坊，不管你是注重企业利润，还是追求社会效益，你都不要忘了一点：员工是人，要吃饭，要养家糊口，他们有物质需求，有精神需求。如果你不重视他们这些方面的需求，你的团队是不可能有战斗力的。

其实说到底，带队伍的过程，就是不断激励员工的过程，如果你把员工激励得一个个斗志昂扬，员工的工作效率就会大大提升，企业的效益也就有了保障。所以，一定要重视激励员工。

激励的方式多种多样，有情感激励、有物质激励、有荣誉激励，还有晋升激励、表扬激励等等，著名的微软公司就非常重视情感激励。

在微软，员工可以带着孩子来上班。这样可以让孩子感受父母的工作环境和个人成就，理解并以父母的工作为荣，而员工能从中得到温暖和激励，这比任何形式的物质奖励更催人奋进。

在微软，当员工生日或结婚时，公司会为他们举办生日或婚礼庆祝会，这充分表达了企业对员工的关心和重视，员工可以从中获得激励。微软公司还特别重视员工的愿望，他们会记录员工的愿望并帮助员工去实现愿望，这对员工也是非常好的激励。

微软公司还邀请员工的父母来公司参观，或给员工的家属寄送礼品，让员工的家属为员工感到骄傲。父母、父子之间的感情是人世间最珍贵的感情，当员工的父母、孩子对员工所在的公司感到满意时，员工自然会更加努力地工作。

与微软公司的激励方式有些不同，著名的海尔集团重视用荣誉激励员工。在他们看来，荣誉是员工对企业贡献的象征，当员工获得某种荣誉时，他们的自信心会明显增强，这会使他们对企业更加充满热情，同时，体会到自我价值所在。因此，满足员工的荣誉感，可以使他们迸发出强大的能量。

海尔的员工的工资也许不是行业最高的，但是他们每个人都有一种自豪感。公司会给员工颁发荣誉证书，会借助荣誉墙和企业年鉴来激励员工。通过记录员工的辉煌成绩，将员工为企业的贡献载入海尔发展的史册，可以很好地调动员工的积极性。

海尔还重视以员工的名字来命名某项事物，这种做法在科学界由来已久，是对贡献者最好的纪念。比如，诺贝尔奖。同样，在企业中，为了纪念员工在某方面做出的贡献，用员工的名字来命名某项事物，对员工也会产生良好的激励效果。

除了情感激励和荣誉激励，在日常的管理中，领导者最常用、最简单有效的激励方式恐怕非表扬莫属了。当员工表现出色时，及时给他口头上的赞扬，而不是等到年末总结时再表扬，可以保护员工的积极性。优秀的领导者都有一双善于发现的眼睛，员工有任何出色的表现，他们都会及时发现和表扬。

也许有人要问了："有什么好表扬的？到底要表扬员工什么？"其实，员工身上值得表扬的未必一定是惊天动地的大事，况且员工干着平凡的工作，也很难有惊天动地的表现。因此，表扬员工要针对一些细微之处，比如，员工主动把地上的废纸捡起来扔进垃圾桶，这个行为就值得表扬。再比如，公司的清洁工把地打扫得很干净，这也值得表扬。在这一点上，有一个经典的案例，值得领导者们深思：

一天晚上，韩国一家企业遭贼了，公司的一位清洁工发现了小偷，并与小偷进行了殊死搏斗，最后保护了公司的财产。事后媒体采访这位清洁工，问他为什么有那么强大的勇气面对小偷。他的回答让人惊讶不已，他说："因为总经理每次经过我身边时，都会夸我地打扫得干净。"

这个案例表明，一些看似微不足道的表扬，可以激发员工的责任感和对企业的归属感。因此，千万不要忽视赞美的力量。

值得注意的是，在赞美员工的同时，也不要忘了批评的重要性。当员工犯错时，领导者如果能够巧妙批评员工，也能对员工产生良好的激励。在这一点上，玫琳凯化妆品公司的创始人玫琳凯就做得很好，她推崇"三明治式"的批评。什么是三明治式的批评呢？它指的是用厚厚的两层表扬，夹着一层薄薄的批评，即先表扬，再批评，最后再表扬。这样员工就不容易产生反感。

玫琳凯在管理中，一直遵守这样的原则：无论批评哪个员工，都必须先找出他身上值得表扬的地方，绝不会只批评不表扬。另外，她还特别强调，批评应对事不能对人。

有一次，玫琳凯手下的一位女秘书在打印文件的时候，总是不注意标点符号，这令玫琳凯很苦恼。一天，她对女秘书说："你今天穿的这身衣服很合身，显示了你的美丽大方。"女秘书听到董事长的表扬，满脸喜悦。

接着，玫琳凯对她说："尤其是这排纽扣点缀得恰到好处。所以我想告诉你的是，文章中的标点符号就如同衣服上的纽扣，注意了它的作用，文章才会更清楚易懂，就像你漂亮的衣服一样"

女秘书听到这里，意识到不注重标点符号是不对的，于是诚恳地接受了批评，改正了缺点。后来，这位女秘书成为了玫琳凯最得力的助手。

最后，我们要强调的是，除了情感激励、荣誉激励、表扬激励之外，企业还必须拿出实实在在的物质性的奖励，用于激励员工。因为在这个生活成本不断提升的年代，空谈感情是无济于事的，只有在薪酬、奖励方面，最大限度地满足员工的需求，才是最根本性的激励。

2 感情投资是一本万利的无“薪”激励

如果你问员工：“你工作的目的是什么?”可能大多数员工都会不约而同地说：“赚钱。”所以，优秀的老板首先应该让员工获得与之能力相匹配的薪酬，得到更好的福利。但是，让很多老板感到头痛的是，当员工的薪酬达到了一定水平、福利也有所保障时，员工还不用心对待工作，企业人员仍然流动率颇高，团队凝聚力不强。

那么，怎样才能解决这一难题呢?怎样才能让员工服从管理、忠于企业呢?

古语有云：“用兵之道，攻心为上，攻城为下。心战为上，兵站为下。”所谓“攻心”、“心战”，指的就是想办法征服员工的内心。而征服员工内心的最有效方法，就是对员工进行感情投资。

日本经营之神松下幸之助就是一个擅长对员工进行感情投资的老板，他曾说过：“最失败的领导，就是那种员工一看见你，就像鱼一样没命地逃开的领导。”为了让员工喜欢他，喜欢他的企业，松下幸之助每次看见员工时，都会礼貌地和员工打招呼，对员工说一声：“辛苦了。”

当松下幸之助把员工叫到办公室谈话时，每次都会亲自为员工沏上一杯茶，并充满感激地说：“太感谢了，你辛苦了，请喝杯茶吧!”正是因为在这些小事上，松下幸之助都不忘记对员工表达爱和关怀，所以，他得到了全体员工的一致拥戴，大家都心甘情愿地为他效力，为企业奉献。

对员工进行感情投资是一本万利的，日本麦当劳的社长藤田田在自己的著作《我是最会赚钱的人》中表示，他研究了所有的投资分类后发现，感情投资是所有投资中，花费最少，回报率最高的。感情投资重在对员工表达情义，让员工看到你对他们的重视，对他们的关爱，从而赢得员工的好感。感情投资可以调动员工工作的积极性，促使员工产生巨大的创造力，这是任何一种投资都难以超越的。

吴起是战国时期著名的军事家，身为军事家，他除了拥有带兵打仗的谋略、骁勇善战之外，还非常善于对士兵进行感情投资。在作战期间，他经常与士兵同甘共苦，和士兵穿一样的衣服，和士兵吃一样的饭菜，睡觉时不铺席，行军时不乘车，在士兵心中树立了很高的威望。

有一次，一位士兵生了肿瘤，肿瘤内淤积了很多浓汁，士兵痛苦不堪。吴起见状，毫不犹豫地用嘴帮士兵把肿瘤内的脓汁吸出来。那位士兵以及旁边的士兵看到后，都感动不已。后来，这个士兵为了报答吴起的恩情，在战场上拼死奋战，最终战死。

吴起身为大将军，对士兵关怀备至，做出为士兵吸脓血这等事，这恐怕是很多父亲、母亲都难以做到的。所以，士兵为了他肝脑涂地，在战场上卖命，一点也不奇怪。从这件事中，我们可以发现：如果你想让员工为你卖命地工作，就有必要对员工进行感情投资，从心理上彻底征服员工。

实际上，国外很多企业都很重视对员工进行感情投资，以留住人才，保证团队的凝聚力。比如，摩托罗拉公司通过“肯定个人尊严”来维护员工的尊严；大众汽车公司通过“时间有价证券”给员工提供更多的自主权；丰田汽车公司通过“没有许诺的终生雇用”来赢得员工的忠诚。通过对员工进行感情投资，这些企业很好地调动了员工的积极性和创造力，增强员工对企业的忠诚度，从而提高了团队的凝聚力和战斗力。

其实感情投资非常简单，在日常工作的一点一滴中，都能加以运用。比如，有这样一个例子：

某企业的总经理每天早晨开会时，第一句话总是：“大家早上好!”看似一句平常的问候，却能给员工带去一种轻松愉悦的心情；当员工在工作中出现失误时，他总是说："你比以前做得好多了，以后更加细心一点，你会更出色的。"一句表扬暗含了批评，给员工留了面子，保护了员工的自尊心。

每天下班时，他总忘不了对大家说一声："辛苦了！"一句平淡的勉励，帮员工们卸下了劳累一天的精神负担。在这位总经理的带领下，企业每年都能获得不俗的效益，员工们在获得心理满足的同时，也获得了不菲的收入。大家都觉得在公司里工作，充满了价值感。

这位总经理的高明之处就在于懂得关爱员工，以满足员工的心理需求。由此可见，感情投资对员工可以产生强大的感染力、征服力。

人都是有感情的，也许一个人会拒绝别人的金钱，不接受别人的礼物，但是他绝不会拒绝别人对他的尊重和关爱。特别是那些有才能的人，他们往往对小恩小惠不屑一顾，但是如果你能让他觉得你真心对他好，真心器重他，那么，他会很乐意用实际行动回报你。

作为企业的老板和管理者，只有当你真心关心爱护员工时，你才能赢得员工的信任和好感，才能调动员工的积极性，从而促使他们尽心尽力地工作。俗话说"将心比心"，你想要员工怎么对待你、怎么对待工作，你就先那样对待员工吧，只有当你付出爱和真情，你才能在公司中一呼百应。

最后，提醒一句：感情投资随时可以进行，但最好选择在以下几种时刻进行：

（1）当员工圆满完成工作时。当员工辛辛苦苦，圆满完成工作时，如果你反应平淡，那么员工就会感到很失落，他会想："以后再也不如此卖力了。"反之，如果你及时表扬员工，说几句贴心话，比如"你辛苦了""你真棒，工作做得很好。"员工则会觉得受到重视，以后会继续努力工作。

（2）当员工在工作中遇到苦难时。员工在工作中遇到困难时，你应该对他表示理解和支持，而不是批评和嘲讽。只有这样，才能充分鼓舞员工的斗志，使他克服困难，完成工作。

（3）当员工提出创意、表达不同意见时。有些管理者对员工提出的不同意见很反感，其实，员工敢于提出不同的意见，是值得表扬的，无论他的意见是否正确、是否可行，你都应该肯定他的勇气和思考精神，这样才能保护员工思考的积极性。

3 关于股份制、分红与年终奖

20 世纪 50 年代，凯尔索公司首次提出了利益捆绑的“员工股份制”。很快，这样的商业模式就风靡整个美国。很多人对此十分疑惑：员工享有股份，真的能解决公司效率的问题吗？

事实上，股份制是一种极为有效的保障措施。凯尔索公司首次将这一与员工分享发展成果的计划付诸实施，并成功地将公司 72% 的股权，分量分批地发给那些愿意为公司努力工作的员工。经过长达 8 年的时间，凯尔索终于完成了股权从管理层向普通职工转移的过程，这一举动在美国的企业管理界引起轩然大波，并赢得了很多人的赞扬和支持。

截至 1975 年，从民意测验专家哈特的调查数据可以发现：有超过 66% 的美国人对“员工拥有公司大部分股份”表示支持和赞成。1978 年，哈里斯的民意测验也得出了类似的结果：有 64% 的美国职员认为，如果公司能让自己分享企业发展利润，那么自己的工作效率肯定会有所提高。

如今员工股份制已经从最初的诞生地美国，逐渐被全球各地的管理者们所借鉴运用。实事求是地说，这种制度在企业的最大限度内给予员工最为可靠的保障，再加上具有竞争力的高工资，没有哪个员工不会充满工作干劲。

除了股份制这一科学合理的模式，分红和年终奖也成为许多中小公司竞相效仿的激励方式。上世纪90年代，上海的一家纺织厂为了调动员工们的工作积极性，提高整体的工作效益，制定了一个具体的奖励办法：超额完成正常工作任务20%的员工将在年终获得奖金1万元；超额40%及以上则可获得奖金两万元；为企业做出重大贡献的员工，经过董事会集体商议，可获得3% –10%的原始股份；员工对所持股份有自主支配权，更可以凭此分到部分的红利。很快，该厂就摆脱了巨大的经济压力，在未来几年里迎来了发展的高峰。

古语说："天下熙熙，皆为利来；天下攘攘，皆为利往。"千百年来，商人们的形象就是"无利不起早"，老板们要赚钱，员工们也要赚钱。作为公司的经营者，一定要明白这一点：懂得通过与人分享利益来激励别人，使别人心甘情愿为其效劳、与其合作。

李嘉诚曾将自己的用人之道，总结成这样几个字："以诚感人者，人亦以诚应之。"李嘉诚认为：只有真诚地善待下属，将股份制、分红的好处让渡于员工，与下属分享利益，才能赢得他们的忠心辅佐。在他的企业内，人才济济，新人辈出，而且跳槽率很低。说到李嘉诚欣赏人才、真诚待人，就不得不提到马世民。当年，英国人马世民的才能深得李嘉诚的赏识，为了让马世民心甘情愿地辅佐自己，李嘉诚不惜买下马世民的整个公司，只给了马世民10%的股份。为了增强马世民及其公司下属对集团的归属感，李嘉诚又给他们最低的优惠价格，让他们购买长江实业集团的股票。结果，马世民在和黄的年薪及分红有1000万港元。这个数额相当于港督彭定康年薪的4倍多。此外，马世民还有非经常性的收入，这是难以计算的。

虽然后来马世民离开了和记黄埔，但李嘉诚给他低价购买长实股票的机会，让他获得丰厚的利润。李嘉诚曾经不无欣慰地说："在我的公司，职员都能忠诚地为公司服务，我自己也经常会考虑他们的处境，并利用薪资激励的方式帮助他们。”可见李嘉诚多么体恤下属，多么愿意与下属分享利益，这自然也极大地增强了集团的凝聚力。

在任何一家公司，员工都是企业利润的真正创造者，领导纵然可以用威胁、施压的手段迫使下属服从命令，但这很容易引起下属的反抗，他们可能消极怠工，进而降低工作效率，影响整个组织的利益。最高明的办法就是，引入股份制、分红和年终奖的利益驱动机制，通过与员工分享利益，让员工心甘情愿地加班、奋斗，为企业创造更多的利润。

作为老板，一定要明白：与员工分享利益，才是保证企业终极利益的根本。许多著名的企业都有与员工分享利益的具体措施，1908 年，福特公司推出了 T 型汽车，一时间非常受美国人欢迎，真正成为普通人的汽车。后来，福特汽车的销售形势一片大好，但福特公司并没有趁机上涨车子的售价，而是坚守“薄利多销”的商业宗旨，与内部的员工分享成功的果实。亨利·福特主动提出：如果年底整体效益翻倍，在保证工资不变的前提下，每人可领到年薪酬总额的 30%，外加 2% 到 5% 不等的红利。凭借这一利益分享措施，福特公司的员工受到了极大的鼓舞，他们的工作激情高涨，工作效率极高，从而推动了企业的发展。

在中国，华为集团也是一家重视与员工分享利益的企业。多年以来，华为公司取得了非凡的成绩，都与他们注重与员工分享利益分不开。华为公司的管理者认为，随着员工为公司创造的利润增加，公司应该增加他们的报酬，并以年终奖的形式留住最核心的人才。如果管理者只注重企业短期利润，忽视员工利益，认为企业应该净得 9000 元，那么，很可能有一天，企业只得 900 元，因为这种奖励模式无法调动员工的积极性。华为公司的管理者正是认识到这一点，才在保证员工利益的基础上，调动了员工的积极性，最终保证了企业利润。

企业的效益与员工的收益是相互依存的，企业的利益依靠员工实现，如果企业只把眼光停留在眼前，看不到企业的长远发展，不愿意通过股份制、分红、年终奖的形式与员工分享利益，那么，员工的积极性就难以被调动起来。领导者只有认识到员工的价值，和员工分享利益，才能与员工保持和谐的关系，从而推动企业的持续发展。

在当今的商业环境下，仅仅靠高工资，是很难达到效益共赢的。只有高工资和高保障双管齐下，才能把员工的干劲逼出来，达到效益的最大化。管理者可以依据自身企业的状况，选择适合自己的保障方式和奖励机制，让高保障与高工资并行，下属们自然会充满干劲，为公司的长远发展贡献一份力。

4 逆反心理人人有，遣将不如激将

逆反激励就是用反面的话激励人，使他决心去做某件事，这种激励方法又叫“激将法”。激将法是建立在人人都有自尊心的基础上的，由于某些原因，人的自尊心会受到压抑，表现出自卑、气馁和妥协的状态。这个时候如果你没有办法使他振奋，那么就反其道而行之，故意贬低、嘲笑他，从而激起他的自尊心、自强心，使他做出你希望的行为来维护其尊严。

激将法是富有戏剧性的谋略，在典籍中比较常见。管理者一定要洞察员工的心理，要明白绝大多数人是不愿意轻易认输的，优秀员工更是喜欢争强好胜。因此，必要的时候激一激员工，往往很容易点燃他们的斗志，使他们迸发出更强的求生欲，从而做出你所期望的事情。

西凉马超率兵攻打葭萌关时，张飞主动请战，但诸葛亮假装没听见，故意对一旁的刘备说：“马超智勇双全，无人可敌，除非往荆州唤云长来，方能对敌。”张飞是何许人也？听了这话马上就急了，当即立下军令状，表达出誓死战马超的决心，诸葛亮这才同意让他迎战马超。

立下军令状的张飞在葭萌关下与马超酣战了一昼夜，斗了 220 多个回合，一举打掉了马超的锐气。若不是诸葛亮故意激将，引得张飞立军令状，恐怕张飞的潜力很难被挖掘出来，也就很难与马超打成平手。

诸葛亮十分擅长激将法，他不止一次激张飞，他还激过孙权。激孙权看似是一步险棋，实际上诸葛亮早已洞悉孙权的心理，他知道孙权既不愿意屈服，又担心无法战胜曹操。因此，他对孙权说："如果你不能早下联合抗曹的决心，还不如干脆投降，我们单独对付曹操得了。"此话一出，气得孙权拂衣而起，退入后堂。

原本孙权就不服曹操，让他投降曹操简直是一种侮辱，这很好地激起了孙权固有的斗志。在三国之中，蜀国处于劣势，诸葛亮仅用激将法，就很好地完成了联合东吴抗曹的使命。假若不用激将法，而是低声下气地讨好，恐怕很难与东吴达成抗曹联盟。由此看来，激将法看似险招，其实是稳招。

俗话说："树怕剥皮，人怕激气。"激将法就是说丑话，说难听的话，让人气不打一处来，内心迸发出：你说我不行，我偏要证明给你看看。激将法中隐藏着各种刺激手段，比如，语言的挑拨，行为的刺激，只要能让对方产生愤怒、感到羞耻、不服的心理状态，他往往就会去干平时不敢干、不愿干的事。

孙晋芳是中国著名的女子排球运动员，当年她刚开始打排球时，劲头不足，表现得不够努力。为此教练多次批评她，但是没有什么效果。最后教练故意贬低她说："看来你不是打排球的料。"孙晋芳听了这话立马不服气地说："你说我不行，我就非要证明给你看。"从此以后，她拼命练球，最后成为一流的国手。功成之后，她说："如果没有教练的那次激将，也许我不会有如此成绩。"

古话说得好："人争一口气，佛争一炷香。"古往今来，为争一口气成就了许多英雄豪杰。确切地说，不是"为争一口气"成就了英雄豪杰，而是巧妙的激将刺激了英雄豪杰。管理者最重要的就是激发员工的斗志，如果你能找准激将的“点”，狠狠刺激一下，就可以促使员工做出你希望的反应。

钢铁大王安德鲁·卡内基曾用百万年薪聘请查尔斯·斯瓦伯出任卡内基钢铁公司的第一任总裁，当时这个年薪是所有总裁中最高的，而斯瓦伯对钢铁生产并不了解，是个十足的门外汉。那么，他到底有什么能耐配得上这百万年薪呢？

斯瓦伯上任后，人们很快就发现他的过人之处，原来他十分擅长激励员工，尤其擅长激将。斯瓦伯发现属下一家钢铁厂的产量排在最末位，厂长用了很多办法去激励员工，但员工仍然十分懒散。斯瓦伯来到这家钢铁厂，用粉笔将日班的产量6吨写在地上。前来接班的夜班工人看见地上有一个巨大的“6”字，还听说是总裁写的，于是下决心超越6吨。第二天早晨，斯瓦伯再次来到车间时，发现地上的“6”字不见了，取而代之的是被夜班工人改写的“7”字。

人都是有惰性的，又是有自尊、要面子的，这个自尊和面子，就是普通员工走向优秀卓越的动力。在斯瓦伯激励下，日班工人和夜班工人相互较劲，逐步提高了该厂的钢铁产量。不久，该厂的钢铁产量在卡内基所有钢铁厂中首屈一指。

值得注意的是，激将法并非万能，在运用时要注意几点：

（1）认清对象

有些人性子刚烈，行动果敢，对这类人采用激将法，往往收效很好。而有些人性子缓慢，行动迟缓，做什么都慢慢悠悠，斗志也不高，进取心也不强，你贬低他，他反而呵呵一笑，一点都不往心里去。对于这类员工，激将法就不太有效了。所以，在运用激将法之前，先判断对方是什么类型的人。

（2）把握时机

什么时候说出刺激人的话，这很关键，说早了，时机不成熟，容易使人泄气；说晚了，时机错过了，又成了“马后炮”，收不到好的效果。因此，运用激将法要注意把握时机。

（3）注意分寸。

用反话、难听的话刺激员工时，要本着尊重、激励的原则，既不能说一些不疼不痒的话，又不能说过于尖刻的话，而要褒贬抑扬相结合，这样才能产生积极的激励效果。否则，很可能惹来麻烦。激将时要注意方式方法，不能太过了，否则，会引起矛盾冲突。

5 激励员工的五项原则

众所周知，假如一个企业人心涣散，其发展必不会长久。对此，作为老板往往负有一定的责任。他们往往认为：人才之所以流失、人心之所以不齐的重要原因是技术落后、发展不利。其实，问题的根源在于激励不当，或者激励缺失。

有人这样评价沃尔玛强大的向心力："沃尔玛公司的迅速崛起，有赖于沃尔玛内部的团结与和睦。沃尔玛的员工聚在一起，就像喷发的火山一样，气势非常凶猛。"毋庸置疑，有效的激励是保证员工工作热情和工作态度的核心要素。那么作为企业的老板，又该如何激励自己的员工、增强团队向心力呢？归纳起来，大致有以下五项原则：

第一，营造归属感，收服人心。毫无疑问，任何时候薪水都是员工的奋斗目标之一，在满足员工薪水要求、保障员工基本生活的同样，在公司内部积极地为员工营造一种归属感，让他们感受到集体的温暖。试问：在如此有诚意的感化下，员工又怎么会不卖力地工作呢？

有很多企业，薪酬与同类型企业相比并不具有竞争力。但是较高的薪酬仅仅只是企业留住人才的必要条件之一，愉快的工作氛围、强烈的归属感，才是让员工紧紧围绕在企业周围的真正原因。一旦员工缺乏职业愿景，没有长远的职业规划，而且没有把心思和精力用在工作上，表现出懒散、敷衍的不良习气，就说明企业内部的问题已经很严重了。

第二，通过内部联欢、轻松对话的方式，增强员工的认同感。一个优秀的企业，往往能营造出一种健康的人文环境，在员工和企业之间建立起一种互动相依的关系。员工们只有对企业产生认同感和归属感，才能对企业和生产工作担负起一定的责任。而当个人利益与企业利益相冲突时，他们才能顾全大局，坚定不移地和企业站在同一条战壕里。

第三，福利到位，解决员工的后顾之忧。影响人才流动的因素有很多，生活保障是最为重要的因素之一。住房、医疗、子女教育方面的保障，不仅能使员工感受到企业给予的温暖，还能增强员工对企业的依赖性。可见，仅仅提高员工对福利待遇的满意度还不够，还要保证福利分配的公正性、合理性和激励性。

第四，注重企业文化建设，让员工与企业同呼吸。

作为老板，如果能够从“以人为本”的角度出发进行管理，又怎么会失信于员工呢？只有发自内心地尊重、信任和关心每个员工，才能让员工们更有责任感、主动地做好本职工作。首先，可以为员工提供一个发表意见、交流心声的园地。例如办一个内刊，或是多开交流会议，让领导和员工共聚一堂，总结过去的经验，规划未来的发展。最好让所有的员工参加，让他们将自己真实的想法坦诚地表达出来，使老板能真实地把握员工的心理动向，从而寻找管理上的差距，加强对员工的人性化管理。

此外，老板应该对员工的生活动向了如指掌。在员工过生日或恰逢喜事的时候，一束鲜花或一份祝福，都会让员工深切感受到家一般的温暖；在员工遇到困难的时候，让大家一起帮忙，既让受难的员工记住这份恩情，也增强了员工的凝聚力，这往往比空洞的说教更有说服力。

第五，升职激励，给员工提供广阔的个人发展空间。许多员工都希望能有一个充分施展自己才能的机会，让他们发挥自己的主动性和创造性，获得老板和同事的认可。如果公司愿意给员工搭梯子，在适当的时候提升他们的职位，使员工的个人能力和素质随着公司的发展而成长，那么公司与员工的相互认同感就会越来越强。

其实，很多人的心中，都有根深蒂固的官本位思想，很多优秀的人才都渴望获得升迁。比如，业务员想当主管，当了主管想当经理。所以，对待优秀的人才，给他们加官晋爵、给他们荣誉和表彰是很有必要的。

总而言之，不同的企业，员工的“生命周期”也会有所差异。企业管理者要善于从本行业出发，结合本公司的具体制度以及现存的激励机制，制定出有针对性的调整对策，只有这样才能真正做好全员的激励工作，把新老员工紧密地团结在一起，真正实现做大做强的目标。

6 把握好激励员工的“生命周期”

激励员工是管理者常做的事，它是通过各种有效的手段，对员工的各种需要予以不同程度的满足或者限制，以激发员工的需要、动机、欲望，从而使员工为了达成某个特定的目标而保持高昂的情绪和积极的精神状态。每一次激励，都是一个“需要→行为→满意”的连锁过程。

身为管理者，在激励员工之前，有必要搞清楚员工的心理需求，根据员工的心理需求去激励，才能事半功倍。比如，当员工做了一件自认为十分漂亮的事情后，你要知道：他是非常渴望得到上司的赞扬和肯定的，这就是他的心理需求。

当然，员工不仅仅是在做了一件漂亮的事情后渴望获得激励，在遭遇挫折时也渴望得到激励。只要每个激励符合这个连锁过程，那么，激励就是卓有成效的。而要想激励符合这个连锁过程，最重要的是把握好激励员工的“生命周期”。

为什么很多员工进公司没多久就辞职了呢？除了觉得待遇不合适，职业没前景之外，还与管理者没有把握好激励员工的“生命周期”有关。一般来说，管理者在激励员工时要把握好四个重要阶段，而这四个阶段组成了员工的职业周期。

第一阶段：学习投入阶段

新员工来到公司的前六个月，他们往往希望获得两个定位，一个是对个人职业生涯发展的定位：我在公司里有发展吗？这份工作我会干多久？这份工作能否锻炼我的能力？另一个定位是：在团队里，公司对我有什么样的期望？团队成员对我有什么要求？公司的文化怎么样？在这一阶段，员工对公司创造的价值有限，这就要求管理者多投入人力、物力和精力去激励和培养新员工。

第二阶段：价值形成阶段

新员工进入公司半年到一年时间内，他们依然有两个最关心的问题，一个是肯定自己在公司中的作用、地位和价值。第二是肯定自己在同事中、行业中的地位。这个时候，管理者对员工最好的激励是多肯定他们的工作业绩，多给员工一些荣誉感。

第三阶段：能力发挥阶段

员工进入公司 13 – 18 个月，在这一阶段，员工能力是否能得到发挥，取决于两个授权。一个授权是公司的战略、目标、策略在实施过程中与员工相关的部分，应授权他对局部的工作进行自主改进。第二个授权是鼓励他对公司的发展战略、管理流程等方面的问题提出建议，这两个授权就是对员工最好的激励。

第四阶段：价值提升阶段

在这个阶段，管理者要做的是对员工进行两个“评估”，第一个评估是看员工是否有一定的管理眼光、积极的工作态度、良好的沟通技巧、成熟的工作方法、良好的人际关系等，第二个评估是看员工的实践能力。如果管理者对员工这两个评估都给予较高的评价，那么不妨告诉员工，这将是对员工最好的激励。即便管理者对员工这两个评估结果不满意，也应该开诚布公地告诉员工，指出员工的努力方向，这对员工也是一种有意义的激励。

事实上，把握激励的四个阶段只是一个笼统的概念，把握激励员工的生命周期，确切地说是把握激励员工的时机。时机是激励的一个重要因素，激励的时机不同，其作用和效果差别很大。用一个形象的比喻来说明，厨师炒菜时，在不同的时机放入味料，菜的味道和质量是大不一样的。超前激励往往会使员工感到无足轻重，迟来的激励又让员工觉得画蛇添足，只有及时的激励才是最有效果的。

当员工进入新环境时，往往有一种强烈的新鲜感，加之自尊心的催化作用，这时他们总想干出一些令人拍手称赞的事情来。管理者应理解员工的心理，及时给予他们热情的鼓励，这样就会点燃员工的希望，激活员工的内心情感，使员工明确努力方向。

当员工在某些方面获得一些成功时，他们迫切需要得到领导的称赞和认可，这个时候如果你及时肯定他，帮员工总结出成功的经验，分享员工成功的快乐，并制定下一步的目标，员工一定会更加努力，还能给其他员工起到带头作用。

当员工遇到挫折时，一般希望得到大家的帮助、支持和鼓励，如果管理者能及时伸出援手，帮员工一把，或给员工打打气，无疑会让员工体会到企业大家庭的温暖，从而精神振奋地面对挫折。

7 奖励不当就变成变相的惩罚

众所周知，奖励是对人的一种肯定与表扬，但事实上，并不是所有的奖励都能令人感到愉快，从而保持员工积极的工作状态。心理学中有一个著名的“德西效应”，即当一个人进行一项愉快的活动时，如果给他提供奖励，同时奖励又呈现分配不均或递减时，不仅不能起到奖励的效果，反而会演变成一种变相惩罚。

“德西效应”往往能够在人们不知不觉中改变其行为的动机，员工们原本是为了获得领导赏识而努力工作，老板施以奖励后，便会悄然改变动机，演变成为了奖励而努力工作，这时候一旦奖励减少，员工们必然会心生不满，工作的兴趣也会慢慢降低，并逐渐滋生出埋怨情绪，从而导致工作效率低下。

众所周知，薪酬是企业管人的一个有效武器，可以直接影响到员工的工作情绪，可是每一个公司都不敢轻易使用这件精确制导武器。这是因为使用不好，可能就会带来“德西效应”，那样不仅不能激励员工，而且还可能造成负面影响。在国际上著名的 IBM 有一句拗口的话：加薪非必然！要知道，IBM 的工资水平在外企中并不是最高的，也不是最低的，可是 IBM 有一个让所有员工都坚信不疑的游戏规则，那就是干得好加薪是必然的。

IBM 在 1996 年初推出了个人业绩评估计划（PBC）。PBC 可以划分为三个方面 win（制胜）、executive（执行）、team（团队精神），IBM 通过这三方面来考察员工。IBM 薪酬政策的精神主旨是通过制定有竞争力的策略，从而吸引和激励业绩表现优秀的员工继续在自己的岗位上保持高水平。IBM 自我独特而有效的薪金管理方式可以达到奖励先进、督促平庸。IBM 将外在报酬和内在报酬相互进行挂钩，从而有效地避免了“德西效应”的产生，这种管理已经逐渐发展成为了一种高效绩的企业文化。

在现代的企业管理中，一些单位表彰活动过多，但根本没有起到肯定和激励的作用，反而成为一种干部职工眼中理所当然的举动。不管是物质奖励还是精神奖励，都不能为了照顾部分人的情绪，而把表彰、荣誉当人情，否则原本的奖励政策反而会在德西效应的作用下“变味”，成为一种变相的惩罚。

不管哪种形式的奖励都是为了激发员工的工作积极性，起到树立典型，弘扬先进的作用，所以，管理者一定要警惕“德西效应”，在制定奖励措施时，尽可能规避这些误区，以免错把奖励搞成了惩罚，好心办坏事反而挫伤了员工的工作热情。

美国著名心理学家威廉·詹姆斯曾经说过：“人类本性中最深的企图之一是期望被认可、被尊重。”作为企业管理者，除了注重物质奖励，还需要注重精神激励。从人性角度来说，哪怕只是一句简单的赞美，也能给人带来温馨与振奋的情感体验。当然精神激励也要讲究技巧与方法，如果褒奖下属的方式不对，那么往往就会好心办坏事，不仅没能起到褒奖的作用，反而会给对方留下虚伪的印象，如此一来就得不偿失了。

杰克·韦尔奇曾就任于一家大型公司，当时他的职位是一个有前途的工作小组的主管。在他的办公室里，有一部专用电话，方便直属的采购人员随时与他交流工作事物。在与这些采购人员谈话的过程中，韦尔奇从来都不吝啬对下属的激励，哪怕他们在工作上的进步是极其微小的，他也会当即给予褒奖，而不会将这种褒奖留到第二天。

只要采购人员能让卖主降低价格，哪怕降低的幅度再小，也可以给韦尔奇打电话。对于采购人员打来的电话，韦尔奇是相当重视的，不管当时是在谈生意还是和秘书交谈，他都会停下手头的工作，亲自接电话，并毫不吝啬地对下属取得的成绩给予赞美，“你真是能干，居然让每吨钢铁的价格又降低了 5 分钱。”随即，他会命令秘书，将这个月的奖金提前汇到该员工的账上。

韦尔奇褒奖员工的行动，从来都不走什么程序，过程也显得含糊而紊乱。但事实证明，这种及时奖励、物质与精神相结合的效果是显而易见的，员工不仅工作热情高涨，而且体会到了自我价值实现的成就感，因而工作主动性也会大为提高。

俗话说，重赏之下必有勇夫。聪明的管理者往往能够借助“重赏”取得自己所期望的效果。但实质上，恩威并施，才能驾驭和利用好员工，发挥他们的才能。有功就赏，有罪就罚，下级的行为才会得到控制。对于那些优秀的人才，企业管理者要敢于重赏，只有这样才能留住优秀人才，给企业的长远发展注入强劲的动力。

谈到激励与管理的艺术，日本管理大师松下幸之助曾经说过："一味地奖励很难达到激励目的，要想让员工安心做事，必须赏罚结合。当然，最主要的一点是，以温和、商讨的方式引导员工自动自发地做事。"言外之意是，奖励不当，就成了变相的惩罚。

作为企业管理者，过严或过松的管理方式都是不妥当的，那么，怎样才能达到统御下属的最高境界呢？一方面要心怀宽宏，另一方面要严厉、果断，绝不不手软，左手"严惩重罚"，右手"法外施恩"，只有赏罚结合，才能让下属在预定的轨道内不断前进，才能避免"盲目涨薪"而引起的一系列弊端。

8 别忘了，员工多数时候需要"以薪换心"

得人才者得天下，但得到了人才，不意味着能长久地留住人才。说到留人才，我们就不得不提一个字——钱。中国有句俗话说"有钱能使鬼推磨"，尽管这句话有些俏皮，但它却能从某种程度上反映出钱对人们生活的重要性。所以，要想员工帮你创造效益、赚取利润，企业必须拿出真正的诚意，只有用"薪"才有可能换来员工的心。

不要觉得这个观点太过现实，因为社会就是这般现实的。生活需要成本，大到买房、买车、结婚、生子、赡养父母等，小到柴米油盐酱醋茶，日用品等，哪一样不需要钱？每个员工上班的首要目的就是赚钱，这种心理相信每个老板都能理解。如果企业无法满足员工较为合理的薪水要求，那么越是优秀的员工离开得越快。

在马斯洛需求层次理论中，物质需求处在最底层。因此，留人首先要满足员工的薪水要求，其次，才是用心留人，用企业文化留人。如果企业无法满足员工物质方面的要求，即使公司文化再优秀，公司的环境再和谐，也无法留住员工们那颗迫于现实需要、不得不追求物欲的心。

2011 年，从东部沿海地区到中西部地区，“用工荒”的现象愈演愈烈，许多企业陷入招工难的困境。然而，红豆集团得益于独特的文化战略和运营战略，以不变应万变，成功绕过了“用工荒”的障碍，继续保持着效益高速增长的发展势头。

红豆集团到底靠什么吸引人才、留住人才呢？对此，我们可以从红豆集团的总裁周海江常说的一句话中找到答案：“要让每一位员工分享企业发展的成果。”周海江认为，员工是企业发展的根本，只有不断提高员工的收入，员工才会充满干劲，企业才会充满活力。

2010 年，红豆集团已经两次上调员工的工资。在同年 12 月 20 日，红豆员工又收到公司“涨工资”的信息。在这一年里，红豆集团的员工工资平均涨幅高达 49. 6%，最高达到 64%。而在 2011 年春节后，红豆管理层多次召开会议，讨论如何进一步提高一线员工的待遇，激发他们的工作积极性。随后，公司下发《关于熟练工年收入超 4 万元的规定》，文中指出：企业生产一线熟练工（学徒工、辅助工除外）年收入必须达到 4 万元以上。

在涨薪的同时，红豆集团还给员工股权，这是让员工分享企业发展成果的又一举措。目前，公司有 600 多名员工拥有集团的股权，这在全国民营企业中实属罕见，这一举措进一步激发了员工的干劲，增强了员工的归属感。

薪水是基础，当企业给予员工的薪水能够保障员工生活之后，再营造归属感，双管齐下，才能收服人心。在上面的案例中，我们看到了红豆集团在赢得员工之心方面表现出的诚意。在这种诚意的感化下，员工怎么会不卖力地工作呢?

与红豆集团的做法相同，美国著名的软件分析公司 Sas 公司，也十分重视提高员工的薪水。这种举措使得公司的人才流失率保持在 4% 的水平。要知道，这在软件市场劳动力紧缺的情况下，在同行企业人才平均流动率高达 20% 的行业背景下，4% 的人才流动率称得上是个奇迹。

有人问 SAS 公司的员工："为什么公司的人员流动率那么低?" 员工是这样回答的："我们在这里享受到了独特的奖金，在工作中，公司为我们提供了先进的设备；在承担的项目中，我们可以享受很多有吸引力的奖金政策；在与同事共事时，大家相互配合，相处愉快……"

靠着物质奖励和精神奖励，SAS 公司在人才的积极付出下，保持高速发展。SAS 公司的总裁表示，员工们的积极性很高，大家都有自主的工作意识，甚至很多员工还有忘我的工作精神，这让公司十分欣慰。

诚然，没有一家公司是完美无缺的，但是公司若想留住人才，必须摸清员工的想法，知道员工最需要什么。在这个物质生活成本居高不下的时代，员工最大的渴望莫过于多赚一些钱，让自己和家人过上好的生活。因此，企业最应该做的，就是想方设法地满足员工的薪水要求，用"薪"换员工的"心"。

要记住一句话：重赏之下，必有勇夫。如今，领导者带领团队，发展企业，与当年将领带领士兵攻城拔寨，其实本质上是一个道理，那就是要学会激励人，才能得到人才的辅佐，团队才能打下江山。如果你舍不得下本留人才，企业就不可能有美好的未来。

第七章 Di Qi Zhang

批评与问责，对事不对人

管理企业，奖励不可缺，批评与问责更不可缺。很多公司为了处罚而处罚，不光没有达到“治病救人”的目的，反而伤害了员工的积极性。做老板，一定要会批评、巧问责。扇一个巴掌，再给两颗枣，这样员工才会乖乖认错，被你的“甜枣”所感动，从而死心塌地追随你。

1 没有什么比批评更能抹杀一个人的雄心

1921 年，美国钢铁公司的第一任总裁查尔斯·考比年薪高达 100 万美元。钢铁大王安德鲁·卡内基为什么给他如此高薪呢？对此，考比表示这主要是因为他擅长与人相处。那么，考比与人相处的秘诀是什么呢？

考比说："我认为，我能把员工鼓舞起来的能力，是我拥有的最大资产，而使一个人发挥最大能力的方法，就是赞赏和鼓励！再也没有比上司的批评更能抹杀一个人的雄心了。我从来不批评任何人，因此我喜欢称赞、讨厌挑错。"

心理学家研究发现，人类本性中最深刻的渴求就是赞美。通过真诚的赞美，可以让人的热情和潜能得以激发。高明的管理者都深谙此道，他们懂得赏识下属、鼓励下属，而不是批评下属。在赞美之下，下属们能保持愉快的心情，工作更加积极，并用更好的工作成果回报你。所以，即使下属犯错了，也不要批评他。

有一次，美国著名的试飞驾驶员鲍勃·胡佛从圣地亚哥表演完后，准备飞回洛杉矶。不幸的是，在返回的途中，飞机侧翼的两个引擎同时出现了故障。万幸的是，胡佛反应灵敏，操控得当，平安降落。虽然没有人员伤亡，但飞机却面目全非。

在紧急降落之后，胡佛首先检查了飞机用油，他感觉似乎是燃油出了问题。果然不出他的所料，那架螺旋桨飞机装的是喷气机用油，这明显是负责保养的机械工的工作失误。回到机场，那位机械工早已紧张得说不出话来，而且一脸的痛苦不堪，眼泪沿着面颊流下来。

然而，胡佛并没有责备机械工，只是伸出双手，拍了拍工人的肩膀，说："为了证明你不会再犯错，我要你明天帮我修复我的 F－51 飞机。"

相信胡佛的做法足以让那名机械工铭记一生，相信在今后的工作中，他不会再犯类似的错误。如果这样的事情发生在你身上，你会像胡佛那样做吗？还是怒气冲冲地批评和责骂下属呢？然而，你清楚地知道：责备和怒骂已经于事无补，既然下属已经知错，何不给他一个面子，保护他的自尊，不再深究？

在工作中，下属犯错是很常见的事情，错误并不那么可怕，相反，犯错之后，下属会获得成长。因此，英明的管理者应该善于利用下属犯错来鼓励下属，帮助下属获得进步。在这一点上，美国石油大王洛克菲勒为管理者们树立了一个好榜样。

有一次，洛克菲勒的助手贝特福特经营失误，导致公司在南美的投资失败，损失 40%。回到公司，贝特福特做好了挨骂的准备，但洛克菲勒却没有骂他，而是拍着他的肩膀说："全靠你处置有方，替我们保全了剩下 60% 的投资成本，你干得很出色，这已经出乎我们的意料了。"在这种赏识下，贝特福特后来为公司屡创佳绩，成为洛克菲勒石油帝国中的中坚人物。

洛克菲勒的做法是明智的，他懂得从下属的错误中发现下属的成绩，通过赏识而不是批评来保护下属的自信心，激发下属的干劲。这一招非常值得管理者们学习。

全球最大的调研公司盖洛普公司曾花费 25 年的时间，针对全球 100 万个普通员工、8 万个经理人进行调查，最后总结出他们的管理之道，并写成一本名为《首先，打破一切常规》的书。在书中有这样一段话：

"如果你的上司根本不表扬你，你就不得不靠自己的智慧生存。如果你天生善于自我激励，那么你就可能在毫无表扬的情况下长期生存。然而，大部分人很快就会感到心累——面对没有表扬的环境，你可能考虑跳槽。"

针对这种现象，盖洛普的专家建议管理者们：如果员工从迟到30分钟变为迟到10分钟，你应该夸奖他。因为肯定员工的进步会让员工有良好的自我感受，促使他更加认真地对待工作。这句建议是典型的赏识激励，对引导员工走向优秀非常有益。

著名的排球教练郎平在美国担任排球教练时，经历过一件让她记忆深刻的事。当时，郎平被一个排球学校邀请去教那些业余的小姑娘学习排球。在郎平看来，那些小姑娘的技术十分糟糕。她对她们要求严格，一丝不苟地指出她们的错误。一段时间后，学员们都很怕郎平，上课的时候特别紧张，教学效果很差。

后来，学校领导邀请郎平去看一个受欢迎的美国排球教练是怎样授课的。虽然这个女教练的水平比不上郎平，但是她的教学效果非常出色。郎平过去一看，彻底震惊了。只见那个教练对学员们说："亲爱的，你们已经做得很好了，初学者都是这样的，你们已经很了不起了，但是如果手臂再高一点就更完美了。"或者对学员们说："我从来没见过像你这么有天赋的学员，你只需要加快速度就非常好了……"

试问一下：有谁喜欢被批评、被指出不足呢？你不喜欢，我也不喜欢，任何人都不喜欢。可是，很多管理者对待下属，就像老师对待学生、父母对待孩子一样，整天不停地挑下属的毛病，尽管下属做得够好了，他们依然不满足，丝毫不考虑对下属的打击和伤害。他们不知道，当下属遭受批评时，会感受到很大的压力，更糟糕的是，没有什么比批评更容易伤害一个人的自尊心和打击一个人的自信心了。所以，如果你想成为出色的领导者，成为下属们都希望的领袖，请不要用批评对待下属。

美国著名的广告人大卫·奥格威创立了世界上最大的广告公司之一——奥美广告。他曾经说过："在我所有的工作目标中，这一目标置于首位：竭尽全力使每一个员工在公司的工作生涯成为愉快、幸福的经历。——对无能为力的问题，我们的职责就是：改变嘴角的线条。"改变嘴角的线条，用带着微笑的赏识引导下属吧，那样下属会变得更加出色。

2 要允许下属犯“合理”的错误

常言道：“人非圣贤，孰能无过。”再优秀的人才也会犯错，如果管理者因下属细微的错误斤斤计较，一叶障目，不见泰山，最终只能弄得众叛亲离，把自己变成了孤家寡人。反之，如果管理者在用人方面不拘小节，多看员工的优点和成果，允许员工犯“合理”的错误，对员工多一点宽容和理解，那么员工会更好地展现聪明才智，助企业发展一臂之力。

美国硅谷有一句很流行的话：“边干边学，边干边学。”对于犯错的、失败的员工，管理者往往采取宽容的态度，在这种包容的管理理念下，硅谷怎么不成功呢？要知道，员工在工作中，由于种种意想不到的原因，难免任务完成得不够出色，偶尔出现失误也是情有可原的，没有必要小题大做。聪明的做法是用宽容心来包容，帮员工分析失误的原因，总结经验教训，避免再犯同样的错误。这样才能鼓励更多人才冒尖，施展才华，建功立业。

基辛格是美国20世纪最伟大、最有声望的外交家之一，他有超强的人格魅力，他所到之处总能吸引年轻人的热烈欢迎。有一位曾在基辛格手下工作过的人这样评价他：“他是一位非常和蔼的领导者，从不轻易发怒，即使在部下犯下很大的错误时也是这样，给予合理的引导，以便部下从失败中更快走出来。”

在担任国务卿期间，基辛格每天都有很多事情要处理，工作非常忙碌、紧张。他的秘书自然也非常辛苦，经常和他一起从早忙到晚，休息的时间少得可怜。有一次，基辛格让秘书在下班之前把第二天的会议报告准备好，一定要开会之前交给他。但是秘书忙得忘了这件事，第二天开会时，基辛格向他要会议报告，秘书才意识到自己的疏忽，顿时不知所云，心想：“这次完了，肯定会被开除的。即使不被开除，也要受到严厉处分的。”

当基辛格开完会时，秘书走进他的办公室，双手递上辞职书。基辛格看了辞职书之后，吃惊地问：“是不是因为今天报告的事情？不要一犯错误就辞职，如果所有人都像你一样，那就直接呆在家里算了，人总会有犯错的时候嘛。”说完就把辞职书扔进了垃圾桶。

“犯错误不要紧，关键是从中接受教训。我允许我的部下犯错误，但不允许犯同样的错误。”基辛格的这句话足足影响了这位秘书的一生。

谁没有犯过错误？每个人都会犯错误，犯错是一个人成长过程中必须经历的事情。企业管理者应该认识到这一点，不要因下属犯了一点错误，就怒气冲冲地批评他，将他归为”永不录用”的行列。世界上成功的企业，都允许员工犯错误，甚至还鼓励员工犯错误。

宏碁集团创始人施振荣说：“宏碁有一个特点，就是允许犯错。因为我们认为，认输才会赢。”世界五百强企业西门子也同样允许下属犯错误，在他们看来，如果员工在几次错误之后变得更“茁壮”了，那对公司是很有价值的。

戴尔·卡耐基机构的首席执行官斯图尔特·莱文曾在《新世纪领导人》中写到：“千万不要忘了‘过错’有两项基本的事实：第一，我们人人都犯错；第二，我们人人都比较乐于指出他人的错误，对于别人给我们的指正却都是恨之入骨的。”

莱文告诫下属管理者，在面对员工错误的问题上，要注意三个问题：第一个问题是允许下属犯错；第二个问题是要宽容下属的错误；第三个问题是要清楚什么错误是不允许的。莱文表示，员工犯错并不可怕，可怕的是不知道改错，不知道怎么应对错误。

为什么要允许下属犯错呢？因为人人都会犯错，包括管理者自己，如果你不犯错，那么你肯定不是一个好员工。管理大师彼得·德鲁克曾说过：“从来没有犯过错误，也从来没有过失……这种人绝不可以信任，他或者是一个弄虚作假者，或者只做稳妥可靠的琐事。”公司中有一些人不求有功，但求无过，这种人可能隐瞒了错误，也可能把错误推给别人，他们是靠不住的。

为什么要宽容下属的错误呢？因为既然允许下属犯错，那么就要宽容下属的错误，帮助下属从错误中吸取经验和教训，使下属在错误中进步。在这一点上，有一个关于小沃森的故事。

IBM 有个员工犯了一个错误，给公司造成了 1000 万美元的损失，他对老板小沃森说："我是不是应该卷铺盖了呢？"小沃森说："你疯啦？我们刚为你交了 1000 万美元的学费，你想让我们白白为你交学费吗？"如果小沃森辞退了这个员工，那么 1000 万美元就成了企业的成本，没有任何收益。但小沃森没有这么做，他希望这位员工能够从失误中吸取教训，为企业赢得更大的收益。

为什么要搞清楚什么错误是不允许的呢？用哈佛商学院管理学教席教授埃米·埃德蒙森的话说，失败大致可以分为三类，有两类是复杂性导致的错误，这主要源于工作本身的不确定性。还有一种错误是智慧型失败，这类失败完全可以视为好事，因为它能给我们提供宝贵的新知识和新经验。这种错误是可以允许的，甚至有的错误应受到鼓励。

还有一类错误称为"可预防性失败"，这类错误是不能允许和宽容的，它的主要表现是故意违反规定的流程，疏忽没有按照要求完成的工作。因为这类错误等于是明知故犯，是刻意违反规定的，是不能轻易原谅的，否则就是纵容下属，让下属犯更大的错误。

3 以理服人胜于用权压人

有这样一个故事，对管理者有很大的启迪：

有一只已经吃饱了的狼发现了一只绵羊倒在地上，知道绵羊是因为过度害怕而晕倒的，就走过去安慰它不要害怕，并答应绵羊：只要说出三件真实的事情，就放它走。

绵羊说："我想说的三件真事是，第一，我不想遇到狼；第二，如果遇到狼了，我希望遇到的是一只瞎了眼睛的狼；第三，我希望所有的狼都死掉，因为我们绵羊对狼没有丝毫的恶意，但狼却经常伤害我们、吃掉我们。"

狼想了想绵羊说的三件事，觉得很有道理，就把绵羊放了。

如果说狼是高高在上，拥有生杀大权的统治者、管理者，那么绵羊就是处于下层的被统治者、被管理者。当狼遇到绵羊之后，它没有恃强凌弱、以权压羊，而是安慰羊，倾听羊的内心想法，并且在觉得羊的话有道理之后，把羊放了。这种做法是不是很像我们现实当中的"以理服人"呢？

身为企业管理者，每天你都会遇到这样或那样的问题，在处理这些问题时，你是像上文中的狼一样以理服人地对待员工，还是像某些暴君一样以权压人呢？特别是当员工的意见与自己的意见有分歧时，你是否能做到倾听、理解、尊重员工，并尽可能去说服员工，而不是仗着手中有权而压制、呵斥员工呢？

现实中，有些管理者动不动就对员工吆五喝六、颐指气使、以权压人。他们以权压人的表现有这样几个：

（1）强硬地命令员工，态度粗暴。如，对员工说："我叫你怎么做，就怎么做，如果做不好，我就开除你。"这样的话说出来很解气，殊不知，这样的话会伤害员工的自尊心，引起员工的抵触，只能收到相反的效果。

（2）态度冷漠，对员工爱答不理，极不尊重员工。当员工提出意见和想法时，他们总是爱答不理。这种做法只会引起员工反感，使管理慢慢失灵。

稍有一点管理常识的人都知道，以权压人的管理方式是不可能赢得人心的。以权压人可以让员工表面上屈服，却无法赢得员工的真心拥护，时间一长，你就很容易失去员工的心，到那时你登高一呼，还有谁来响应你呢？管理者要做的是克服自身的人性弱点，改变以权压人的做法，对员工多一点尊重和理解，多一点以理服人，这样才能赢得员工的拥戴，调动起员工的工作积极性。

许经理处理了公司内部的一起复杂的员工纠纷事件，当时间的全部事实调查完毕后，许经理并未公布处理结果，而是把自己关在办公室里整整两个工作日。第三天，他召集公司其他管理者，要求大家从各个方面向他提问。只见他面对十余位熟谙这一事件的管理者的发问，来者不拒，对答如流。数日后公布处理结果，经过多轮激烈较量趋于白热化，但是经理舌战群儒，使对方无言以对，不得不承认许经理处理结果是客观公正的。

事后，大家问许经理为什么要闭门两日不出，许经理说：“我之所以在办公室里两天不出，是在假设两个陷入纠纷中的员工会提出怎样的论点，我与他们辩论，怎样才能说服他们。之后我请大家与我辩论，是想印证自己的观点能否说服大家，这样我在公布这一处理结果时才能说服那两位员工。”

大家听后，深思许久：这么严谨的管理作风，何患管理不好公司呢？

面对公司出现的问题，管理者一定要学会以理服人，以理服人就要学会尊重，以理服人就要善于倾听，以理服人就应该把每个人当成绅士一样对待。这样才能让人心服口服，才能让人感受到你的温情，从而赢得人心，赢得支持。

要想成为有威信的管理者，你不仅要学会摆事实讲道理，以理服人，还要做到真诚的与员工沟通，以情感人。要知道，在企业管理中，领导者只有公事公办，以情感人，才能避免感情用事，才能不把个人偏见带到工作中去。你还要知道寸有所长，尺有所短，绝不对员工吹毛求疵，还更懂得倾听下属的意见，尊重员工的观点，综合大家的意见来做决策，从而把大家紧密团结在自己周围，使大家拧成一股绳，为企业的发展做贡献。

4 公平考核，让每一个员工放心

在企业管理中，定期或不定期对员工的业绩进行考核，是管理者最基本的职责之一。绩效考核是对员工劳动付出的一种反馈，也是企业支付员工薪酬的重要依据。

一般来说，绩效考核是从经营目标出发，用一套系统的、规范的程序和方法，对员工在一段时间中所表现出来的工作态度、工作能力和工作业绩等，进行客观的评价。评价是否公平公正，是否客观求实，会对员工的积极性产生直接的影响。

老万是某消费品公司驻陕西省的区域经理，与老万接触过的人都知道，老万这个人人品不错，管理经销商也很有一套，区域内的销售业绩也相当不错。可是最近一段时间，老万低调了许多，变得特别郁闷，简直快要干不下去了。

朋友见老万出了状况，就请他喝酒，三杯酒下肚，老万终于开口了，他说公司前段时间进行了绩效考核，他原以为业绩突出，可以得一个“优”，还可以获得不菲的奖金，没想到他的考核结果居然是“乙”，也就是刚刚及格，这意味着一年之内，他升职无望了。

老万喝了一口闷酒，继续说：“太可气了，我上个月的销售业绩在全公司第二名，那个销售业绩第三名的小张和第四名的小何，他们在绩效考核中都得了‘优’，凭什么我得‘乙’，这种考核也太不公平了。”

朋友说：“按理来说，你的业绩那么好，你的人品也好，得‘乙’不应该啊，莫非你得罪了上司？”

老万思考了几十秒钟之后，慢悠悠地说：“我也想不起来得罪了谁，难道是因为那件事？上次我没有及时向总部提交业绩报表，营销总监根据公司的制度，要罚我500元钱，我当时不肯交罚款，就与营销总监争辩了几句。”

朋友听了老万的话，大致明白了事情的原委。他表示老万很可能是那次得罪了营销总监，才遭到营销总监的暗中“报复”。老万听闻此言，顿时火冒三丈：“真无耻，竟然在暗中陷害我，这个公司我干不下去了，我要跳槽……”

在绩效考核中，公平一直是人们十分关心的问题。从个体角度来看，公平涉及到每个人当前、长远的物质利益和精神利益；从人际互动角度来看，公平涉及到员工的尊严、地位以及相互之间的关系；从组织管理的角度来看，公平涉及到上下级之间的关系，团队的氛围和团队的凝聚力等问题。可见，公平性是绩效考核的关键性问题，如果绩效考核不公平，将会对企业造成不可估量的损失，如优秀人才流失、员工对企业的满意度不高、员工工作效率低下等。

当今人才市场是开放的，企业人才是流动的，一旦绩效考核失去公平性，员工对企业产生了不满，就会影响员工对企业的忠诚度。如果优秀员工因绩效考核存在不公平而流失，对企业来说是不是特别遗憾呢？要知道，优秀员工离职后，给企业带来的影响是方方面面的，既有有形的，也有无形的。

简单来说，一个优秀员工离职后，企业不得不支付这样几种成本：

首先，良好的团队因核心成员的离开而遭到破坏，执行中的任务因此中断，企业的经营效益会大打折扣。

其次，优秀的员工离职后，留下了一个空缺职位，企业不得不支付一大笔成本招聘接替者，或从企业内部培养一个接替者。招聘来的接替者是否能够胜任这个空缺职位我们还不得而知，其间还会耗费很多时间和精力，这正好给了竞争对手追赶的机会。

再者，优秀人才离职后，往往不会立即转行做别的工作，他们往往还做同样的工作，这就不可避免地进入同行企业，甚至进入与我们有着直接竞争关系的对手公司。这样一来，我们与对手竞争实力的对比就会发生变化。

最后，优秀人才离职时，还可能带走公司的商业机密和客户资源，同时还影响在职员工的情绪，极大地挫伤团队的整体士气。

鉴于绩效考核不公对企业会造成如此大的不良影响，管理者务必要牢记公平考核的原则。公平的考核是对每个员工的尊重，公平的考核才能让每个员工放心，公平的考核才能提升员工的满意度、忠诚度，才能让员工在企业里过得安心、工作得舒心。

5 批评时要力争做到心平气和

每个人都有自尊心，即使犯错了的员工也是如此。管理者虽有批评员工的权力，但是在人格上大家都是平等的。因此，管理者在批评员工时，一定要做到心平气和，学会顾及员工的自尊心和情感，切不可随便加以指责。这样员工才更容易接受批评，继而改正错误，不断进步。

管理者应该清楚，你批评员工是为了什么。批评的目的是为了更好的激励员工，因为批评是从反面激励。因此，批评员工时一定要避免这样几种情况：评下属应该注意策略：

怒发冲冠。要想避免怒发冲冠，管理者在批评员工之前，一定要提醒自己克制情绪，绝不能大发雷霆，拍桌子摔板凳，吹胡子瞪眼睛。否则，批评不但达不到批评目的，反而会引起下属不满，产生对立情绪，不利于解决问题。

恶语伤人。要想避免恶语伤人，管理者在批评时应心平气和地摆事实、讲道理，循循善诱，千万不要用尖酸刻薄的话讽刺和挖苦员工，否则，很容易让员工的自尊心受伤害，激起员工的逆反心理。

全盘否定。对下属的错误行为，要做恰如其分的评价，决不能夸大其词，否定一切。聪明的做法是，在批评之前，尽量先表扬员工的优点。这样当你指出员工的缺点时，对方才能更好地接受。

不顾场合。批评的场合也很重要，最好不要当众批评，因为有人在场时会让被批评者的心理负担加重，让他面子上过不去。所以，批评不能随心所欲，张口就来，最好在私下进行。

管理者要清楚一点：任何时候，当你带着情绪批评员工时，往往是不会收到太好效果的，相反，还会伤害员工的自尊心，激起员工的抵触心理。对此，下面的故事就是最好的说明。

吴先生是一家装修公司的老板，他经常去装修现场转悠，以了解工程进度、把关装修质量问题。原本他是一个相当温和的人，指出员工的错误总是心平气和，但是有一次，他在家里和妻子发生了争吵，带着一肚子怒气来到装修现场，当他见到员工在喷油漆时吸烟时，顿时怒气冲冲地批评道："怎么能吸烟呢？跟你们说了多少次了？你们是牛吗？怎么那么固执？"此话一出，施工现场顿时就安静了，虽然吴先生批评得对，但是批评时带着怒气，满肚子的主观色彩，让在场的员工感到十分尴尬。

批评对任何人来说，都不是一件让人愉快的事情。如果管理者毫无来由地带着怒气批评员工，或者小题大做、胡乱上纲上线地批评员工，更会让人感到不快。要知道，员工的自尊心一旦被伤害，作为管理者的你，再想弥补可就难了。怒气冲冲的批评，不仅会激起员工的反抗情绪，还会使员工产生消极沮丧的情绪，从而直接影响接下来的工作。

美国钢铁大王安德鲁·卡内基属下有一位年薪超过百万美元的职业经理人，名叫施考伯，他曾说过一句名言："世界上极易扼杀一个人雄心的就是他上司的批评。"要想避免扼杀员工的雄心，管理者在批评员工时，就要先管理好自己的情绪，尽量做到心平气和。

要想做到心平气和地批评员工，需要注意四点：

第一，就事论事。当员工表现不佳时你可以先把事情讲清楚，比如员工上班迟到了，你可以对他说："今天上班，你为什么迟到了半个小时呢？"而不要说："你到底在搞什么？怎么上班迟到了？"因为这样的批评不是就事论事，容易让员工误以为管理者讨厌自己，会给员工带去消极的影响和打击。

第二，明确地告诉员工你的感受，你可以对员工说：“这件事你没有办好，我觉得很失望。”

第三，给员工一个明确的目标，也就是你对他的期望。例如，当员工上班迟到了，你可以对他说：“我希望你以后可以准时上班。”而不是说：“以后不准再迟到了。”

第四，动之以情地说服员工，你希望员工准时上班，你可以说：“我希望你以后准时上班，这样我们相处得会更融洽，对公司管理也有好处。”或者诱之以利地说：“我希望你以后准时上班，这样你才有全职奖金。”

如果你能做到上面四点，那么你在批评员工时，就容易做到心平气和了，这样所取得的批评效果往往会如你所愿，员工会更加敬重你。

6 “胡萝卜＋大棒子”，让下属自己认错

在管理学上，有一个常见的管理手段叫“胡萝卜＋大棒”。这种手段比喻运用奖励和惩罚两种手段以诱发人们按自己所要求的去行事。如果说鲜花是胡萝卜，那么批评就是大棒。

管理者在批评下属之后，为了安抚下属失落的心情，可以奉上一束鲜花，让下属获得安慰，明白领导是关心他的。这样一来，批评的消极作用就容易被淡化，激励作用就会得到更大程度的彰显。

有功就赏，有罪就罚，下级的行为才会得到控制。赏罚机制在这中间起着至关重要的作用。毫不夸张地说，赏罚机制不仅决定着整个集体工作效能高低，更是领导人能否把那些优秀人才纳入麾下的关键。

后藤清一算得上是松下幸之助的左膀右臂，他曾经担任过一家工厂的

厂长，在他任职期间，工厂不幸失火烧掉了。面对如此重大的事故，后藤清一非常惶恐，以为自己不被革职也要降级。谁知松下接到报告后并没有对他做出严厉处罚，只是淡淡地对他说了4个字：“好好干吧！”

松下之所以这样做，并不是姑息部下犯错，换做以往，即使是打电话的方式不当，松下也会对其严厉斥责，严格要求下属是松下的一贯作风。然而这次火灾发生后，松下却法外开恩地没有做任何处罚，对此，后藤心里充满了愧疚，所以对松下越发忠心，并以自己加倍的工作来回报上司的信任与宽容。

事实上，越是有过错的人越是需要一个重新证明自己价值的机会。这时，如果管理者的处罚过重反而会令他们沮丧，反之如果能给他们一个改正错误，重新证明自己的机会，那么他们会比以往更有工作积极性。

面对下属捅出的篓子时，先不要忙着毫不留情地训斥对方，不妨给他们一个“戴罪立功”的机会。事实证明，这种步步推后的处罚方式比疾风暴雨时的批评更能激发员工们的人情，更重要的是，管理者对待下属的宽容态度，反而能令他们心生感激，从而更加衷心地为企业工作。

对于那些优秀的人才，企业管理者要敢于重赏，只有这样才能留住优秀人才，给企业的长远发展注入强劲的动力。但光有重赏没有重罚是不行的，没有严惩重罚的约束，即便是再优秀的人才也会在畸形制度下流于平庸。

俗话说：“扇一个巴掌给两颗枣。”在非扇巴掌不可的情况下，那就果断地扇巴掌吧。不过，当你扇了人家一个巴掌之后，肯定会给人造成疼痛和伤痕，这时你应该学会亡羊补牢，给他两颗甜枣，弥补一下他内心的伤痛，抚慰他受伤的心灵，这样员工就会乖乖地认错，并被你的甜枣感动，从而更加死心塌地地追随你。

“扇一个巴掌给两颗枣”只是一个形象化的比喻，说的是在企业中，领导者批评、责备下属之后，有必要放下身段“哄哄”下属，给他一点小小的安慰，让他感受到你的仁慈和大度，从而促使他虚心、诚恳地改正错误。这样就能产生事半功倍的管理效果。

黄先生是一家塑胶加工机械的老板，有一次，公司里一位高学历的年轻技师和生产组经验丰富的组长发生了矛盾。前者来公司不到两年，后者则是在公司里工作了15年的老员工。两者的冲突起因于成型机的改良，年轻技师是理论派，认为应该在成型机上加一个自动控制钮，而老员工是经验派，认为没必要这么做。

两人的出发点都是想把成型机改造的更完美，但两人意见不统一，发生了严重的争吵。黄先生知道，两人争吵不过是为了面子。技师是想证明自己理论丰富，老员工是想证明自己经验丰富，不想被年轻人比下去。

对于这件事，黄先生是这样处理的：他先把年轻技师叫到办公室，批评道："你一个初出茅庐的小屁孩，怎么能和老员工吵架呢？你有什么不满，可以和我说嘛，他都可以当你父亲了，你也太不尊敬他了。"

见技师低着头不说话，黄先生说："你是公司的高材生，有能力，专业知识丰富，公司的发展全看你了，希望你争一口气，研发出新产品。照理说，我应该给你涨工资，但你毕竟来公司不久，我现在如果给你加工资，公司的老员工会感到自己不受重视。我相信你理解我的苦衷，你还年轻，又有自己的理想，相信你不会计较眼前的待遇。不过我向你保证，将来我是不会让你吃亏的。"

接着，黄先生又把那位老员工叫来，用亲切的话语训斥道："你这么大的人了，怎么和年轻人胡闹呢？这成什么体统啊？你资历比他老，有什么不满，跟我说就行了，干嘛公开和他吵架呢？"

见组长不说话，黄先生又说："你在公司干了十几年，我最信得过你了。但你知道，开发新产品，光靠我们俩是不够的，必须吸收新人。如果我用一个新人，你就跟他吵架，以后谁还敢来？经验固然重要，专业知识也必不可少啊。以后你气量放大一点，免得人家总是说我把你当成宝，帮着你欺负新人。"

组长本来有一肚子的不满，但听了老板的话后，一句话也说不出来了。因为他感受到老板把他当成自己人了，他除了惭愧还能说什么呢？

从这个案例中，我们可以看到"胡萝卜＋大棒子"的有效作用。黄先生通过这种管理手段，轻轻松松化解了两位优秀员工之间的矛盾，使他们深刻认识到自己的错误，而且从黄先生的话中感受到了强烈的期望和激励，这样既稳定了人心，又加强了与员工之间的感情交流，获得了员工的信任。

7 递进式处罚比一棒子打死更有效

历史上有这样一个故事：

魏惠王问大臣卜皮："你担任地方官很久，和百姓接触很多，百姓是怎样评价寡人的呢？"

"百姓都说你是仁慈的大王。"

魏惠王大喜："是吗？如果真是这样，国家一定治理得很好吧？"

"不，相反，国家快要灭亡了。"

魏惠王愕然："寡人用仁慈治国，为什么还治不好国家呢？"

卜皮说："陛下只给百姓仁慈的形象，就无法居人之上。如今百姓、大臣犯罪，陛下太仁慈，又怎么处罚他们呢？有过而不罚，又怎么治理国家呢？所以臣说国家快要灭亡了就是这个道理。"

管理企业与治理国家是同样的道理，不可缺少奖励，也不可以缺少处罚，这两种手段都是激励员工的有效工具。然而，很多管理者并不知道怎么运用处罚来激励员工，要么对员工的处罚不疼不痒，导致员工对处罚失去畏惧感，依然我行我素；要么对员工采取一棒子打死的处罚措施，为了处罚而处罚，结果处罚没有达到"治病救人"的目的，反而伤害了员工的积极性。

中国有句俗语说："杀一儆百。"可见，针对员工的不良行为采取处罚措施应有坚定的决心，这样更能维护企业的正义感，激发出员工遵纪守法的积极性。不过在杀一儆百之前，管理者最好采取递进式的处罚方式，通过“按罪定刑”的方式，给员工适当的处罚，这样才能更好地服众。

什么叫递进式的处罚呢？举个例子来说，假设一位新来的员工连续迟到了三天，你可以找他谈话，问他迟到的原因，提醒他准时上班；可是随后的一个星期，他没有任何改变，仍然每天迟到，并且没有恰当的理由，这个时候你就可以按照公司的考勤制度处罚他。例如，扣除他的全勤奖，甚至对按照他迟到的次数进行罚款。如果你这样处罚他之后，他在下个月仍然迟到，你就可以直接开除他了。这种力度逐渐加大的处罚方式就叫递进式处罚。

某纺织公司要求每位员工每个月完成一定的工作量，可是老赵和小吴总是完不成。具体完成多少，有多少没有完成，这个每个月不等。可是公司每个月扣除他们的基本工资是一样的。老赵和小吴心想：反正干多干少，扣的基本工资一样多。渐渐地，他们的工作效率越来越低，每个月离工作目标越来越远。

后来公司换了一位部门主管，该主管了解老赵和小吴的工作情况后，果断地修改了处罚条例：每个月规定的工作任务，如果完不成，将会根据完不成的数量来决定扣除基本工资的比例，完不成的部分越多，扣除基本工资的比例就越大。

同时每个月超额完成工作量的员工，公司会针对其超额的部分予以不同比例的提成，超额越多，提成率越高。通过这种奖优罚劣的做法，老赵和小吴的工作积极性慢慢提高了，而那些工作出色的员工也得到了相应的奖金回报。

递进式处罚是一种很人性化的处罚方式，因为在严酷的处罚出来之前，它会给员工若干次“改过自新”的机会。对于一个有自尊心和上进心的人来说，这几次从轻发落完全可以促使他修正自己不良的行为，使之转变为一个合格的员工。因此，通过这种处罚方式可以轻松地将工作态度不端正、没有进取心的员工淘汰出企业。

现实中，有些企业老板动不动就用罚款来处罚员工，员工迟到了要罚款，员工没有完成工作任务也罚款，似乎罚款是处罚员工的唯一方式。殊不知，处罚员工目的不在于“罚”，也不在于“款”，而在于指出员工的错误，促使员工改正错误。

如果员工自觉性高，犯错之后经管理者提醒就能改正错误，那么对这类员工就无需再罚了。如果管理者一味地处罚员工，不分何种错误，都按同一种方式处罚，就很容易打击积极上进者的积极性。

所以，我们提倡递进式的处罚方式，这种处罚方式可以有区别地对待员工的错误，既可以对积极上进的员工表达出宽容和仁慈，又不至于纵容懒惰、责任心差、不思进取的员工，很好地避免了一棒子将优秀员工打死的悲剧。

8 “千里马”不能用重鞭，冷落也要有个度

在乡间，广泛流传着一句老话：“明人不用细说，响鼓不用重锤。”言外之意是，稍微一点就透，轻轻一敲就响。把这个道理引用到企业人才管理中来，就是对待优秀员工不宜敲打太重、冷落太久，多给他们一些信任、宽容和赏识，他们才能更好地为企业效力。

在著名的长篇电视剧《新结婚时代》中，小西的爸爸说过这样一句话：“为什么非要把话说破呢？人都是有面子的，你把他捅穿了，于事无补不说，很可能会将矛盾激化。”这句话太有道理了。当你发现优秀员工有了缺点和错误时，不需要大张旗鼓地说，只需要稍稍提醒，他们就会很自觉地改正缺点和错误。当他们表现不好时，你不批评他们，而是肯定他们、鼓励他们，他们往往会更加努力。

詹姆斯是一家超市的总经理，属下有多家分店。一年夏天，由于市场疲软，詹姆斯的几家超市业绩持续走低。在一次会议上，他看到最近一期

的业绩报告，虽然业绩改善幅度不大，但是相比之前的业绩，确实有所进步。于是，他表扬了业绩有进步的超市管理者。

没想到，就是这几句不经意的表扬，立即激活了大家的自信，被表扬的管理者显得神采奕奕，充满奋斗的激情。后来，大家在会议上积极发言，主动提出超市经营建议，会议收到了很好的效果。詹姆斯听取了一些有益的建议，并在实践中采用，果然取得了不错的经营效果。

“千里马”不需要用重鞭，就能尽情驰骋。好员工不用批评，就能自己认识到错误和不足。在上文的案例中，原本那些超市的业绩不佳，超市管理者也没有想到詹姆斯会表扬他们，结果在听到詹姆斯的表扬之后，他们立即迸发出强烈的自信和斗志，积极为企业献计献策，大大提升了企业经营效益。假如詹姆斯不是赞扬员工，而是批评员工，那么只会打击大家的士气，而产生不了激励效果。由此可见，对待优秀员工，即使他们表现不佳，也不妨少一点批评、多一点表扬。

管理者要认识到，大多数“千里马”型的人才自尊心都较强，而且有一定的脾气，对待他们如果你批评重了、冷落多了，往往会让他们很受伤。到最后，优秀人才跳槽走了，对你的公司无疑是一种巨大的损失。所以，对待优秀员工千万不要敲打太重、冷落太久。

小彭毕业于某大学的计算机专业，是一位非常优秀的大学生。毕业的时候，被某大型国企的董事长、总经理及人事部的负责人重视，大家看了他的档案后，觉得非常满意，纷纷找他谈话，希望他来企业效力。

精诚所至，金石为开。果然，小彭拒绝了其他单位的邀请，接受了这家企业的盛情。然而，进入这家企业之后，在几个月的时间内，小彭一直处于“无所事事”的状态，后来好不容易有了一个软件开发项目，小彭刻苦攻关了半个月，就把这个软件设计出来了。

可是，软件出现了两个小问题，按说这也属于正常现象，因为就算大名鼎鼎的微软公司，开发的软件也不会完美，也要不断进行改进。然而，管理层根本不知道这一点，于是猛烈地攻击小彭，并就此判定小彭没有什么真本事。

小彭初出茅庐，从一开始被管理层器重，到被管理者攻击，简直是从天上掉到了地下。一时间，他激烈地回应了几句，想为自己辩解一番。但是却被管理层扣了一个“不懂人情世故”的帽子，大家对他颇有成见。

这件事发生之后，小彭再也不像以前那样被重视了，小彭感觉自己是英雄无用武之地。于是他选择了辞职，进入深圳一家外资计算机公司，在那里，小彭的优秀才华得到了很好的发挥，给公司创造了滚滚利润。

现实中，有些老板、管理者对待人才，就像叶公好龙一样，他们对人才的渴望只是停留在愿望上。当真正的人才出现在他们面前时，他们又犯糊涂了，把人才闲置在那里，把能者变成了庸者。所以说，老板要对人才多一点信任，多一点包容，多给人才创造条件，这样才能保证人才的真实能力得以发挥。

第八章 Di Ba Zhang

“沟”而不“通”，是因为你不懂得“沟通”

管理说到底，就是沟通、沟通、再沟通。未来，大公司之间的竞争实质是管理的竞争，而竞争的焦点，恰恰体现在公司内部的沟通力上。因此，建立了解员工心声的渠道和机制，缩短上下级的距离，保证公司上下沟通畅通，对企业管理来说至关重要。

1 管理之道，在于把握员工的心声

员工在公司工作，他们除了每周五天、每天朝九晚五地上班下班之外，内心会有什么想法呢？他们对公司满意吗？他们对公司还有哪些期盼？他们对公司的管理有什么意见和建议？对此，你是否试图去了解过？只有主动去了解，你才能把握员工的思想动态和心声，才能有的放矢地管理企业。在这方面，沃尔玛集团的创始人萨姆·沃尔顿做得十分到位。

“你在想些什么？”“你最关心什么？”这是萨姆·沃尔顿在视察分店时，经常向员工提到的问题。在视察的过程中，沃尔顿经常与基层员工沟通，通过聊天了解他们的需要和困难，以此把握员工的心声。

据一位沃尔玛公司的职员回忆：“我们盼望董事长来商店参观时的感觉，就像等待一位伟大的运动员、电影明星或政府首脑一样。但他一走进商店，我们原先那种敬畏的心情立即就被一种亲密感受所取代。他以自己的平易近人把笼罩在他身上的那种传奇和神秘色彩一扫而光。参观结束后，商店里的每一个人都清楚，他对我们所作的贡献怀有感激之情，不管那些贡献是多么微不足道。每个员工都似乎感到了自身的重要性。这几乎就像老朋友来看你一样。”

萨姆·沃尔顿曾在一篇文章中写过这样一句话：“我们都是人，都有不同的长处和短处。因此，真诚的帮助加上很大程度的理解和交流，一定会帮助我们取得胜利。记住，老板必须总是把员工放在他们自己的前面。如果你能做到这一点，你的事业将会一帆风顺。”

俗话说："人生不如意事十之八九。"员工除了在工作上会遇到困难之外，在生活上是否有苦恼呢？管理者一定要认识到：员工发牢骚、吐苦水是很常见的事情，不要以为员工表达不满，就表示对公司甚至对你个人有成见，是不爱公司的表现。

恰恰相反，员工爱公司、把公司当家，才会抱怨公司的不足，才愿意指出公司的弊病，他们这样做无外乎让领导者重视这些问题，想办法改变不良的现状。而且通过员工的抱怨、不满、意见或建议。你还可以意识到其他人也有这样的感受。如此一来，你就能很好地把握员工们的心声，这对管理企业、带领团队是十分有益的。

所以，管理者不能对员工的抱怨充耳不闻，对员工的意见和建议置之不理，更不能对这类员工产生偏见。而应该像萨姆·沃尔顿那样，主动放低姿态，走近员工，与员工心贴心地沟通，了解他们的所思所想，了解他们的需求和困难，这样才能体现企业对员工们的人性化关怀，使员工感受到被尊重、被重视，从而激发员工的工作积极性。

著名的玫琳凯化妆品公司的创始人玫琳凯曾在《玫琳凯谈人的管理》一书中谈到倾听的重要性。玫琳凯从一家小公司发展成一家拥有20万名美容顾问的化妆品大公司，其成功的秘诀之一就是重视倾听每一位员工的心声。

玫琳凯本人非常清楚地了解到，员工真正需要的不只是金钱、地位，他们更需要一位能真正倾听他们意见的管理者。因此，她始终要求自己、要求公司的管理者记住一条金科玉律：倾听是首要的事情，尤其是倾听员工的心声与抱怨。

除了公司管理者重视了解员工的心声之外，企业更应该将了解员工的心声制度化。通过制度规范，建立了解员工心声的渠道和机制，保证公司上下沟通畅通。这样才能让公司的每一位管理者都重视沟通和了解员工的心声，重视倾听员工的意见和建议。这对推动企业的发展具有十分重要的意义。

百安居集团是一家相对保守、等级森严的英国公司，但是他们的管理者们十分重视与员工直接沟通。当员工在工作中遇到了麻烦，可以直接找管理者帮忙解决。百安居（中国）公司的副总裁、人力资源总监李欣举例说，有一次公司筹建物流中心，当时有一名员工被解聘，在新领导没有到任时，他被要求离开公司。于是，他找到李欣投诉。

李欣先了解他的想法，然后要求部门给出一个合理的解释报告。后来，李欣了解到，这个员工平时工作态度很好，只是在技能方面有些欠缺。最后，他与相关部门负责人沟通，达成了一个共识：公司花一些精力和时间去培养他，并设立了6个月的观察期，看他是否能够在培训中达到公司要求。事实证明公司的这种做法是正确的，经过培训，这位员工达到了公司的要求，而且工作十分努力。

除了直接与管理者沟通，以寻求帮助。百安居还有相关的制度来保证员工发表意见，尤其是在百安居的英国总部，有一个“草根会议”，一些来自基层的员工和总部的各个员工每个月都会召开一次会议。每个员工都可以在会议上提出问题和建议，公司的高层领导者会面对面地了解员工的想法、公开对话。

如果员工的问题和建议有价值，那么管理层和相关部门就会制定行动计划，然后去推行解决。在下一次草根会议上，管理层会通报解决情况，继续了解员工的反馈，看他们对结果是否满意，还有什么意见。这种沟通方式让员工感觉到重视，极大地满足了员工的参与心理和被重视心理。

如果没有到草根会议召开的时间，员工也有其他反映问题的渠道。如果员工觉得面对面向管理者反映问题比较尴尬，或他们离总部比较远，不方便面对面反映问题，那么他们还可以通过写信或打电话反映问题。公司有一个对员工免费的24小时录音电话，员工可以通过它跟总裁或总经理反映任何问题。公司的管理者每天都会接听整理，然后汇报给高层，也会定期给反映问题的员工回馈。

了解员工的心声，并不是简单地听，更要主动地去询问，真正重视员工的反馈，及时解决问题、消除员工的不满。当然，管理者还可以询问员工意见和建议，让他们参与问题的解决过程，这样可以缩短上下级的距离，让员工获得满足感。

2 良好的沟通是管理的生命线

说到沟通问题，有一个因沟通不畅导致机毁人亡的案例，它用血的教训告诉管理者们：良好的沟通是管理的生命线。下面我们就来看看这个案例：

1990 年 1 月 25 日 19 时，在美国新泽西海岸上空 3.7 万英尺的高空，阿维安卡 52 航班正常飞行。当时预测，机上的油量可以维持两个小时的航程，在正常情况下，将会在半小时之后降落到纽约肯尼迪机场。

然而，在 20:00，由于发生了严重的交通问题，肯尼迪机场航空交通管理部门通知 52 航班的飞行员，要求他们在空中盘旋待命。这一盘旋就是 45 分钟，当时飞行员向机场交通管理部门报告："燃料快用完了。"

机场航空交通管理部门收到这一信息后，却没有及时批准飞机降落，一直拖到 21:24，52 航班才被允许第一次试降。但由于当时的能见度太差，飞机无法安全着陆，试降失败。随即，肯尼迪机场指示 52 航班进行第二次试降时，机组人员又发出信息："燃料将要用尽。"

21:32，52 航班的两个引擎失灵，1 分钟后，另外两个引擎也停止了工作，燃料耗尽的 52 航班在 21:34 坠毁于长岛，飞机上的 73 名人员全部遇难。

事后，调查部门从飞机的座舱中找到了黑匣子，并与当时的机场交管部门取得了沟通，发现导致这场悲剧发生的原因是沟通障碍。一个简单的信息，既然被清楚地表达出来，又为何未被充分地接受呢？

首先，我们来看飞行员的那句“燃料快用完了”。这句话竟然没有引起机场交管部门的重视，他们让飞机在空中盘旋太久，最终耗尽了燃料。可笑的是，飞行员明知道燃料即将用尽，在交管部门没有及时做出试降决定前，并未继续发出“燃料危急”的呼声，这才是机毁人亡的根本原因。如果当时他们针对“燃料问题”沟通清楚，那么这场灾难完全可以避免。

同样，在企业管理中，很多问题的发生，与沟通不畅有很大的关系。这主要来自于两个方面，一方面是上情下达出现障碍，一方面是下情上达出现障碍。因此，企业管理需要良好的沟通作保障，管理者必须重视沟通问题。

诺基亚公司董事长兼首席执行官沙玛·奥里拉曾在自己的管理箴言中写道：“我觉得有两个技能很重要。第一是沟通能力，第二是人才管理能力。但没有好的沟通能力，一切都无从谈起。”日本松下电气公司创始人松下幸之助认为：“企业管理过去是沟通，现在是沟通，未来还是沟通。”

事实上，很多优秀的企业家已经形成共识：没有什么比良好的沟通更重要。沟通是企业经营成败的关键，如果没有良好的沟通，管理者就不能及时、准确地了解下属的想法，也就不能及时了解事情的进展，及时做出反应；如果没有良好的沟通，下属就不能正确执行上司的旨意，就无法有效地执行到位。可以说，没有良好的沟通，企业就无从发展。而一切优秀的企业，都是良好沟通的典范。

1992 年，摩托罗拉公司在天津经济开发区破土兴建寻呼机、电池、基站等 5 个工厂，工人人数从不到 100 人快速增加到 8000 多人，年产值高达 28 亿美元，这是一个在华投资取得巨大成功的企业。

之所以取得这样的成绩，与摩托罗拉公司良好的沟通机制是分不开的。公司规定，所有管理者必须敞开办公室的门，任何职位的员工任何时候，都可以直接进门，与任何级别的管理者面对面、平等地交流。

公司还规定，每个季度的第一个月，从 1 号至 21 号，中层管理者都要与下属和自己的上司进行一次对话，回答："在过去的3个月里，你受到了尊重吗"等6个问题。

另外，公司的员工可以通过管理者为他们准备的11条表达意见的途径，来向公司反馈自己的想法和建议。比如：

我建议（I Suggest）——通过书面形式提出对公司的意见和建议；

畅所欲言（Speak out）——保密的双向沟通渠道，员工在隐去姓名的前提下，对公司的问题进行评论和投诉；

总经理座谈会（G M Dialogue）——每个星期四召开座谈会，员工提出的问题大部分都可以当场得到答复，管理者在7个工作日内反馈处理结论；

589信箱（589 Mail Box）——如果员工通过以上几个渠道反映的问题无法得到充分、及时地解决，员工可以直接写信，这个信箱由中国区人力资源总经理管理。

从这几种沟通渠道上来看，摩托罗拉公司对沟通十分重视，这为摩托罗拉的发展构架起良好的沟通桥梁，管理者可以及时了解员工的心理状态，获得员工的意见和建议。

你希望团队变成一盘散沙，还是希望团队充满凝聚力呢？毫无疑问，你希望团队充满凝聚力，实现1+1>2的凝聚力和战斗力。那么，从现在开始，就不要总坐在电脑前了，不要总是待在办公室里了，而要出去多走走，哪怕是每天抽出15分钟，走出办公室，走到下属中去，与下属沟通交流，都会对下属产生非常大的影响。这在管理学上叫"走动管理"，它既有利于了解员工的执行情况，又便于了解员工的心声，发现一线的问题。

美国汽车制造业在没有引进团队管理之前，虽然各个零件在行业内都是最好的。但是组合起来之后，汽车的性能却远远比不上单个零件比较落后的日本汽车。为什么会这样呢？因为美国每个汽车制造厂的各个员工，在生产过程中，没有与其他部门保持沟通与合作，这才导致他们生产的汽车不如日本汽车。

身为管理者，在营造沟通氛围、建立沟通机制方面责任重大。你要相信，原本每个下属都是一颗珍珠，但是你要想办法把他们串起来，怎么串联他们呢？最好的办法就是走动和沟通，通过沟通引导大家相互了解、团结协作，这样你的团队才会成为一条精美的项链。

3 换位沟通，相互理解了什么事都好办

人与人之间，在思维方式、处事方法、对问题的看法等多个方面都有很多不同，还有脾气秉性，生活习惯等的不同。因此，在相处过程中，出现摩擦、隔阂、分歧、矛盾和冲突是非常正常的。因此，人与人之间渴望相互理解，于是有人说“理解万岁”。

有这样一个故事，值得每一位领导者思考：

女孩小王是上海人，嫁给了湖南的男孩小陈，两人感情尚可，但经常因“吃菜问题”闹矛盾。上海人爱吃甜食，小王也不例外，因此，她做菜时喜欢放糖；湖南人嗜辣如命，小陈也是如此，菜不辣他吃不下饭。就这样，两人经常吵架，导致婚姻出现了裂痕，最后离婚了。

后来，小王与小张结婚，小张是四川人，也爱吃辣。这一次，小王犯难了，经历了第一次婚姻失败的痛苦，深思熟虑之下，她觉得有必要换位思考。

婚后第一餐饭，她就抢着买菜做饭，每一道菜里她都放辣椒，小张吃得津津有味。吃着吃着，他突然发现小王被辣得满头大汗，就说：“既然你不爱吃辣椒，就少放点辣椒吧！”

小王听罢，心中泛起丝丝甜意，笑着说：“因为你爱吃辣椒啊！”

小张有些感动，第二天，他抢着买菜做饭，他在每道菜里都加了糖。小王一吃，挺有胃口的，就问丈夫：“你不爱吃甜的，为什么每道菜里都

放糖呢?”

小张笑着说:“我向你学习，处处替对方着想啊!”

小王一听，感动得流出了泪水。她暗想，如果当年和小陈能够多一些换位思考，也不至于闹得不欢而散。

换位思考才能实现有效的沟通，上文中的小王和小张，若不是相互站在对方的立场思考问题、满足对方的需求，他们很可能像小王和小陈一样，两人生活不到一块儿。其实，不只是恋人、夫妻之间需要相互理解，管理者与员工之间也需要相互理解，有了相互理解，沟通就变得容易许多，工作就会顺利地开展。

要想和员工实现相互理解，领导者就有必要学会换位思考，把自己设想成员工，想员工之所想。比如，当员工犯错时，领导者要想到：员工希望获得领导的谅解和宽容，于是领导者这么做了，员工自然会感动。

在管理中，领导者也有必要将心比心、设身处地地为员工着想，这样可以更好地理解员工，表达对员工的关爱。员工得到领导者的理解、感受到领导的关爱之后，通常也会投之以桃、报之以李地去为领导着想。这样一来，工作中再棘手的问题都好解决。

某大型企业的董事长安德斯·伯格伦是员工们非常喜欢的、十分受员工尊敬的领导。如果你让公司的员工评价伯格伦，他们往往会用“平易近人”、“以他人为中心”、“体谅他人”等词来形容他。而伯格伦本人经常挂在嘴边的管理秘诀只有四个字:“尝试错误。”

什么叫“尝试错误”呢?伯格伦的解释是：从别人对自己的反应（反馈）中认识自己的错误，然后不断调整自己的行为，让别人更好地理解自己。为了更好地说明自己的管理秘诀，伯格伦讲述了一件事：

有一次，伯格伦去国外的一家分公司视察工作。一天，他给分公司的秘书一叠文件，让秘书打印出来:“请把这些文件打一份，谢谢!”秘书接过文件之后，就把文件压在一大堆文件的下面。时间慢慢过去了，两个小时、三个小时、四个小时……一天过去了，伯格伦见秘书还没有把打印的文件送过来，就忍不住去问秘书。结果秘书告诉他:“我以为你不急着用这份文件，所以我先做比较急的工作了。”

听秘书这么说，伯格伦才明白原来分公司所在的国家的文化与总公司所在地的文化是不同的。在自己的国家，如果伯格伦把一份文件交给秘书，让秘书打印出来，秘书知道要立刻完成。但是，在分公司显然不是这样。因此，伯格伦没有生气，他笑着对秘书说：“对不起，这是我的错误，是我没有交代清楚，才让你那么认为。”秘书听到董事长这么说，顿时觉得不好意思，忙说：“对不起，董事长先生，是我没有及时完成你交代的工作，我现在马上去完成。”

这件事让伯格伦意识到，在交代任务的时候，一定不能想当然地认为下属听懂了，而要站在下属的立场想一想：下属听到怎样的交代，才会明白上司的意图？从那以后，伯格伦再也没有犯过类似的错误。

伯格伦以这种谦虚、诚恳、敢于认错的姿态，形成了强大的人格魅力，深深赢得了员工的信任，大家有了什么想法，都愿意积极地与他分享；对公司有什么不满，也愿意坦诚地向他倾诉。而每次伯格伦都能设身处地地为员工着想，这很好地表达了对员工的尊重和理解，极大地激发了员工的积极性。在他的英明领导下，公司发展得越来越好。

安德斯·伯格伦为什么广受员工的好评呢？因为他善于换位思考、换位沟通，努力去理解员工的想法。当领导者设身处地地去理解下属时，下属会感到遇见了知心人，下属就会亲近领导，就愿意与领导沟通。这样一来，领导就可以从与下属的沟通中感知下属的需求，了解公司中存在的问题，及时地加以解决。

当然，领导者在理解下属的同时，也要让下属理解自己。经常有领导者抱怨：“下属不理解我的意图，我交代给他的任务，他不积极执行。”“下属执行不到位，做出的结果不是我想要的。”之所以会出现这些问题，就在于下属没有理解领导者。因此，在下达任务的时候，一定要站在下属的角度，用下属听得懂的话语、用下属愿意听的语气去下达任务。这样才能赢得下属的积极配合、心甘情愿地服从和支持。

4 跟员工沟通：多用建议，少用命令

在企业日常管理中，领导者与员工沟通是最常见的管理行为。那么，怎样与员工沟通呢？也许你会说："这还不简单？不就是针对某些问题和员工交流想法吗？"话是这么说，但具体怎么做呢？我们先来看一个案例吧！

某企业的生产车间里比较脏乱，原因是生产任务比较繁重，大家都忙着搞生产，无暇顾及卫生情况。这天，生产部主任来到车间，见地上比较脏乱，非常不满意，他把车间主任叫到跟前，大声地说："看看你的车间，又脏又乱，还不赶紧收拾一下！"

车间主任不高兴地说："生产任务这么重，我们忙得连上厕所的时间都没有，哪还有时间收拾这些？"

生产部主任一听，觉得车间主任说的也有道理，于是闷声不响地离开了。

过了一会儿，生产部经理来到车间，也发现车间比较脏乱。他先在车间里四处巡视一番，然后找到车间主任，关切地问："最近忙坏了吧？"

车间主任说："还好了，幸亏大部分已经完工了，剩下的任务可以按部就班地进行了。"

生产部经理说："我在车间转了一圈，感觉里面有点乱啊，能不能抽个时间收拾一下？"

车间主任说："我也注意到了，我马上安排人整理。"

大概过了半个小时，经理再一次来到车间，发现里面已经井然有序，十分整洁。

为什么生产部主任和生产部经理分别给车间主任下达了相同含义的命

令，但结果却大相径庭呢？是因为生产部主任的职位比生产部经理的职位低、说话不管用吗？当然不是，而是因为他们下达命令的方式不一样。

生产部主任说“还不赶紧收拾一下”，语气中带有责怪、硬性要求的含义，给人一种压迫感，让人觉得没有得到尊重，因此，容易引起车间主任的反感，于是车间主任以顶撞来回应。而生产部经理的语气中充满了协商的口吻，意思是：如果你有时间，就收拾一下，没有时间，推后收拾也无妨，你自己看着办！这种有弹性的命令，带有建议性的口吻，让车间主任感受到了一种平等感、被尊重感，因此，车间主任欣然应允，马上安排人收拾。

由此可见，同样的沟通，语气不同，沟通的效果也别有洞天。所以，不要以为自己是领导者，就表现得高高在上、颐指气使，就用强硬的命令压你的员工。要知道，每一个员工都有自尊感，他们希望被领导者平等相待。如果你忽视员工的这层心理，采用命令的口气与他们沟通，要求他们去做事，他们最多只是把事情做完。但如果你采用商量的口气、建议的口吻与下属沟通，下属往往会把事情做好。

“做完”和“做好”，一字之差，执行效果也许相差甚远，做完只是基本的完成，充其量是合格。做好则是做到位、做圆满，让你无可挑剔，可以称得上是“优质”。试问，你希望下属给你怎样的执行效果呢？

人是情感动物，而不是机器，人会有情绪、有感受、有自尊心，而机器没有。当你向机器下达命令时，你要做的就是用力地按下某个按钮，而当你向员工下达命令时，如果你语气“重”了，就容易使员工感受到压迫感，他们会本能地抗拒。如果你轻声一点，多一点协商，多一点建议，他们就会舒服地接受命令，做到你想要的效果。

美国管理专家帕特里克·兰西奥尼曾说过：“企业中无穷无尽的管理危机，往往并不是表面上的战略失误、营销不利、竞争威胁、技术开发上的不智决策等等所致，而是管理者犯了一些基本的但是又没有引起重视的错误，才导致危机的爆发。”其实，命令性的口吻和语气，就是一个基本的但是又没有被引起重视的错误，它是造成管理危机的一个导火索。

这是发生在某大型企业的一件事：

一天，总裁先生回办公室取东西，走到门口时，突然意识到自己没有带钥匙。这个时候，他的秘书早已下班。他给秘书打电话，但是秘书没有及时接听。他感到非常气愤，于是不停地拨打对方的电话，终于，秘书接听电话了。

在电话中，总裁带着满腔的怒火斥责对方，并命令道："你给我马上来公司，我在这里等你开门。"

面对总裁的要求，秘书当即反驳道："我凭什么去公司？我已经下班了，我不再受你的指使，你没有资格对我吼叫……"

第二天，秘书来到公司人事部，要求办理离职手续。

日本松下电器公司的创始人松下幸之助曾表示："不论是企业或团体的领导者，要使属下高高兴兴，自动自发地做事，我认为最重要的，要在用人和被用人之间，建立双向的，也就是精神与精神，心与心的契合、沟通。"在他看来，精神与精神、心与心的平等沟通十分重要，要做到这一点，最好就是用建议和商量的口吻和下属沟通。

一般来说，在与员工沟通时，有这样几个细节值得领导者注意：

（1）放平语气，不要颐指气使。有些领导者有事就扯着大嗓门对下属吼，自认为这是雷厉风行的表现，能产生好的效果，其实恰恰相反，这样非常令人反感。

（2）在沟通中，多用"请"。请是一种温和的要求，作为领导者，原本要求下属做某件事实属正常，但若领导者懂得用"请"字，那么下属会受宠若惊，会感到尊重。比如，你让下属收拾办公桌，说："请大家把办公桌收拾一下。"这样效果就比"把办公桌收拾一下"的效果好。

（3）沟通中，询问下属的看法："你有怎样的想法呢?"所谓沟通，讲究的是相互，当你说出想法之后，下属不一定会认同你，因为他们可能有自己的想法。这个时候，你不妨用征询的口吻问他："你有什么想法呢?"引导他说出来，便于你们更好地沟通。

（4）用建议的口吻下命令。下达命令是很常见的管理行为，但你要知道：没有谁喜欢被呼来唤去，因此，当你向下属下达命令时，不妨建议道：“你是否可以抽个时间，把车间收拾一下呢?”这样下属更愿意接受你的建议。

5 不要用电话和网络代替面对面的沟通

二战期间，一个美国小伙子与一个姑娘恋爱了。可惜好景不长，当美国宣战之后，小伙子入伍远赴战场。在此后的日子里，小伙子无论是白天还是黑夜，只要一有空隙，就给姑娘写信，以表达相思之苦。

几年后，战争结束了，小伙子幸运地活着回到故乡，姑娘也准备当新娘了。可新郎不是小伙子，而是那位经常给姑娘送信的邮递员。

这个案例表明，任何热烈的沟通方式都代替不了面对面的沟通，因为人的大部分信息来自于眼睛。

在企业管理中，沟通的重要性不言而喻。尽管如今通信设备发达，手机、电话、传真、网络等沟通工具日益涌现，大大方便了远距离沟通，但是最有效的沟通方式还是面对面沟通。因为面对面沟通不仅能更好地理解双方的意思，而且能够了解双方的肢体语言所表达的信息，比如手势、面部表情等。

波士顿顾问集团资深副总裁伊凡斯指出，面对面的沟通有助于建立信任。在企业内部，管理者和员工之间的面对面沟通、管理层之间的面对面沟通以及员工之间的面对面沟通都十分重要。因为面对面的沟通可以传递思想，提升团队凝聚力，拉近人与人之间的情感距离，让沟通变得生动形象、有血有肉。

某IT公司创业不久，刚进入稳定发展时期，突然公司员工离职率倍增。公司的人力资源部经理在与离职员工沟通中发现一个重要原因：大家认为领导对员工不重视。为什么离职员工有这种看法呢?

原来，公司的CEO以及其他管理者，在半年时间内一直忙于业务，忽略了与内部员工的日常交流。平时大家之间的沟通主要依赖网络，如微信、QQ，公司原本有每周一次的例会，但由于领导者忙于联系业务也搁置了。

在以往的例会上，CEO会针对员工关心的问题和大家交换意见，但自从例会搁置之后，沟通渠道就受阻了。公司管理层发现这个问题之后，当即作出一个规定：无论多忙，每周都要抽出时间召开例会，平时无论多忙，都要尽可能用面对面的方式与员工沟通。

为什么缺少了面对面沟通，会使员工感到不被重视呢？其实这种感受是可以理解的，试想一下，公司管理者与员工在一起办公，但是整天不与员工面对面说话，而是用网络聊天工具，这样无形中就拉开了企业成员之间的距离。再加之员工遇到的问题得不到及时的解决，那么员工自然就会产生“公司不重视我们”的感受。

万科集团的董事长王石曾说过这样一句话：“我是个职业董事长，我领导万科的秘诀，就是不断地交谈沟通———与投资人、股东、经理层和员工。”这句话点出了企业管理中面对面沟通的重要性。

日本著名的三井物产是一家经营范围广泛的公司，该公司内部有一项特殊的制度，即“星期五下午茶”制度，也就是每周的星期五下午，公司的各部门的员工都要聚集到各自的休息室里喝茶。当然，公司设立这个制度的本意不是在喝茶，而是借助喝茶这个活动，增加公司成员之间面对面沟通的机会。

在下午茶活动上，每位员工都可以畅所欲言，无论是聊工作，还是聊生活，大家无所不谈。很多员工在这种场合获得了在其他场合无法获得的信任和友谊，还有很多误会和怨恨也在这种沟通中冰消瓦解了。最终的结果是，三井公司的全体员工非常团结，他们在工作时被形容为“就像一个身体极其协调的人在运动”。正是靠着这种团结和相互信任的氛围，公司全体员工才能保持高效的工作状态。

对管理者来说，与员工进行面对面的沟通是至关重要的。因为管理者要做出决策，就要从下属那里获得相关信息，而信息只有通过与下属面对面的沟通，才能得到更准确地传递。同时，决策要得到实施，也需要与员工进行沟通。管理者有再好的想法，再好的创意，再完善的计划，如果缺少了与员工面对面的沟通也是无法顺利实现的。所以说，不管你多忙，不管你拥有的沟通方式有多么便捷，请记住：面对面沟通永远是无法替代的。

6 循循善诱，才能有力说服下属

在管理中，领导工作在很大程度上就是说服工作。要知道，无论是决策的制定，还是决策的执行和监督，任何一个阶段都少不了说服工作。领导者要做的，就是说服下属坚决贯彻执行公司的决策。

也许有人会说：“领导者可以通过下命令迫使下属服从，无所谓说服和不说服的问题。”其实，如果没有强有力的说服，不能让下属认同，再强硬的命令，也没有实质的意义。因为当下属不理解、不认同你时，在执行过程中就容易出现偏差、发生错误。况且，下属也有自尊心，需要被尊重，他们需要获得平等的对待，所以，说服是领导者管理团队的唯一手段。

说服是一种高超的语言技巧，需要良好的语言素质、口头表达能力。同时，说服时还要针对不同的说服对象，细心地琢磨对方的心理，灵活地把握原则，因人制宜、因时制宜，循循善诱，这样才能实现有效的说服。

在这方面，《战国策》里《触龙说赵太后》的故事可以称得上是“循循善诱说服他人”的范本，对领导者说服下属有非常好的借鉴意义。故事的大意是：

秦国攻打赵国，处于危难之际的赵国向齐国求救。但齐国提出了一个条件：必须把赵太后的小儿子长安君作为人质，留在齐国，他们才肯出兵。赵太后十分溺爱长安君，所以坚决不同意。大臣们纷纷劝谏，但是没有说服赵太后，反而惹恼赵太后。在这种情况下，左师触龙出面去劝说赵太后。

触龙蹒跚地来到赵太后面前，先是问长问短，和赵太后拉家常。赵太后原以为触龙是来说服自己的，没想到触龙并未提及长安君的事，也就放下了抵触情绪，怒气也消退了很多。随后，触龙循循善诱，说父母都疼爱孩子，但真正爱孩子就应该让孩子得到锻炼，而不应该溺爱孩子，这样的话引起了赵太后的强烈共鸣。

最后，触龙转入正题，对赵太后说，只有让长安君为国建功立业，才能巩固他将来的地位。怎样才能让长安君为国建功立业呢？很明显，触龙的意思是：让长安君出使齐国为人质，保赵国安危。

尽管在整个说服过程中，触龙只字未提让长安君去齐国做人质，但是赵太后不知不觉间，已经心悦诚服地接受了他的主张，并付诸了行动。最后，赵国的危机得以化解。

在这个故事里，触龙循循善诱的说服技巧体现得淋漓尽致，对领导者说服下属，有非常好的参考价值，其参考价值主要表现在以下几个方面：

（1）适度褒扬，顺水推舟

每个人都渴望得到他人的理解，受到别人的肯定和赞扬。身为领导者，在劝说下属之前，不妨先适度褒扬下属，引导他顺水推舟，对你产生好感和认同。比如，当下属找借口拖延执行时，为了调动他的积极性，你可以这么劝说他：“我知道你很忙，抽不开身，但这件事非常重要，只有你能胜任，我对其他人没把握，思前想后，觉得你才是最佳人选。”下属听了这话，明显地感受到你对他的高度认可，怎么还会拒绝呢？触龙高度认可赵太后对长安君的疼爱，表达了“可怜天下父母心”这种情怀，从而赢得了赵太后的认同，淡化了对方的抗拒心理。

（2）设身处地，将心比心

俗话说：“人同此心，心同此理。”很多领导者在说服下属的过程中失败了，并不是因为他们没有把道理讲清楚，而是由于他们没有设身处地、将心比心地为下属着想。如果换个位置，多站在下属的立场进行说服，沟通起来就会容易许多。这一点在触龙说赵太后的过程中也有体现，触龙和赵太后寒暄时，也表达了自己作为父亲对孩子的疼爱。这就非常契合赵太后当时的心理，很容易赢得赵太后的共鸣。

（3）求同存异，缩短差距

毫无疑问，触龙不认同赵太后溺爱孩子，不认同她因溺爱而置国家安危于不顾。但是一开始，他并没有表达这种观点，而是采取求同存异的办法，先说他与赵太后相同的理念——爱惜孩子，不舍得让孩子受苦。赵太后一听，觉得触龙理解她，因此也就放下了逆反情绪。

其实，领导者在说服下属的时候，也应该采取求同存异的办法，一开始千万不要说出你与下属有分歧的观点，因为这样很容易激起下属的反感，而要一开始摆出与下属某些相同的观点，这样可以让下属觉得你懂他，觉得找到了知己，这样下属的心态放平缓，愿意与你进一步交流。这就为后面的说服工作打下了坚实的基础。

（4）克己忍让，以柔克刚

触龙作为下属，在说服赵太后的过程中，自然要字斟句酌，表现得非常温和。而领导者在说服下属的时候，由于领导是上级，下属是下级，就很容易出现一种不好的现象：领导者自认为高下属一等，于是表现得语气强硬，甚至粗暴无理，这样能行吗？肯定不行，因为下属虽然在职位上低于领导者，但是在说服工作中，领导者若想赢得下属的认同，首先就必须让下属对你有好感，否则，一切大道理都无济于事。因此，领导者也要学会克己忍让，温和表达观点，软化下属内心的坚冰，达到以柔克刚的目的。

（5）推心置腹，动之以情

古人云：“感人心者，莫先乎情。”领导者要想说服下属，就不得不动感情。只有善于运用感情技巧，动之以情，晓之以理，才能打动下属的心。要知道，感情是沟通的桥梁，如果你想说服下属，只有通过这座桥梁，才能走进下属的心里。否则，下属的心门一直关闭着，你再怎么威胁、恐吓都无效。

在这一点上，触龙也为我们做了很好的示范。他在说服赵太后的时候推心置腹地表达了这样的观点：如果你想让长安君将来在赵国的地位稳固，就要想办法让他建功立业。”通过这种观点，让赵太后感觉到触龙真心实意地为长安君着想，没有任何私心。所以，赵太后才会被打动。

7 与顶撞你的人从容地打交道

在企业管理过程中，你是否遭遇过下属的顶撞呢？这时你是怎么应对的呢？

孙先生是一家国有企业里分管生产制造系统的副总，最近他遇到了一件令他感到恼怒的事：

事情是这样的，小徐和小岳是不同部门的两个同事，小徐在孙先生的部门工作，小岳在另一个部门工作。两人一同进入公司，一起接受过技术培训。一天，小徐因家里有事不得不请三天假，而他负责的工作又不能停，怎么办呢？

思来想去，孙先生找到小岳，在得知小岳手头没有紧要的事情之后，孙先生请求小岳代替小徐完成工作。因为小岳虽然没有正式干过该工作，但是通过电话与小徐沟通，在其他同事的配合下是可以完成的。小岳答应了孙先生的请求，愿意在这三天时间顶替小徐的工作。

第一天，小岳顺利地完成了任务，但是到了第二天，小岳却不干了。怎么回事呢？原来，小岳所在的部门的副总经过孙先生的车间时，看见小岳在工作，简单了解情况后，说了句：“他们部门的工作让他们自己干吧，你还有自己的工作要做。”就这么一句话，让小岳有了拒绝替孙先生部门干活的理由。

事实上，小岳所在的部门副总是个比较温和的人，平时对员工比较迁就，若不是小岳不想帮忙，怎么可能因副总一句不经意的话就拒绝帮忙呢？

孙先生得知这一情况后，立即与小岳商量，苦口婆心地劝说了小岳很久，小岳就是不愿意帮忙，到后来小岳居然顶撞孙先生。孙先生心想：再怎么说我也是个部门副总，你一个普通员工有什么资格顶撞我？于是大发雷霆，与小岳争吵了起来，后来这件事还闹到了上级那里，对孙先生造成了很不好的影响。

被下属顶撞是很多管理者都会遇到的难题，如果处理不好，往往会给自己惹来麻烦，还会伤害下属。很多管理者被下属顶撞之后，往往像孙先生那样，认为：“我怎么说也是个领导，下属居然不把我放在眼里，公然顶撞我，太不给我面子了。”

有了这种想法之后，他们往往会立即火冒三丈，然后用领导的口气和姿态来训斥下属，表现得盛气凌人，甚至干脆以权压人。这个时候，下属往往也在气头上，根本不买你这个领导的账。于是乎，管理者会更加觉得没面子、下不来台。就连胸怀宽广的唐太宗也常常被直言进谏的魏征顶撞得暴跳如雷，那么唐太宗最后是怎么应对魏征的顶撞呢？

有一次，唐太宗和魏征在讨论问题的时候被魏征顶撞了，两人发生了争执，魏征毫不客气地回击唐太宗，把唐太宗气得当场退朝。回宫后，唐太宗余怒未消地对皇后说：“我迟早要杀掉这个乡下佬！”

皇后忙问唐太宗：“要杀谁？”

唐太宗说：“魏征竟敢当众顶撞我，使我下不来台，这太有损帝王的尊严了。”

皇后听了这话就退出去了，过了一会儿，她穿上礼服再进来，恭敬地对唐太宗祝贺道：“君主圣明，臣下才敢直言进谏，魏征敢于当面顶撞陛下，说明陛下是圣明之君，臣妾怎能不向陛下祝贺呢？”

唐太宗听了皇后的话，感受到了委婉的批评和规劝，顿时怒气消了一大半，他清醒地认识到虚心纳谏的重要性。正因为如此，唐太宗才接受了魏征两百多次的批评和规劝，而且唐太宗还是很喜欢他、尊重他。因为唐太宗知道，魏征顶撞他、批评他，实际上是为他大唐的江山社稷考虑。

雍正皇帝经常对属下的大臣们说：“凡是有些真才实学的人，因为有才识、有主见，才敢于顶撞，难以驾驭，这些人往往也有恃才傲物、不拘小节的毛病，但治理国家要靠这种人，你们应该爱惜他们、听从他们的教诲，决不能因为他们与你意见不同而抛弃不用，甚至加以迫害摧残。”

面对下属的顶撞时，管理者一定要学会从容应对，千万不要觉得下属以下犯上，而要把下属的顶撞看成是一件很自然的事情，甚至不能把意见相左看成是顶撞。如果你有这样的认识，那么无论下属怎么顶撞你，你始终能够宽容面对，并从下属的不同意见中汲取有益的成分。

有一位非常能干的 CEO 曾经谈到如何应对下属的顶撞时，说了这样一段话：“每当下属提出不同的意见，驳斥我的观点，顶撞我的想法时，我都会做一个深呼吸，然后问自己：他为什么顶撞我呢？难道不是为我好吗？”最终，他会觉得下属顶撞他是为他好，于是，转而用欣赏的口吻评价下属的意见：“你的见解独到。”“你的思路新奇。”“好的，这个想法好像不错，我想一想。”最后，下属们发表意见的积极性得到了保护和激发，大家有想法时都愿意和他交流。

8 给员工留一点私人空间

身为企业管理者，经常要与员工打交道，有的管理者不太注意尊重他人的私人空间，无形之中给员工造成了难言的尴尬和不快，这种情况我们应该极力避免。

有一家金融公司的主管在加班时，因为一件小事与一位员工爆发了激烈的争吵。到底是怎么回事呢？原来，趁着加班休息的间隙，那位员工给一位朋友写了一封私人邮件，中途去了一趟卫生间。平日里与这位员工的关系不错的主管来到这位员工的办公位上，看了看那封邮件。

由于邮件里涉及了一些私人话题，因此，这位员工从洗手间回来后，看见主管坐在他的办公位上看邮件，顿时大声斥责主管。没想到主管不承认错误，反而嬉皮笑脸地说：“有什么大惊小怪的？我这叫领导审查。”这话让员工更加生气，结果两人争吵了起来。

每个人都有自己的私人空间，即使在公司里上班，员工也有自己的私人空间，例如，员工的办公位、电脑、抽屉等就是员工的私人空间，这是应该被尊重的。如果管理者不懂得这一点，仗着自己是领导，就置员工的私人空间于不顾，那么往往会伤害员工的感情。

还有一些管理者更是不把员工的私人空间放在眼里，他们要求员工下班后必须开机，领导打电话去员工必须接，有临时任务必须加班完成，有应酬还必须陪着领导去。这种无理的要求让员工怨声载道，尤其让女性员工感到不满。

就拿节假日或下班后陪客户吃饭喝酒这件事来说，很多职员根本不愿意去，但是人在屋檐下，不得不低头，领导都发话了，他们只好硬着头皮上。否则，不给领导面子，岂不是不想继续在公司混了。

身为公司的领导者，不妨换位思考一下，体谅一下员工既不想去，又不得不去的为难心理。如果员工下班后陪着客户去应酬，喝得晕乎乎的，第二天上班如何保证工作效率呢？更重要的是，员工被“强迫”了，心里会产生不满情绪。久而久之，员工的工作激情将会被消磨殆尽。所以，英明的领导者不应该“霸占”员工的私人空间，而应该给员工自由，让员工在工作的 8 小时之外，充分享受自己的生活，养精蓄锐，为第二天的工作做准备。

怎样才不算霸占员工的私人空间呢？所谓的私人空间，不仅包括员工的私人时间，还包括员工的私人生活、私人情感生活，对于这些“私事”，领导者不宜过问太多。也许你是一片好心，想更好地关心、帮助员工，但客观上给员工造成了不适，可能会引起员工的反感，结果好心办了坏事。

比如，有些领导者对下属过分地嘘寒问暖，关心员工的吃喝拉撒，甚至帮员工介绍异性朋友。如果员工认可、接受领导者这么做，那也无可厚非，关键是有时候员工并不接受，所以，领导者应该知趣一点，给员工留一点私人空间，让员工在公司、在领导者面前，有更多的安全感，这样他们才能踏实地去工作。

微软公司就十分尊重员工的私人空间。在微软，每个员工都有自己的办公室，每个办公室都是相对隔开的，有独立的门和窗户。每个办公室的面积大小差不多，即便是董事长比尔·盖茨的办公室，也不比普通员工的办公室大多少。对于自己的办公室，员工享有绝对的自主权，可以根据自己的喜好来装饰和布置，对此，其他任何人都无权干涉。这种规定与很多公司不同，它使员工感到很有意思，而且工作起来心情特别舒畅。

通用电气公司的前总裁斯通也十分尊重员工的私人空间，他在工作中非常注意与员工保持一定的距离。在工作场合和待遇问题上，他从来不吝啬对员工表达关爱，但是在工作之余，他从来不邀请员工来自己家里做客，也不接受员工的邀请。他认为与员工保持适度的距离最好，这样既能给员工留一点私人空间，又给自己创造了舒服的私人空间。

尊重员工的私人空间，给员工充分的自由，这既是对员工的信任，也是对员工的良好激励。在管理者的信任之下，员工可以不受约束、更加舒适地工作，也能更加自如地发挥自己的才能，从而为企业的发展创造更大的价值。

第九章 Di Jiu Zhang

学会授权，让员工在成长中创造奇迹

有句话说得好："紧攥着拳头里面什么也没有，张开双手你才能拥有全世界。"管理企业也是如此，当你紧攥着权力不肯放手时，你不是权力的拥有者，而是权力的奴隶。权力不是用来控制人的，而是用来督促人的，只有把权力授予下属，让下属有空间施展自己的能力，你才能在掌控者的位置上如鱼得水。

1 管头管脚，但不要从头管到脚

权力是管理者依仗的最大资本，有了权力之后，管理者才能实施有效的管理。但不少管理者把权力当作监控他人，显示个人权威的工具。最典型的表现就是，从战略目标的制定，到战略目标执行的各个环节，什么事情都要过问。在这种严格控制中，最忙最累的人是管理者，最反感最失望的是员工，而且企业发展的局面迟迟无法打开。

作为管理者，该管的事情一定要管，而且要管好，比如，战略的制定、任务的下达，但是不该管的坚决不能管，你管多了，员工就会厌烦，因为他们感受不到信任和自由。关于这一点，有一个非常贴切的案例：

有一次，通用电气公司组织高层管理人员进行一次别开生面的培训游戏。游戏的前一天，杰克·韦尔奇给每个参加者发了一顶耐克帽子和一双耐克鞋。然后问大家："大家知道为什么我要给你们发帽子和鞋子吗？"大家说："因为明天有登山活动。"

韦尔奇又问大家："假如我还给你们发衣服乃至内衣裤，你们会有什么感觉呢？"大家不约而同地摇头，说："不要，不要！感觉怪怪的，好不舒服。"

韦尔奇说："对了！你们不要，我也不该给。"

管理的奥妙就在于"管头管脚"，但千万不要从头管到脚，这样才能使管理变得简单有效。但是，很多管理者有一个通病，他们习惯于相信自己，不放心别人，经常不礼貌地干预别人的工作。这个通病形成了一个怪圈：管理者喜欢从头管到脚，越管越变得事必躬亲，独断专行，疑神疑鬼。这也让部属们越来越束手束脚，感觉不舒服，并渐渐失去宝贵的主动性和创造性。时间长了，企业就会得弱智病。

管理者应该明确从头管到脚，有多么大的危害：

首先，你过多的指点会让员工无所适从，太多的细节会掩盖真正的工作重点。

其次，员工永远也学不会独立做事，因为你把一切经验都告诉给他，他就会按照你的方式去做事，而不是自己探索、创新，一旦遇到挫折，他就会想到你，而不会自己去独立解决。

再次，员工没有自由。当你从头管到脚时，员工就失去了工作的自由，他们的思路、工作方式等都会被束缚，导致主动性发挥不出来，这个时候团队的力量就变成了你一个人的力量。纵然你有三头六臂，也挡不住四面八方的攻击。

最后，使管理者的工作量剧增。如果你从头管到脚，无形中你的工作量就会大增，本来属于你的工作时间，会白白浪费在员工身上，该你做的工作你却无法顺利进行。

认识到从头管到脚的危害之后，管理者不妨用“管头”和“管脚”的管理方式来代替从头管到脚的管理方式。为此要注意下面两点：

（1）解决“做什么”和“谁来做”这两个问题

要想管好“头”，就要重点解决两个问题：“做什么”和“谁来做”。“做什么”是战略，是目标，谁来做是授权，也就是说管理者清晰地描绘企业的未来，制定战略路线和具体目标，然后将具体的目标分配给合适的员工去完成。

身为管理者，要做的是给员工创造一个宽松、信任并能获得强有力支持的工作环境。与此同时，将合适的人放在合适的职位上，将具体的工作交给合适的人去做，这样员工的潜能自然会迸发出来。

（2）让工作结果成为衡量成败的唯一标准

要想管好“脚”，就要坚持以工作结果论英雄。举个例子，在越野比赛中，只要规定起点和终点，以及比赛的路径，每个人都可以按照自己的方式去冲击冠军。至于谁快谁慢，为什么快，为什么慢，越野比赛的举办方根本不用去管。

同样的道理，在企业管理中，管理者也可以这样做。比如，有些高科技公司采取弹性工作时间，不规定员工几点上班，几点下班，上午干什么，下午干什么，对于特定的任务，管理者只给员工一个完成的期限，具体怎么完成由员工自行安排。最终，以结果来衡量员工的工作业绩。这样能给员工足够的空间，员工也会回报公司更多的努力，从而形成一种良性循环。

2 权力下放，给下属以施展的空间

在企业中，领导者不可能事事亲力亲为，毕竟一个人的时间、精力、知识和能力是有限的。如果领导者想让工作更加富有成效，就要善于下放权力，给下属施展才华的空间，激发出员工无限的潜力。

沃尔玛创始人沃尔顿说过：“一名优秀的经理，最重要的一点就是懂得授权和放权。”他认为在管理中，领导者必须分清哪些是战略性的工作，哪些是战术性的工作，哪些工作应该自己做，哪些工作应该让下属去完成。这样才能满足员工自我成长、获得成就的心理需求，同时为企业的发展增添动力。

不把事情做满，而是留下一个缺口，让下属去完成任务。这样至少有两点好处：第一，权力下放给下属，下属有了展现个人能力的机会；第二，在下属的付出下事情圆满完成，他们会收获一种成就感。如果这个时候领导者足够有智慧，抓住机会表扬下属，把功劳归于下属，对下属无疑是一种很好的激励。

如果领导者总是把事情做满、做好，把什么事情都包揽了，这样的领导者充其量是一个将才，而非帅才。那些懂得将权力下放给员工，自己稳当坐镇、运筹帷幄、指点江山的领导者，才是真正的帅才，才是杰出的领袖。这样的领导者才能引爆员工的无限潜能，带企业实现飞跃性的发展。

詹森维尔公司创立于1985年，是一家典型的美国式家族企业，创业之初资金有限，规模很小，但是发展速度却相当惊人。那么，詹森维尔公司发展的秘诀是什么呢？其实，就在于公司实行了权力下放的政策。

举个例子，通常来说公司的财务预算都由财务主管、财务人员来制定，但是詹森维尔公司却把制订预算的任务交给现场的工作人员。由于现场工作人员对实际情况更为了解，因此，他们的预算计划最切合实际。而且一段时间后，现场的工作人员学会了预算，财务人员只负责把关就行了。这样既大大提高了财务人员的工作效率，又充分调动了现场员工的工作热情。就这样，在自行制订的预算指导下，当生产线上需要增添新设备时，他们会写一份报告并附上一份自己完成的现金流的分析文件，向财务主管证明添置设备的必要性和可行性。

自从实行权力下放以来，詹森维尔公司的经营形势一片大好，公司每年的销售额都保持15%的增长速度。这远远超出了公司创始人创办公司时的预期，后来公司的创始人塞塔尔深有体会地说："如果不是权力下放，公司不会有今天的成绩。一把抓的控制方式是一种错误做法，最好的控制来自人们的自制。"

哈佛商学院教授迈克尔·波特曾表示："领导者唯有授权，才能让自己和团队获得提升。”当你意识到下属有能力完成某项工作时，就应该赋予他们充分的自由和权力，而不是牵制他们的行动。这样才能充分调动他们的积极性、主动性及创造性，下属也才有机会大展身手，而不会因空间狭小、领导的不支持不信任而束手束脚。

事实上，下放权力可以使员工从被动的执行者变成具有判断、创新能力的人才，这样可以激发他们的潜能，使他们发挥高效的执行力。所以说，下放权力不仅是权力的赋予，也是让员工不断学习和成长的必要途径。再者，下放权力可以表达对下属的信任，可以使下属感到领导对他们的尊重和重视，有助于建立相互信赖的上下级关系。

有一年，李嘉诚去汕头大学出席学校的董事会，汽车行驶在途中他突然接到公司一位经理的电话，说有一笔10亿的生意等着李嘉诚签字。李嘉诚说：“我不签字，你自己看着办吧，能做就做，不能做就算了。”说完就把电话挂断了。

这个经理当时愣住了，他以为听错了，于是再次打电话给李嘉诚确认，这才得知原来没有听错。李嘉诚这种充分下放权力的做法，让员工感受到无比的信任，他们对李嘉诚十分敬佩。因此，员工们一个个干劲十足，充分施展自己的能力为企业谋发展。

管理界的权威人物史蒂芬·柯维说过这样一句话：“有效授权也许是唯一且最有力的杠杆。”李嘉诚对这句话十分推崇，他认为这句话道出了管理的精髓，并将其奉为管理的宝典。在几十年的经商生涯中，正是因为李嘉诚懂得下放权力，给属下发挥的空间，激发他们的斗志和激情，他才能将庞大的企业集团管理得井然有序，他才能把更多的时间花在思考企业发展方向上。

美国环美家具跨国集团的总裁莫若愚老先生也是如此，他在近40年来的经商生涯中，没有亲手签过一张支票，因为他推崇充分授权。他曾经幽默地说：“具体的事情，如果我做错了，连骂都没得骂，而让别人去做，我还可以保持骂的权力。”由此可见，下放权力是领导者管理好企业、激发员工潜能力、推动企业发展的不二法门。

3 把握原则，让交办的工作有章可循

在管理中，有一种情况十分常见：你把下属找来，交给他一项任务。交代之后，你忙其他的事情。接到任务之后，下属认为你交代的工作不那么着急，于是把你的工作放在一边，忙他手头着急的工作。一个星期过去了，你突然想到交代给下属的事情，于是问下属要结果，但下属却说：“我还没做好呢!”你火冒三丈，批评下属做事没效率，下属委屈地说：“你又没说多久完成任务，我怎么知道你什么时候要结果。”顿时你哑口无言……

你碰到过类似的事情吗？在交办工作时，你会对下属说什么呢？为什么有些领导者交办工作给下属，下属三五分钟就能完成，而有些领导者交办工作给下属，下属拖一个星期甚至半个月？其实，交办工作是有学问的、需要讲原则的。

一般来说，交办工作需要注意以下几个原则：

（1）具体原则

所谓具体原则，是指你在交办工作给下属时，要清楚地告诉下属具体要做什么事情。千万不要泛泛地交代，让下属摸不着头脑，不知道你想让他做什么。

具体原则还包括，这项工作多久完成，达到怎样的效果。很多领导者只是把工作交给下属，却不说明具体什么时间完成，导致下属认为：领导

交办的这件事不着急，我先放一放。这样一来，下属就可能拖着不执行，等你需要结果时，得到的却是失望。要想改变这种状况，你要做的就是，向下属讲明时间：“这件事交给你去办，明天上班之前给我结果。”这样一来，下属还敢拖着不执行吗？

（2）适当原则

所谓适当原则，指的是交办给下属的工作量、工作难度要适当，工作量太小、难度太小，无法激发下属的积极性，不利于下属尽职尽责地完成；工作量太大、难度太小，超出了下属胜任的范围，下属就无法取得令你满意的结果。因此，在交办工作时，你要考虑到下属的工作能力、忙碌程度等因素，交办给下属适当的工作任务。

（3）信任原则

在交办工作时，对下属表达信任是很有必要的。千万不要一边对下属说：“这件事拜托给你了，一定要做好。”一边却对下属说：“做不好也没关系。”当然，信任原则还指在下属执行的过程中，管理者不应该随意干预下属。所谓“用人不疑，疑人不用”，一旦你把某项工作交办给下属，就要信任他，如果你不信任他，最好不要把工作交给他。

有些领导者为了表达对下属的信任，在交办工作时这样说：“这项工作就全拜托你了，一切都由你做主，不必向我请示……”表面上看，这是领导者对下属的充分信任，但实际上这种做法是不可取的，因为一切都由下属做主，而且不必向你请示，很容易导致下属执行偏离你的预想，导致执行出现偏差。当然，工作交办下去之后，也不能大事小事都干预，大事过问一下，小事让下属做主，这才是明智之举。

（4）汇报原则

所谓汇报原则，指的是下属在执行任务的过程中，有必要适当地向领导汇报任务的阶段性进展情况。当然，这通常指的是系统性、较大的工作任务。如果是一些具体性的小事，下属没必要向领导汇报，直接给领导工作结果就行了。

很多领导者把任务交给下属后，就任由下属去“折腾”，而不要求下属汇报。等到出了问题，他们要么冲着下属发火，要么捶胸顿足暗自懊恼。

某公司实施一项投资计划，董事长把财务预算的任务交给财务总监并让他负责这项投资计划。过了一段时间后，董事长得知财务总监预算的投资数额严重超出他的期望，而且这项计划已经半路夭折了，他找到财务总监，对其吼道：“为什么你没有向我汇报财务预算的情况？为什么我不知道这项计划的进展情况？为什么把我蒙在鼓里？”

你不要求下属汇报，你不主动和下属针对交办的工作进展进行沟通，下属就可能在执行中出现问题。所以，不要等到出了问题，才痛斥下属的不汇报，而要在交办工作的一开始，就明确告诉下属：“及时向我汇报情况，最好两天一个汇报。”值得注意的是，在倾听下属的汇报时，要避免下属报喜不报忧，怎样避免呢？那就是下一原则要讲到的。

（5）监督原则

依靠下属的汇报来了解交办的工作的进展，这是领导者被动监督下属的表现，高明的管理者不只是被动监督下属，他们往往会主动去了解下属的工作进展。他们从来不会把工作交办给下属之后，就做起“甩手掌柜”。不管他们对下属多么信任，在一些关键问题上，他们一定会亲自过问。这种把关和监督是非常重要的。IBM 前总裁郭士纳说过：“员工不会做你希望的，只会做你监督和检查的。”这句话道出了监督的必要性——检查和监督是促使下属工作落实到位的关键一环。

（6）带责原则

带责原则是指交办给下属一项任务，同时让下属对这项任务负责，也叫授权授责。若能明确地将权与责同时授予下属，不仅可以促使下属尽职尽责地对待工作，还可以避免滥用权力的情况发生。在交办工作时，领导者应该向下属交代清楚权限范围，这样便于下属正确行使职权，更好地完成任务。

总之，如果你想让交办的工作有章可循地推行下去，让下属坚决彻底地贯彻执行，你就有必要在交办工作时把握以上的6条原则。

4 科学分配任务，把正确的事情交给正确的人

在我们身边，经常会看到这样的管理者：他们整天到晚忙忙碌碌，时间一天天过去，却没忙出头绪，没有忙出成效。该解决的问题没有解决，团队的各项工作都卡在他们手里，而员工却闲着没事做。聪明的下属想帮忙，他们却不领情，认为下属瞎操心。当被人说他们工作方法不对时，他们却振振有词："做事要慢慢来！"

遇到这样的管理者，不知道是企业的悲哀，还是员工的悲哀。管理者应该是通过分配任务、指挥别人来做事的人，而不是具体完成工作的人。对一个管理者来说，忙不是他的功劳，忙不是他做不好工作的理由。定计划、分任务、跟踪检查，促成团队目标达成，这才是管理者的本职工作。

不可否认，不少管理者是拙劣的任务分配者。虽然他们也分配工作，但对工作的情况、对下属的优势不完全了解，经常把工作分配给不适当的人去做，结果当然无法取得好的执行效果。等到出了问题之后，他们往往卷起袖子，亲自去做。这样一来，既浪费了时间，又浪费了人力物力，而且还会打击下属的积极性。那么，怎样分配任务最好呢？要注意什么呢？下面我们就来介绍一下分配任务的几大要点：

要点1：选定工作

在分配工作之前，要认真考虑：什么样的工作需要委派给下属去做？这些工作有什么特点，难度怎么样？如果没有搞清楚这些问题，不要轻易委派工作。

关于这一点，需要注意的是：有一种叫做“热土豆”式的工作是不能轻易委派出去的。什么叫“热土豆”式工作呢？它指的是重要且紧急的工作，这类工作要求管理者马上去处理。另外，非常保密的工作也不适合委派给下属。

要点 2：选定能够胜任的人

原则上讲，你可以把任何一项工作，交给任何人去做。但是在企业管理中，我们追求的是管理效率，员工追求的也是执行效果。因此，你应该选定能够胜任工作的人，这才叫把工作交给正确的人。这样往往能取得较好的执行效果，下属在出色完成任务之后，也能获得成就感。

要想快速地选定能够胜任某项工作的人，就要求你平时多花时间去了解下属的能力。比如，你可以要求下属通过书面形式，把自己的优势、喜欢做什么工作都写下来，以便你去了解他们。当然，你也可以经常和下属沟通，多观察下属，这样也便于你了解下属的能力。

举个例子，你可能知道某个下属打字速度很快，完成同样一份材料的录入，他的速度远远快于他人，而且出错率很低。这样一来，当你有一些材料需要急用时，你可以把录入的工作交给这个员工。反之，如果你不知道谁打字快，随便把这项工作交给一个下属，而他恰好不擅长录入，那么不仅耽误了时间，还会影响你的正常工作。

要点 3：委派工作的时间

同样是一项工作，什么时候委派给下属最合适呢？很多管理者不注意这一点，往往喜欢在上午委派工作，结果，员工原本可以按部就班进行的工作，完全被打乱，还会损害员工执行任务的积极性。为什么会这样呢？

因为一般来说，员工往往会在早上上班时，就想好了一天要做的事情，他们带着计划来到办公室。一上班，还没做几分钟，就接到了新任务。这个时候，他被迫改变原定的日程安排，工作的优先顺序也要调整。他们的内心会产生一种莫名其妙的烦躁，这会影响员工执行的积极性。

那么，应该在什么时候委派工作呢？除非紧急性的工作，管理者应该在每天下午或快下班时委派工作，让员工第二天来处理这些工作。如此一来，第二天员工就可以全身心地处理你委派给他的工作。

要点4：委派工作的方式

怎样委派工作也是要注意的。有些管理者喜欢通过第三者传达委派的任务，而不是当面向员工交代，这样一来，经过一道中转，有可能发生信息传递误差，导致执行者错误理解领导者的意图。而且这种委派工作，会让被委派者觉得领导者不重视自己，容易影响他的积极性。因此，管理者最好面对面地委派工作，这样下属有什么疑问，可以当场提出来，便于沟通和交涉。当然，留便条、写邮件委派工作，也是不错的方法，但不会给下属深刻的印象。

要点5：委派时要做的事

在委派工作时，你不妨告诉下属：你为什么要把这项工作交给他，向他指出他有某项特殊的才能，适合完成这项工作，这样可以表达你对他的信任和赏识，有利于激发他的积极性。同时，你应该让下属知道，这项工作的重要性，完成这项任务，对公司的直接影响，让他意识到肩负的责任。

在委派工作时，你有必要解释一下工作的性质和目标，向下属交代一些相关的信息，告诉下属：这项工作要做到什么效果，什么时间完成，在这个过程中向谁汇报工作进程等等。

最后，一定要记得用肯定的语气对下属说："我确信你能做好这项工作。"这句话对下属将会产生很大的激励作用。

5 把工作量逐一分解，让员工的工作清晰而有效

有人曾做过这样一个实验：

将一群人分成三组，让他们分别向20公里之外的村庄前进，看哪一组最先到达。第一组人员，对村庄的名字、路程长短一无所知，他们只是跟着领队往前走；第二组人员，知道路程，但路边没有里程碑，没有路标，他们只能凭借经验估计自己走了多远，还有多远才能到达；第三组人员知道路程的距离，还知道每隔一个电线杆，就是100米，他们可以参照电线杆来判断已经走了多远，还有多远才能到达。

结果是怎样呢？

结果第一组人走了四五公里，就开始叫苦连天，有人抱怨，有人想退出，又走了四五公里，很多人都不愿意走了；第二组人员走了一半路程，就失去了耐心。当听到有人说，还有一半的路程时，他们打起精神继续往前走；第三组人员知道详细的目标，每走一百米，都知道离终点近了一百米，结果他们一鼓作气，走到了终点。

这个实验告诉我们，目标对人的行动有着指导性和激励性，而且具体的目标比笼统的目标更有意义。因为笼统的目标让人茫然，让人无法参照，无从得知自己离成功还有多远；而具体的目标可以让人清楚地知道自己将目标完成到何种程度了。这就告诉企业管理者，一定要给员工清晰的目标，以此激励员工前进。

在企业中，管理者是团队的领头羊，主要任务是统一全体成员的意见

和行动，并为大家确立目标，提供行动的方向。如果管理者善于制定明确的目标，并把大目标分解为多个小目标，让每个员工都负责完成相应的目标，那么，每个员工都能在目标的激励下，迸发出强烈的工作热情，最终实现团队的大目标。

很多时候，员工之所以感到茫然，感到没有奔头，其实往往是因为没有方向感和目标感。因此，必须给员工方向感和目标感。那就是把团队的大目标告诉员工，让员工了解团队将要干什么；怎样才能给员工目标感呢？那就是把团队的大目标分解为多个小目标，让每个员工都负责相应的目标，让他们知道该做什么。如果你能做到这一点，那么员工就不会轻易迷茫了。

松下幸之助有一条重要的经营策略，那就是不断提出新的发展目标，让员工有目标感，他经常找员工畅谈对未来的设想，并由此制定具体的目标。1955 年，他宣布了自己第一个五年计划：计划用五年的时间，把松下电器公司从一个效益为 220 亿日元的公司，发展成一个效益为 800 亿日元的公司。

与此同时，他将这个大目标分解到每一年，即为了实现这个目标，全体成员每一年要达成怎样的目标。之后，再把每一年的目标落实到每个员工身上，让每个员工肩负起自己的责任。他还承诺，如果能实现这个目标，那么大家将享受到与西方发达国家相同的薪资待遇。

五年之后，松下先生的五年计划实现了，他对员工的薪资承诺也兑现了。从此，员工士气大振，大家与松下先生一起，筑起了松下电器的王国。

在企业管理中，管理者的职责就是确定目标、划分目标、分派任务，与其让一帮员工完成一个宏大的目标，不如把宏大的目标分解开，让每个员工负责一个目标。分解大目标的意义就是在告诉员工："你完全有能力完成这个目标。""胜任"是对员工最好的激励，或者说激励的本质在于让员工感到自己能够胜任。这才是完美的激励，这样的管理者才是高明的激励大师。

阿里巴巴公司的创始人马云曾经说过：“不要让你的员工为你干活，而让我们的员工为我们的目标干活，共同努力，团结在一个共同的目标下面，要比团结在你一个企业家底下容易得多。所以，首先要说服大家认同共同的理想，而不是让大家来为你干活。”很显然，松下幸之助就是这么做的。

6 根据下属的特长进行授权

对 NBA 有一定了解的人，想必对公牛队的“大虫”丹尼斯·罗德曼不会陌生。罗德曼是一名怎样的球员呢？此人满头红发，经常穿奇装异服，很多人看他不顺眼，但是在教练眼里，他却是一个有着无人能比的天赋的防守型球员。

罗德曼加盟到公牛队的第一天，教练就郑重地告诉他：“在这里，你唯一要做的只有一件事情。”罗德曼问教练：“什么事？”教练说：“你每一场比赛，必须抢下 15 个篮板球。只要你能抓下 15 个篮板球就可以了，至于你能得几分，哪怕得零分，都没有关系。但你要记住，抓篮板才是你最应该做的事情。”就这样，罗德曼在公牛队的体系中，锻炼成著名的“篮板王”。

为什么教练把抓篮板球任务交给罗德曼呢？因为他了解罗德曼，知道他有抓篮板球方面的天赋和特长。我们都知道，当篮球装上篮筐再弹回来时，很多个子高的球员一伸手就能抓到篮板。但罗德曼的身高并不突出，他是怎样抢篮板的呢？

原来，当篮球弹起来时，他通常跳起来用手挑一下篮球，然后再跳起来把球抓住。通常来说，人只有在膝盖弯曲的时候才能跳起来，但罗德曼居然能够在不弯曲膝盖的情况下连续起跳。因此，当球第二次下落时，个子高的球员正在屈膝准备起跳，但他已经“噌”地跳起来，把篮球抓在手里了。

当年的公牛队不缺少得分手，因为乔丹就是最伟大的得分手。因此，在防守方面罗德曼起到了很大的作用，抢篮板是罗德曼的特长，是他的优势，是他了不起的地方，而英明的教练将这项任务交给他，可以说是让对的人做对的事。所以，公牛队当年才能缔造3连冠。

其实，领导一个团队、管理一个企业，和带领一个球队的道理一样，领导者就像球队的教练，一定要学会正确地用人，把相应的工作授予给对的人。如果你能把每一个员工都安排在正确的位置上，让每个员工做他擅长的事情，那么每一个员工都能发挥出最大的价值，团队的战斗力就会无比强大。

每个员工都有自己的特长，领导者不能求全责备，而应该根据他们的特长进行授权。这样，他们才能做自己擅长的事情，更好地发挥自己的能力。那么，怎样才能发现人才的特长呢？这就需要领导者实现对人才的相关信息进行了解，比如，了解他们的教育知识背景、兴趣爱好、专业特长、工作经历等。只有用心地去了解，才能发现人才的闪光点，才能避免授权给错误的人。

1981年底，已经成为PC机操作系统领域“霸主”的微软公司决定进军应用软件领域。当时比尔·盖茨雄心勃勃，坚定地认为微软公司不仅能开发软件，还能成为具有零售营销能力的公司。他的想法非常好，但却在行动中碰到了难题。因为虽然微软公司有很多软件设计方面的人才，可是在市场营销方面却人才匮乏，这直接导致微软迟迟无法进入零售市场。

这个时候，比尔·盖茨意识到必须找到营销方面的高手来帮忙，经过四处打听，最终他将目光锁定到罗兰德·汉森身上，此人是“肥皂大王”尼多格拉公司的营销副总裁。因为汉森具有丰富的市场营销知识和经验，于是他把汉森引入微软。

当时微软的高层主管对盖茨的做法很不放心，因为汉森虽然是营销专家，但是对软件一窍不通。而盖茨认为，汉森虽然不懂软件，但是在公司广告、公关、产品服务，以及产品的宣传与推销方面，能起到十分重要的作用。

汉森进入微软之后，在营销方面得到了盖茨的大力授权，他也因此给那些只懂得软件、不懂市场的微软精英们上了一堂统一商标的课。在汉森的强烈建议下，微软公司所有的产品都要以“微软”为商标出现，不论是哪种类型的产品，都要打出微软的品牌。不久，微软在美国、欧洲乃至全世界被世人熟知，微软的产品也迅速被人接受，其市场占有率也迅速得以提升。

员工擅长做什么事情，你就把他擅长的工作方面的权力授予他，让他自主地完成相关的任务。这种做法是管理者在授权时必须重视的问题。

授权给有相关特长的员工，其实在某种程度上来看，也是授权给相关的专业性人员。比尔·盖茨之所以把营销方面的权力授权给汉森，是因为汉森是一位营销专家。同样的道理，在你的企业和团队中，也有一些人才是某方面的专才，如果你能发现他们的专业优势，并大胆地授权给他们，他们可能会给企业带来巨大的效益。

7 授权收权，要做到收放自如

授权不是最终的目的，而是实现企业发展目标的一种手段。老板通过授权，可以充分调动被授权者的积极性，借助大家的力量，使大家团结在一起，各司其职，把公司的事务做好。而不是把企业的权力分封给各个部门，然后老板当甩手掌柜。因此，在授权之后，老板还要学会收权，没有收权同样是行不通的。

老板必须对自己有准确的角色定位，只有自己才是企业的真正负责人、长期的负责人。不论属下的管理者多么聪明，多么负责尽职，多么忠诚可靠，都无法完全取代你在企业中的权威性和影响力。因此，如果老板授权下属，下属执行不到位，甚至把工作搞得一团糟，这个时候老板就有必要对权力进行调整，收回授予的权力或另选授权对象。

1989 年 4 月，宏碁公司总裁施振荣任命刘英武为宏碁执行总裁。刘英武是何许人也？他是毕业于普林斯顿大学计算专业的博士，曾在 IBM 公司软件开发实验室电脑部担任主管长达 20 年之久，在美国电脑界非常有声望。施振荣非常器重他，声称他是宏碁全球扩张的“秘密武器”，并把经营决策权毫无保留地交给他。结果怎么样呢？

刘英武上任之后，向宏碁灌输了他从 IBM 带来的“中央集权”的企业文化。他频繁地召开马拉松式的会议，而且对下属的建议基本不听，下属必须无条件服从。宏碁的一位经理回忆道：“强迫大家同意总裁的观点与以前宏碁的风格大相径庭，施振荣从不会强迫你做任何事，除非你同意或愿意去做，所以很多人便离开了公司。”

之后，刘英武又做了一系列收购的决策，但基本上以失败告终。他从外部聘来了9个高级管理人员，为此公司损失巨大，人心浮动。这一切都被施振荣的妻子叶紫华看在眼里，为此她向施振荣抱怨，说他不看事实与真相。

渐渐地，施振荣意识到自己对刘英武的过度授权是一个错误。他说道："我认为IBM是世界上管理最好的电脑公司，刘英武理所当然比我更有能力和经验。但他不是企业家，我对他授权太多了，太早了。"1992年，施振荣开始重掌帅旗，他决定按自己的方式塑造宏碁，而不是仿效IBM公司。

在这个案例中，施振荣虽然在授权之后收权了，但是由于收权不及时，导致企业损失严重。这种现象值得每个管理者尤其是企业老板深思。

也许很多老板懂得授权，也懂得收权，但真正能做到"授收自如"的老板却不多，在这方面，刘邦可以称得上是"大师"。

韩信被萧何称之为"国士无双"的人才，但刘邦敢于放权给他，又能做到在恰当的时候把权力收回来，可谓收放自如。

当年刘邦拜韩信为大将军，并将兵权交给韩信，从此韩信手中经常握有数万军队，而且他所统帅的军队长期远离大本营。到灭楚前夕，韩信的兵力达到了空前的规模，其势力足以和刘邦、项羽相抗衡。如果这个时候韩信背叛，那么刘邦将前功尽弃。尽管刘邦对韩信有所顾忌，一直觉得他是心中的一块石头。但他依然大胆放权。

当然，刘邦不是吃素的，他在放权给韩信的同时，心中经常盘算着如何有效地控制韩信，以免韩信背叛自己。为此，他使用的最有效的一招就是每次韩信完成军事任务时，刘邦就收回韩信的军权。而且伴随着收权，刘邦经常会奖励韩信，封他爵位和钱财。这样一来，很好地安抚了韩信。

刘邦在韩信身上之所以能做到权力收放自如，总结下来有三个原因：

第一，刘邦总是在最恰当的时机收权，容易被人理解为是形势所需，减弱了韩信的反感。

第二，韩信被拜为大将军、丞相，甚至被封王，爵位步步高升，他感到心里踏实。

第三，刘邦对韩信的日常生活颇为关照，使韩信感到了受器重。相比之下，项羽听信谗言，一气之下收回范增的兵权，引起范增的极大的反感，最后范增彻底对项羽失望了。

俗话说："水满则溢，月满则亏。"授权与收权是一对矛盾的统一体，总是此消彼长。在企业管理实践当中，随着企业处于不同的发展阶段，实际情况也会有所变化，因此，授权还是收权，应该结合实际情况，根据具体需要来授权和收权。

那么，哪些权力该授，哪些权力该收，这个问题不好一概而论，而要求管理者根据企业的具体情况来决定。一般来说，涉及到企业命脉的权力不能授，比如战略决策、财务决策等应由老板掌控，而一些带有方法性的、具体事务的执行权限，完全可以授予给员工，以充分发挥他们的能力。

在授权之后，如果发现出了问题，管理者应该立即对授权事件进行检讨，思考问题出在哪里，找出症结。如果发现被授权者能力不够，无法胜任工作，应立即收回权力，然后选择更适合的对象进行再次授权。如果被授权者圆满完成了工作，应予以肯定和奖励，然后顺理成章地收回权力。要做到一事一授权，一事一收权，授权起始于任务的开始，收权起始于任务的完结。

8 授权之后不忘检查，监控并不代表不信任

说到“授权”，给人的感觉是放弃控制，放任不管，让被授权者全权负责。其实并不是这样，授权不代表放任不管，授权离不开事后检查和监督。日本“经营之神”松下幸之助认为，领导者在管理中，必须遵循授权加控制的原则。如果不授权只控制，那么局面将会变成一潭死水；如果授权之后不加控制，后果将会是四分五裂。关于这一点，有一个特别典型的案例，对很多小老板都有启发。

有位先生在2001年创办了一家企业，在十余年间，公司从原来的一家变成了8家，经营规模越来越大。在这个过程中，他已经变得越来越力不从心，因为他的个人精力有限，无法管理8家企业。为了让自己从日常管理中解脱出来，做更多的事情，比如，他想开更多的分店，于是他让自己的亲戚加入自己的企业。他让自己的哥哥管一家分店，让自己的嫂嫂管一家分店，让自己的妹妹管一家分店，让自己的表哥管一家分店……

开始的时候，他手把手地培训这些亲戚，等他们上手之后，他就开始完全放权，让他们全权负责店面的经营管理。在这期间，他从来不过问分店的事情，也不要求亲戚们向自己汇报工作，更没有走下去检查工作。因为他觉得都是自己人，没必要去检查，相信他们会用心做好工作。

然而，3年时间过去了，大家产生了不少矛盾与误解，亲戚们纷纷离开公司，自立门户，而且把分店的重要员工也带走了。一时间，各分店一下子垮掉了。面对这种情况，他不得不重新沉下去做管理。一边忙着进货，一边忙着招聘员工。

这时他才真正发现，原来店内的很多制度都是白纸一张，员工工作作风散漫，对公司抱怨不止，不断有员工流失，客户的投诉也此起彼伏，业绩快速下滑，顾客不断流失，甚至很多工作都无法继续开展下去……

这样的案例在我们生活中并不少，出现这种情况，根源在于老板放权之后没有检查和监督，导致授权后失控，最后企业管理混乱。

管理者要认识到一点：授权之后，如果从不过问、不干涉，就叫做弃权。授权就是授权，根本不是弃权，管理者必须关注进程、关注成果。有些管理者在检查和监督下属时，让下属产生了不被信任的感觉，甚至感到压力巨大。

有一位被派驻在北美市场的高级业务主管表示："老板很'关心'我，经常派人来视察工作，而派来的人，每次都会召开主管会议，并让我们汇报业务发展的近况，那种威风凛凛的样子，让我想到了古时候皇帝派下去视察工作的钦差大臣，就差八抬大轿、敲锣打鼓、前簇后拥了。"

从这位主管的话中，我们可以感受到他所承受的压力。这种压力的产生，与老板检查和监督的方式不当有直接关系。那么，到底该检查到什么程度，监督到什么程度呢？对此，松下幸之助先生做得卓有成效。

在放权之后，松下先生既能让被授权者发挥主观能动性，又不至于使他们完全脱离控制而发生重大的失误。他有一条著名的授权监督理论——60%智慧，即放60%，管40%。他通过特定的程序选出被授权者，使对方主动要求领导者的指导，这样既发挥了他们的积极性和创造性，又化解了检查和监督导致领导者与下属之间产生的不信任和猜疑。

在企业管理实践中，不少管理者经常感叹：任务布置下去之后，总有下属拖着不办，推一推，动一动，有些下属推都推不动。其实，出现这种现象，问题不在于员工，而是由于管理者监督不力导致的。如果管理者在布置任务之后，提出要求、任务完成期限，并有严格的检查和监督机制，那么就能彻底打消下属的侥幸心理和拖延心理，促使他们快速高效地完成工作。

有一位成功的企业家对授权做了很好的诠释:“授权就像打篮球一样,不是把球交到谁手里,责任就是谁的,就什么也不管了。一定要考虑整体局势,进行控制,相互照应。这样,被授权员工的智慧才会获得增长,才能有足够的力量去完成授权任务。”对于授权的事情,你可以放手不管,但是不能撒手不管,对于授权之后,下属完成该工作的情况,一定要定期检查和监督。

高明的管理者,在授权之后懂得在恰当的时刻,选择最恰当的方式,使自己随时掌握工作的进程。当他们发现下属执行跑偏时,会用恰当的方法把跑偏的马拉回到正确的轨道上来。形象地说,这就叫做“扶上马,送一程”。通过“送一程”,确保被授权者在执行中取得更好的成效,保证授权的成功。这就要求领导者在授权之后,不只是对下属说:“现在,你可以放手去干了。”还需要管理者告诉下属:“如果有需要,就来找我吧!”

第十章 Di Shi Zhang

找出团队中的“害群之马”

俗话说：“一粒老鼠屎，毁掉一锅粥。”团队就像木桶，不允许有短板，更不允许“漏底”。作为企业管理者，在培养员工的过程中，必须毫不留情地淘汰那些平庸者，保证团队成员个个精明强干，这既是对企业的未来负责，更是对奋斗者的肯定。

1 果断清除团队中的“烂桃子”

我们经常听到“一只老鼠坏一锅汤”的说法，几乎在任何一家企业，都存在这种坏事的老鼠，他们的存在似乎就是要把事情搞砸。对于团队中的这些“老鼠”，如果你发现他们有碍团队目标的实现，就要果断地将其清除出团队。

为什么要这么做呢？有人说，这些坏老鼠的存在不只是自己坏事，还会带坏周围一帮同事。更形象地说，他们就像果箱中的“烂桃子”，如果不及时清理，它会迅速通过烂口处的细菌传染，把果箱中的好桃子也弄得污水横流。

团队中的“烂桃子”是可怕的，它能让一个正直的人变得狡猾，能让一个积极的人变得懒散，能让一个井然有序的部门变得混乱不堪，能让一个高效的团队变成一盘散沙。所以，对待这种“烂桃子”，还有什么好仁慈的呢？若不果断地将其清除，你的企业将永无宁日。

一个能工巧匠花费几年的时间和精力，制作一个精品陶瓷，一只驴子只需几秒钟，就能将其毁掉。如果你的团队里也有这样的驴子，那么你的企业还有什么希望呢？还是赶紧将其扫地出门吧！

任先生是某公司的经理，他曾经将一位威信很高的员工钱某开除出公司，转而提拔了威信不高的李某当某部门的负责人。当时他的这一决定引起了很多人的不解，有员工就去问任先生，说：“这次人事变动在公司引起了很大的反响，无论从工作态度上，还是从群众威信来看，钱某都超过李某，你不提拔钱某也罢，为何还开除钱某呢？”

任先生听了，笑着说：“你这个问题提得很好，钱某工作能力不差，有时候表现确实很好。相比之下，李某的脾气暴躁，人际关系一般，但是他的能力很强，办事果断，善于应变，每次上级交给他任务，他都能出色地完成，并且这个人很有原则性。我听说有一次，他老婆让他帮忙多报销100元钱的出差费，他不但不帮忙，而且还严肃批评了老婆一顿。”

说完李某，任先生开始说钱某：“钱某是个善于交际的人，在人际交往中左右逢源，表面上看，他有很多优点，能力也很很强，但是他最大的毛病就是原则性不够，公司出纳休3个月的产假期间，我让他兼职做出纳，没想到他未经批准，私自挪用公司的钱款5万多元，这些钱已经大多数成了呆账，给公司造成了一定的损失。而且有时候他完不成任务，不是主动认错，而是找借口推脱责任，这些缺点对部门负责人来说是最致命的。”

“那为什么要辞退他呢？因为他私自挪用公款吗？”

“是的，私自挪用公款表面上看让公司损失了金钱，但是深入分析，他这种不良品行是可怕的。今天他可以挪用公款，明天他指不定会做出什么对公司不利的事情呢！”

歇了一会儿之后，任先生说：“其实李某就像一只烂了桶沿的桶，表面上不怎么好看，但是他没有致命的缺点，这只木桶是完好无缺的，能够盛将近一桶水。而钱某就像一只烂了桶底的桶，表面上看这只桶完美无缺，但实际上已经无法盛水了，这就是我开除钱某、提拔李某的原因。”

后来的事实证明，任先生的用人之道没有错，李某不仅把部门管理得井然有序，富有活力，还把自己变成了公司管理层的骨干人员，而且其脾气暴躁的毛病改善了很多，与员工们的关系也大大改善。

任先生用两个形象的比喻，将李某和钱某深入剖析了一番，他眼中的钱某是只烂了底的桶，已经无法盛水了，如果继续用这只桶盛水，不但会浪费水，从桶里漏出来的水还会打湿其他物品，所以，他对公司已经失去了价值。

身为企业管理者，在选人用人的时候，就要像任先生这样慧眼识才，不被表面现象所迷惑，准确地辨别“烂沿桶”和“烂底桶”，既不放掉一个优秀的人才，也不留下一个“烂桃子”，以免一颗“烂桃子”，毁掉一箱“好桃子”。这样才能保证团队拥有清正廉洁之风，才能保证团队拥有高效的执行力。

2 斩断员工的“第三只手”

一个人只有两只手，但有些人有“第三只手”，为什么他们会多出一只手呢？因为他们要用这“第三只手”去拿回扣、收黑钱，牟取私利。比如，有些采购人员在购买原材料时，谎报价款，私吞公司的货款。明明买材料只花一万五千元，他却弄虚作假，上报两万元的货款单，自己私吞公司的五千元钱。

有一些销售人员在推销产品时，也会用“第三只手”牟取私利。如，公司规定产品售价不得高于500元，员工却把产品卖到700元，自己私吞200元。还有一些销售员要求客户给“好处费”，严重损害了公司的形象。

员工吃回扣、收黑钱等手脚不干净的行为对企业的危害是无穷的。它会严重影响公司声誉，损害公司的利益。从长远发展来看，企业失去了客户的信任和支持，还有什么发展前景呢？

姜鹏是一家大型纺织厂的采购员，虽说他是一名普通的采购员，但由于公司的产品产量较大，每个月姜鹏都要采购数额不菲的原材料，由于他的业务能力不错，人又机灵聪明，所以他在公司混得风生水起，进公司不到两年，就买了房、买了车。

一个小小的采购员，收入有那么高吗？怎么又是买房、又是买车？按理来说，采购员的工资也不是很高，按姜鹏的工资收入来计算，他两年的收入根本不够买房、买车。那他的钱到底是怎么赚来的呢？

刚才不是说了吗？姜鹏是一个机灵聪明的人，他的能力很强，工作期间签下了几个大的原材料供应商，对方提供的原材料质量好，价格优惠。但是姜鹏却没有跟公司说实话，每个月采购原材料时，姜鹏都会谎报原材料的价格，然后私吞公司的货款。

要说姜鹏这么做已经够过分了，弄不好被公司发现了，一纸诉状就能让他到监狱里蹲几年。但是姜鹏野心勃勃，吃了公司的货款不说，还转过头去要求那几个原材料供应商给他回扣。原材料供应商为了每个月多销售一些纺织原料，只好答应姜鹏的无理要求。

后来，姜鹏得寸进尺，要求原材料供应商给他更多的回扣，结果供应商不满，直接将这个情况告知姜鹏的公司高管，结果姜鹏因收黑钱、贪污公司的货款被起诉，他名下的房子因无力偿还贷款，最后被银行收回。

俗话说："做事先做人。"企业用人首先应看员工的人品，只有人品好的员工，才有被重用的可能。世界许多知名的大企业在选人用人时，都是把员工的人品放在首位。比如，摩托罗拉公司非常重视员工的品行和道德。如果一个应聘者的品行不符合摩托罗拉的要求，就算他的能力再强，也不会录用。

微软公司前副总裁李开复曾说："我把人品排在人才所有素质的第一位，超过了智慧、创新、情商、激情等，我认为，一个人的人品如果有了问题，这个人就不值得一个公司去考虑雇用他。"这个观点是很容易理解的，因为一个人的能力差一点没关系，大不了公司花点资金让你接受培训，但是一个人的人品不好却是很难改变的。所谓"江山易改，本性难移。"一个能力强、人品差的人一旦给你败事，那可能是毁灭性的。

成立于1763年的巴林银行是英国历史最悠久的银行之一，被称为英国银行界的泰斗，享有"女王的银行"的美誉。然而，1995年2月27日，这家有着232年的灿烂历史、4万名员工、在世界各地几乎都有分支机构的银行，突然宣布倒闭。消息一经传开，全球为之震惊，人们不禁要问：到底是什么原因造成巴林银行倒闭呢？

原来，巴林银行葬送在一个年仅28岁的交易员手里，这个交易员名叫尼克·里森，他在未经授权的情况下，用偷天换日的手法进行了不正当交易，当他赌输了日经指数期货时，却利用多个户头掩盖其损失。

最后，巴林银行以1英镑的象征性价格，拍卖给荷兰国际集团。

看到这家银行巨头的倒闭，你有什么感触呢？这就是因为员工的“第三只手”不听话，动了公司的奶酪，最后给公司造成了毁灭性的打击。所以，企业用人一定要考察人才的品质，一旦发现员工手脚不干净，就应该立即毫不留情地斩断其“第三只手”，将其清理出公司，这样才能彻底消除祸患，不留后患。

3 妒忌心强的人不能委以重任

人有嫉妒心，这是一种正常的表现。适度的嫉妒心并不是坏事，因为嫉妒心有时候可以转化为前进的动力。但是嫉妒心太强了就不好了，容易使人产生怨恨，觉得别人是自己进步的障碍。有了这种心理之后，往往会做出一些过激的事情来，如暗中使坏，以打击别人。从这个角度来看，嫉妒心太强的人不能委以重任。

对于普通员工来说，有一点嫉妒心也无可厚非。但对于担任关键职位的人员而言，通常要起到表率作用。如果一个处于关键性职位的员工忌妒心太强，他就不可能拥有容人的雅量，一旦别人表现抢眼，他很可能会想办法打压或孤立对方。试问，这样的人怎么能团结大家，圆满完成公司交给他的任务呢？

安安和莎莎同在一家广告公司工作。一天，总经理把她们叫到办公室，交给她们一项开发大客户的任务，由于该任务比较艰巨，所以，总经理希望她们合力来完成这个任务。而且在她们离开总经理办公室时，总经理特意嘱咐她们："你们一定要好好合作，如果有什么需要，可以随时来找我，同时你们要注意和其他部门协调。"

安安的业务能力一向很强，她在广告部的业绩数一数二，为此她自信心十足，根本不把别人放在眼里。莎莎的能力也不差，与安安不分上下，不过她是个虚心的员工，遇到自己不会的问题时，她总是积极向同事们请教，因此人际关系非常好。

走出办公室后，安安就对莎莎说："这次开发大客户的任务我们各干各的。"说完就转身走了，莎莎叫住安安："总经理明确要求我们合作来完成这次任务，我们各干各的能干好吗?"安安说："你开发你的客户，我开发我的客户，到最后我们再把客户合起来，这样不就搞定了?"

为什么安安提出这个主意呢？其实这与她的嫉妒心有关。要知道，在广告部，莎莎是唯一一个能力与她不相上下的人，她从内心里并不喜欢莎莎，反倒是嫉妒莎莎，因为莎莎的人际关系好，工作能力又强，非常受领导的器重。而她自己虽然也有很强的工作能力，但是人际关系一般。

在接下来的日子里，安安一个人埋头苦干，忙着开发大客户。但由于她"闭门造车"，仅凭一个人的力量去开发客户，最后只开发出几个小客户。而莎莎则谦虚地与其他部门联络，动用自己的人际关系来撒网，以捞取潜在的大客户资源。遇到难题后，她会找公司其他部门帮忙，在大家的协助和配合下，莎莎顺利地开发了几个大客户，超额完成了任务，为公司带来了好几笔大生意。当然，公司也给了她优厚的奖励，而且还让她和其他部门的优秀员工一起去巴厘岛度假。

后来，公司还提拔了莎莎担任广告部的主管，公司看重的是她与人的合作能力以及人际协调能力，而安安还是一个普通的广告业务员。

"世界上没有完美的个人，只有完美的团队。"相信这句话你一点都不陌生，一个人的能力再强，如果不懂得与人合作，不懂得借助别人的力量，他是很难取得伟大成就的。为什么不愿意合作呢？很多时候，是人的嫉妒心在作怪，尤其是当一个人嫉妒另外一个人时，他更加不愿意与他合作。这一点在安安身上表现得很明显。

身为企业管理者，一定要认识到，嫉妒心强的人的心理：嫉妒心强的人不允许别人比自己优秀，在工作中，他们往往不愿意与比自己优秀的人共事，更不愿意向比自己优秀的人请教。这样一来，他们就很难汲取优秀者身上的智慧，也不容易把工作干好。所以，嫉妒心强的人不能委以重任。

4 对于不知好歹的人不必一味退让

俄国著名的文学家普希金笔下曾描写过一个贪得无厌、不知好歹的渔婆。这个渔婆自认为自己有一技之长，以自己的工作能力来要挟渔夫。她一次次地逼渔夫向金鱼提要求，从要求金鱼给她一个好的木盆到一座宫殿，从要求金鱼给她温饱生活到锦衣玉食，一次次贪得无厌，最后终于一无所有。

现实中，有些员工自认为是企业的技术骨干，于是置领导对他们的关照于不顾，不知好歹地漫天要价，以为企业离开自己就无法运转。碰到性格懦弱的老板，也许他们能够得逞一两次，但是若碰到性格刚毅、做事讲原则的老板，他们往往是自取其辱。

上海有一家电子企业非常重视员工的技能培训，公司每年投入大笔资金来培训一批生产线上的骨干，这一举措大大提高了员工的素质，使生产效率大大提高，一时间订单不断，利润大增。

老板非常欣喜，对这批骨干宠爱有加，经常请他们吃饭，频频给他们加薪，过年过节还给他们红包，平日里对他们嘘寒问暖。按理说，员工应该感激这样的老板，毕竟人家器重你，既给你加薪，又在精神和情感方面对你十分关照，碰到这样的老板，乃是人生一大幸事。

然而有一次，那个技工工头在酒后萌生了一个念头："我手下有一批骨干，老板离不开我，我为什么不敲他一杠呢?"于是，他暗示老板给自己加薪，结果老板爽快地答应了。从那以后，这个工头认为自己掌握了老板的命脉，于是频频公开要求加薪，老板若是不答应，他就带着一帮骨干消极怠工，甚至以集体跳槽相威胁。

最老板感到愤怒的是，工头竟然在外商前来验货的时候在产品上做了手脚，使企业形象大损，还失去了一个重要的客户。老板忍无可忍，只好把这批技工全部辞退了。

中国人讲究"投桃报李"，老板器重你，对你好，主动给你加薪，这原本是一件非常开心的事情，但是你却不把老板的好放在眼里，得寸进尺地向老板提出过分的要求，这不是太过分了吗?

身为企业老板，在面对这种不知好歹，不懂感恩的渔婆型员工时，千万不要步步退让，该狠时就要狠一点。否则，你将会被员工牵着鼻子走。你要知道，地球离了谁都可以照样运转，企业离开了骨干员工一样可以运营。只是在你辞退渔婆型员工之前，务必要做好下一手准备，以免把自己逼到狼狈的境地，给公司造成不可估量的损失。

赵老板手下有一个女采购员小菲，小菲的工作能力很强，经常能以更低的价格进购公司需要的产品或原材料。赵老板对这个采购员十分赏识，经常给她加薪，还给她带薪休假的福利。没想到，他一次次向员工示好，小菲却贪得无厌。

有一次，小菲找到赵老板，开门见山地说："老板，该给我加薪了。"

赵老板说："一个月前我不是刚给你加薪了吗? 怎么又要加薪呢?"

没想到小菲蛮横地说："我的能力怎么样，你心里最清楚，如果你觉得我行，你就给我再加3000的基本工资（原来是4000，再加3000，即7000）。如果你觉得我不行，那我马上走人。”

赵老板很清楚小菲的能力，她虽然是初中学历，但是在公司里，采购能力却是首屈一指。而赵老板对她也不薄，给她的基本工资比所有本科生的基本工资都高。现在她的工资是“基本工资4000元+业绩提成”。上个月已经给她加了500元的基本工资，她每个月的业绩提成也不少，上个月仅提成就5000元。

赵老板思考了片刻，终于开口了：“小菲，我上个月已经给了加薪了，而且平时我待你不薄，你要请假，我每次都准。我每年还给你两次长达一周的带薪休假的福利，这些好你都看不到吗？两个月前，你没去看工厂就和对方签了合同，并让公司支付了原材料定金，结果对方收了钱就不理人，被对方骗去了10万多元。到现在一分也没拿回来，这我都不追究，你现在还要我给你加薪，一张口就要求加薪3000元，你把我当什么了？你觉得自己不可替代是吗？你觉得我软弱可欺是吗？今天我把话放在这里，你加薪的要求我不答应，你如果愿意干，就留下来，我就当这件事没发生过。如果你不愿意干，那我也不留你。”

小菲被赵老板这句话震住了，吃了个闭门羹，灰溜溜地走出了赵老板的办公室。小菲没有因加薪不成而离职，倒是赵老板私下开始物色优秀的采购人员来替代小菲，一个月后，赵老板找到了优秀的人才，然后毫不留情地辞退了小菲。

俗话说：“做人要厚道。”人是感情动物，对待那些对我们好的人，我们都会产生报恩的心理。即便在现实的职场，即便不说报恩这事，至少内心会有一点感激。如果你发现员工丝毫没有感恩之情，是个没良心的贪得无厌之人，那么你不必一味退让，赶紧物色合适的替代者，然后尽快将渔婆型的员工辞退。

作为老板，作为企业管理者，你的内心要有一杆秤，员工的能力如何，你给员工的薪资如何，这两者之间如果匹配，而且平时你对员工比较照顾。在这种情况下，如果员工还不知好歹，那么你还有什么好心软的呢？赶紧强硬起来吧，绝不要做一个被员工操控的管理者。

5 及时向能力低下者亮红牌

企业用人，应该做到“能者上、庸者下、平者让”。所谓“能者上”，是指给有能力的人合适的岗位，让他们有机会充分发挥自己的聪明才智；所谓“平者让”，“平”是指业绩平平，对于这种人，管理者只好让他们让位，让位给更优秀的人才。

比“平者”更让企业烦恼的是“庸者”，他们要么能力低下，要么工作态度糟糕，总之，他们不能为企业创造效益，还可能给企业带来负面影响，对于这种员工，管理者要及时向他们亮红牌。

什么叫“亮红牌”呢？看过足球比赛的人都知道，当一个队员严重犯规时，裁判员会向他出示红牌，将其罚下场。在企业里，当员工犯了严重错误，或违反了公司的规章制度，或能力低下，无法适应工作需要时，充当裁判角色的管理者就应该立即站出来公正执法，向这类员工出示红牌，礼貌地请他们离开。要知道，如果不及时请他们离开，对他们心慈手软，最终会伤害企业的利益，这可是管理者的失职。

某公司有一位35岁的会计主管，他虽然有一定的能力，但是工作态度消极，对什么工作都提不起兴趣，还经常违反工作制度，不把上司的批评放在眼里。后来，公司发展规模进一步扩大，公司对会计主管的要求更高，他开始无法适应新的发展形势。

终于有一天，老板做出行动了，他先让人给会计主管分配清理旧账及合同管理等工作，没想到他还故伎重演，不肯接受工作分配。老板得知这一情况后，决定向这位会计主管摊牌：“感谢你这些日子为公司做出的贡献，不过坦白地说，如今你已经无法适应企业的发展，而且你的工作态度并不招人喜欢，公司决定解雇你。”

之后，通过人力资源部经理与这位会计主管沟通协商，公司与该员工达成了解雇协议，他也接受了公司的裁员决定。

员工的能力怎么样，一般在招聘人才的时候可以大致判断，也有一些员工的能力要通过实际工作来判断。一般来说，新员工有三个月的试用期，在这个三个月中，其能力怎样大致能看出来。对于能力低下的员工，企业无需拖泥带水，而应及时向其亮红灯。

一个人的工作能力是不太容易变的，要变也只可能变得更强，而一个人的工作态度是容易变的。当一个有能力的员工失去良好的工作态度时，他无疑成为了“能力低下者”。因为对企业而言，无法为企业创造价值的人就是能力低下者。

有些员工原本能力很强，在自己的职位上兢兢业业地工作，业绩也很突出，但是后来“变质”了，变得不安分守己，开始无视公司制度，直接沦为了一个庸才。对于这种人，管理者有必要及时向他亮红灯，及时清除出公司。

著名商人胡雪岩曾经有一个员工，名叫王三江，是阜康钱庄的一个小伙计。胡雪岩慧眼识才，发现王三江做事很谨慎，而且有远见，于是提拔他做钱庄的大伙计，管理钱庄的大小事务。

王三江确实是个人才，得到重用之后，他为阜康钱庄注入了一股活力。在十多年的时间里，他为钱庄做出了巨大的成绩。正因为功劳很大，他慢慢变得放松自己，开始不听从胡雪岩的调遣。在人际关系上，也放任自己，不把其他同事放在眼里，经常对他们大呼小叫，好像钱庄没了他就不行一样。

王三江的做法与胡雪岩长期经营的钱庄所形成的风格背道而驰。胡雪岩曾建议王三江改正自己的工作态度，修正自己的做事风格，但是王三江并不在意。最后，胡雪岩渐渐无法容忍了。

后来，王三江赌钱输了个精光，还欠下一屁股债。为了还债，他假冒胡雪岩的名义挪用钱庄的钱还债。他本以为这是天衣无缝的，却不知，赌场的老板曾受过胡雪岩的恩惠。因此，他把王三江的事情告诉了胡雪岩。

胡雪岩大怒，毫不留情地将王三江赶出了钱庄。尽管王三江苦苦求情，也有伙计替他求情，但胡雪岩态度决绝。他说："现在的王三江，再也不是过去的王三江了。这种事情他能干出一次，就能干出第二次。所以，钱庄绝不能留他。"

曾经的得力干将，也许会变成你的累赘，变成公司发展的阻碍。因为人是会变的，而且最怕人品变坏。如果有一天，当你发现公司的一位能者有挪用公款、吃回扣等严重的不良举动时，请狠心一点，将其请出门外。记住，当能者变成庸者时，他就无法为公司创造价值了，这个时候该淘汰的必须要淘汰，这样才能保证企业源源不断注入新的活力。

6 不淘汰平庸的员工，是对奋斗者的不负责任

不想当将军的士兵不是好士兵，同理，不想当领导的员工也只是永远平庸。好的下属是完全具有可塑性的，但要想将这些员工培养成卓越人才却并不容易。企业要想做大做强，必须要培养一批精兵强将，因此，管理者在培养员工的过程中，必须毫不留情地淘汰那些平庸者，这既是对企业的未来负责，更是对奋斗者的肯定。

不少管理者经常面临这样一个问题：到底该如何解雇那些"鸡肋人物"？一般来说，这些人工作还算努力，懂礼貌，善解人意，甚至在公司里面还有着不错的口碑，然而他们在工作中却经常犯错，哪怕是多次提醒

依然不见什么起色。对于这样的人，解雇起来需要很大的勇气，但为了企业的发展，却不得不淘汰。

阿丽是某科贸公司的经理，最近公司新来了一位女员工，人长得漂亮，性格活泼可爱，但却令她头疼不已。该员工在通过单位两个月的试用期后，看起来似乎工作十分努力，但在业绩上却平平庸庸，每次都是打着最低考核标准的擦边球。起初，阿丽认为该员工可能是由于还未融入企业的环境，所以才会业绩平平，毫无起色。

为了帮助她提高业绩水平，作为经理的阿丽专门安排了一位经验丰富的老员工指导她，但转眼3个月过去了，该员工的工作状态丝毫没有改变，还是老样子，更令阿丽头疼的是，她完全是在被动机械地工作，根本毫无工作积极性，这样又怎能把工作做好呢？为了帮助这位员工提升业绩，阿丽专门找她谈话，并给予其精神上的支持与鼓励，并许诺，只要她能够超额完成工作任务，一定会给予其丰厚的物质的奖励。

然而，阿丽的办法似乎没有一点作用，该员工还是老样子，甚至工作业绩还有下滑的趋势，总是这样通融一个平庸者，难免会让那些业绩优秀的员工感到不公，出于这个层面的考虑，阿丽毫不留情地开除了这名能力平庸的员工。

实际上，每个企业都有工作能力平庸者，他们整天不思进取，上班就是“磨洋工”，拿工资混日子，如果不淘汰这类员工，那些优秀员工难免会产生“不干活也这样，干这么多活也这样，那我为什么非要这样拼命努力呢？”一旦员工们有了这种想法，那么企业的整体工作效率必然会降低。

通常来说，企业都会有一套完整的人事体系，对于什么情形下可以与员工解除聘用合同都有着比较明确的要求，作为公司的管理者，要善于借助这些制度来清除那些平庸的员工。此外，在人员招聘时，要尽量避开那些没有培养价值的人，只有这样才能从根源上减少平庸者的数量。

身为企业管理者，由于平时的日常管理工作纷繁复杂，所以即便是有三头六臂也很难做到面面俱到，产生或多或少的遗憾也是在所难免。一个明智的领导者不会对无关紧要的小遗憾而患得患失、耿耿于怀，只要所做之事对企业来说利大于弊，那么他们便会坚决执行，决不会因为小小的损失而忧虑。

疏而不漏，危急关头绝不手软这正是企业界成功管理人的共同之处，人的精力是有限的，要想管好一个偌大的企业，就必须要抓住重点，抓住关键点。俗话说，做大事者不拘小节，如果凡事斤斤计较，过于在乎那些细枝末节，那么，势必会丢掉大局，从而给企业造成更大的损失。

人们常说，“铁打的营盘，流水的兵”，一个企业从小到大，既有不断加盟的优秀人才，也会有人陆续离开，这是十分正常的事情。号称“中国企业教父”的柳传志，在用人这件事情上看得开，时刻牢牢把握着大局，对于那些不正常的现象，他从来不会过分忧虑，这也正是他获得成功的一个重要原因。

在联想有不少元老级别的员工当初跟随柳传志一起创业，在大家的共同努力下，联想从一个几百万年销售收入的普通企业，迅速成长为年销售额超过百亿的知名品牌。然而，天下没有不散的宴席，从倪光南、吕谭平、孙宏斌到杨元庆、郭为，一个个重量级人物的离开并没有让柳传志有任何忧虑。

在他看来，企业发展需要新陈代谢，这种新陈代谢的规律注定会有元老人物退出，只要把握住了这一大局，那么便不会因为新老员工的交替而忧虑，尽管陆陆续续有人离开，但柳传志始终都是气定神闲，一步步筹划着企业的发展，一步步引领着大家把联想发展壮大。

好不容易培养起来的骨干离职了，与自己一起并肩作战熬过困难时期的老伙伴离开了，原本重点培养的下属突然跟不上团队的发展了……在具体的管理工作中，总是会出现这样或那样的遗憾，即便是再优秀的管理者也很难做到尽善尽美。

在现实生活中，绝大部分管理者在骨干离开公司后都会陷入患得患失之中，实际上，不淘汰平庸的员工，完全是对奋斗者的不负责任。人才掉队并不是什么遗憾事，而是一种常态，企业对人才的需求本身就是“喜新厌旧”的，所以有人离开很正常。作为企业管理者，不必为此而担忧，越是这种危急关头越是不能手软，学会处理“掉队者”才是正确的应对之策。

7 坚决不用与公司核心价值观不一致的人

中国人有门户之见，结婚的时候讲究门当户对，所谓郎才配女貌、才子配佳人。其实，企业与人才也要讲究门当户对，要看双方的价值观是否匹配，看员工是否认同企业的价值理念、行为方式、行事风格。如果员工不认同企业的核心价值观，那么再优秀的人才也坚决不能用。

有一次，杜邦的管理者招聘一个工程师、一个出纳员。管理者向工程师提了一个问题：“快下班的时候，如果厂房里有台机器需要维修，如果加班，公司给一个人一天补助 100 元，如果你是这个班的班长，你会派两个人去维修吗?”对方回答：“为了节约公司的成本，我肯定只派一个工程师去维修。”

接着，管理者向出纳员提出了一个问题：“如果公司发生了大火，你的第一动作是什么?”对方回答：“出纳员的职责是保护账目和资金，我的第一动作当然是把账目和资金放进保险柜，然后再跑。”

结果这两位应聘者都没有被录用，原因不是他们的专业能力不合格，而是因为他们的价值观与杜邦公司的核心价值观不同。杜邦公司的价值观是安全、道德、环保和尊重他人，如果维修机器，一定要两个人一起去，而不要一个人干；如果发生火灾，第一时间应该跑，钱可以不要。因为如果没有人，有钱也没用，这就是杜邦的价值标准，也是雇用员工的一个条件。

中国的很多企业讲究集体利益高于个人利益，讲究节约成本，为企业省钱的员工会得到嘉奖。这就是不同企业的核心价值观，这种价值观很大程度上来自于企业老板、高层管理者的价值观、行为方式。说到底，这就是企业判断一件事情的是非标准。

企业的核心价值观没有好坏之分，它是大多数人认同的，如果一个员工不认同你公司的价值观，那么他与你公司就“门不当户不对”，你们就没有合作下去的基础。在企业发展的过程中，老板一定要明确：什么样的人不能用，一定要把不合适的人请下车。

伊藤雅俊是日本伊藤洋货行的董事长，他经营企业以严谨著称。在用人方面，他坚决不用与企业核心价值观不一致的人。在管理企业的过程中，他一向要求员工不要居功自傲，要忠诚敬业。如果员工的言行与此相违背，他会果断地将他们除名。被他除名的不乏许多经营天才，岸信一雄便是其中一位。

岸信一雄原来在东食公司任职，对食品的经营颇有心得。他的到来，为伊藤洋货行注入了一股活力。在十多年的工作中，他为公司做出了巨大的贡献。正因为如此，他一直比较自以为是，对自己的言行比较放松，而且在一些经营观念上与伊藤雅俊有分歧。在人际关系方面，他也变得放任起来。

岸信一雄的表现与伊藤雅俊严谨的管理风格产生了巨大的反差。伊藤雅俊无法接受岸信一雄的做法，他要求岸信一雄约束自己的行为，改善工作态度，但是岸信一雄不屑一顾。他对伊藤雅俊说：“难道你没看到我的业绩一直在上升吗？为什么我一定要改变呢?”

伊藤雅俊知道，岸信一雄的价值观与企业不同，这是不可改变的。他认为，如果企业中开始形成一种习惯势力，出现管理真空，那么任何绩效都无法挽救企业灭亡的厄运。因此，他只好忍痛将他解聘。这一消息传出后，很多人都感到震惊，还有不少人替岸信一雄求情，但是伊藤雅俊告诉那些人：“秩序与纪律是企业的生命，不守纪律的人一定要处以重罚，即使会因此而减低战斗力，我们也在所不惜。”

企业不是原始丛林，员工也不是海盗强盗，员工必须认同企业的核心价值观，必须按章法办事。日本经营之神、松下电器的创始人松下幸之助曾经说过：“如果你犯了一个错误，公司是会饶恕你的。然而，你背离公司的原则就会受到严厉的批评，直至解雇。”

管理咨询师汪中求说过这样一句名言：“不合适的员工不放弃，市场就会放弃你的企业。”一个员工如果不认同企业的核心价值观，他就不会有高效的执行力，企业就不会有核心竞争力。皇明集团董事长黄鸣先生也是这么认为的，他就曾果断地辞退了公司中不认同企业核心价值观的员工。

中国最大的太阳能企业——皇明太阳能集团，是一家民营股份制企业集团，创立于1994年，当时公司只有七八个人。如今，已经有4000多名员工，品牌价值高达51亿元。然而，在2000年至2003年期间，皇明公司的业绩回落到15%至17%的增长幅度。这个时候应该保守前进，还是应该大胆改革呢？为此，黄鸣先生做了一个艰难的选择，最终他决定改革。

对于公司中出现的“反对派”，比如一些有能力、有经验，对企业文化不认同的人，黄鸣先生决定分批辞退。最终，辞退了1000多人。黄鸣告诉大家：“如果大家不认同公司的价值观，不换脑筋就换人。”

杰克·韦尔奇在中国讲学时，曾经说过一句话：“什么样的人企业坚决不能用呢？那就是有业绩、有能力，但是不认同公司文化和企业价值的人。这样的人坚决不能用，坚决不能让他们待在公司，更不能让他们进入公司的高层。”因此，狠心一点吧，员工若不换脑筋，你就要坚决换人。

8 最好让每一个被解雇者，都能体面地离开

企业不是福利院，也不是慈善救助中心，公司老板为了企业发展的需要，在合法的范围内解雇员工无可厚非。如果不是杀鸡给猴看，在正常情况下，不要当着公司其他人的面宣布解雇某个人，否则会伤害员工的自尊心，招来反感甚至报复。若希望给对方保留点面子，应在私下暗示或通知，而且最好采取温和的方式，让员工体面地离开。如果过于绝情，可能招致不良后果，给公司带来一些不必要的负面影响。

有人把企业比作一棵大树，裁员就是必要时对树枝的修剪。适当地修剪是为了降低营养负荷，让树长得更加挺直、粗壮、高大，成为栋梁之才。而修剪的时候，一刀下去，树枝落地，显得非常刚性和无情。不同的是，树枝没有感情，而被裁的员工却是活生生、有感情的人。

我们知道，"被裁"这件事不管发生在谁身上，谁都不会好受。因此，在裁员之前，管理者一定要做充分的准备，在裁员过程中企业应多关注员工的感受，与员工充分地沟通，这样被裁的员工接受起来也容易得多，也能更加平静和体面地离开。

有这样一个笑话：

员工："老板，我会努力工作的，这样才能赚到钱！"

老板："很好！不过……靠打工是挣不了大钱的，要想挣大钱……！"

员工："那……该怎么办呢？"

老板："以你的才干，你应该选择创业，自己当老板！"

员工："真的吗？谢谢老板的肯定，我这就辞职。"

老板心理偷着乐：不用赔偿金，就能顺利裁员，这招可真管用啊。实

际上，员工没有这么傻，老板也没有这么天真，要想顺利裁员，还需做充分的准备，让员工感受到企业的尊重和赏识，不失颜面地离开。

有位总经理想辞退公司的一位女员工，事先他了解到这名员工上班不积极工作，经常上网聊天、看娱乐新闻，又得知她的老公是一位公司的主管，家境也相当不错，而她来公司上班，很大程度上是为了打发无聊的日子，不是特别在意工资待遇。于是，总经理邀请这名女员工喝茶。

女员工得到总经理的邀请后，显得十分激动，精心打扮了一番，如期而至。在茶吧里，总经理和女员工闲聊家庭生活，还特意谈到自己的妻子，说她在家经营了一家淘宝店，每天上上网，在家做做饭，一个月下来，既有闲也有钱，过得特别快乐。

讲完自己妻子，总经理问女员工：“你想开淘宝店吗？我可以给你提供这方面的支持，这样你可以在家上上网，发发货，还能照顾到家里，你觉得怎么样？”

女员工被总经理说动心了，第二天就递交了辞职信。之后在总经理的帮助下，她顺利地开起了淘宝店，至于她的店经营得如何，这都是后话了。不过总经理顺利地辞退了她，而且让她体面地离开，从一个打工仔晋升到“老板”，女员工打心眼里感激总经理。

实施裁员，有简单粗暴的方式，也有温和人性的方式。不同的老板有不同的裁员方式，简单粗暴的方式容易招致冲突、激化矛盾，导致遗留一堆问题；温和人性的方式可以让员工体面地离开，并且对公司怀有好感。

那么，具体来说，裁员时要注意哪几个问题呢？

（1）要做好裁员面谈准备。一般来说，裁员面谈时间设定在 20 分钟左右，为了缓和紧张的气氛，面谈可以选在会议室、休息室、咖啡厅等不太严肃的场所。面谈最好避开重要的纪念日、节假日，哪些日子是员工的重要纪念日呢？这就要靠管理者平时多留意收集这类信息了。

（2）谈论什么？在面谈前，可以先寒暄几句，问一问最近的生活情况，然后即可切入正题，告诉对方公司的决定，并解释做这个决定的原因。在解释的时候，要把重点放在职位本身，而非员工本人，以免员工觉得你在攻击他。

（3）要注意安抚员工激动的情绪。在面谈中，无论员工的反应多么激烈，你都不要和他争辩，而要认真地倾听，对员工的心情表示理解。在员工失落的时候，多提一提他对公司的贡献，多肯定他的优点，这样可以让员工慢慢平静下来，而不至于产生自暴自弃的消极心态。

（4）按照法律的规定，该给员工的赔偿一定要给，切不可为了这点钱和员工产生纠纷，否则事情闹大了，对公司毫无益处。

（5）持续关怀，让员工平稳过渡。裁员面谈结束后，很多管理者觉得一切都过去了，可以松一口气了。其实不然，对于那些被裁的员工来说，真正的考验才刚开始。有些员工在被裁员之后的很长一段时间内，始终无法接受自己被裁的现实。他们可能借酒消愁，可能把自己关在房间，消沉度日。这种不肯面对现实的逃避心理是可以理解的，因为被公司裁掉对他们来说无疑是一种打击，甚至是一次人生挫折，这种挫折对他们的心理伤害是特别大的，尤其是那种毫无征兆、突然被裁的情况，更会深深伤害一个员工的心。

鉴于此，管理者应该该给员工持续的关怀和帮助，如果可以最好帮他们找一份新工作。前面我们说了，裁员就像修剪侧枝，修剪下来的侧枝我们不能简单地往路边一扔，让它们化为泥土。作为一个有社会责任的企业，作为一个有责任心的管理者，最好能够对这些被修剪下来的枝条进行再修剪，甚至对其进行嫁接，帮他们找到新的位置。

曾有这样一个公司，老板希望将某个员工裁掉，但由于各种原因，他又不能直接辞退这名员工。怎么办呢？后来他想到了一个办法，他找到了一家中介公司，让该公司为这名员工介绍一份工作。就这样，这名员工被顺利“辞退”了，最终皆大欢喜。

第十一章 Di Shi Yi Zhang

如何打造一支打不垮、挖不走的铁血团队

团队打江山，要有血性，要有强硬的作风。作为管理者，你要像揉面团一样建设团队，把利益、人情、制度都添进去，揉出一个劲道十足、任尔东西南北风也打不垮、冲不散的团队。也只有这样的团队，才能经得住外界的诱惑，经得住风险的考验，才能所向披靡，战无不胜。

1 没有完美的个人，只有完美的团队

从前，有两个饥饿的人得到一位长者的恩赐：一根鱼竿和一篓鲜活的鱼。经过商量，其中一人得到了一篓鱼，另一个人得到了一根鱼竿。得到鱼的人原地用干柴搭起篝火煮起了鱼。没几天鱼就被他吃光了，不久便饿死在空空的鱼篓旁。

另一个人则拿着鱼竿忍受着饥饿，一步一步艰难地向海边走去。眼看那片蔚蓝色的海洋就在前面，他却用尽了最后一点力气，于是累死在海边。

另外也有两个饥饿的人，他们同样得到了长者恩赐的一根鱼竿和一篓鱼。经过商量，他们并未各分东西，而是一起合作去找寻大海。他俩每次只煮一条鱼共享，经过长途跋涉，他们终于来到了海边，两人从此开始了捕鱼为生的日子。几年后便盖起了房子，有了各自的家庭，过上了幸福安康的生活。

这个小寓言说的就是善于合作，才能够获得更大的利益。像“合作”、“双赢”这样的词，在当今的国际社会和外交中都已经屡见不鲜，合作互助已经成为人类谋求共同发展的共识。合作是一种能力，更是一种艺术。唯有善于与人合作，才能获得更大的力量，争取更大的成功。自古就有“三个臭皮匠，顶个诸葛亮”的说法，纵观历史上的成功人士，没有一个人是凭着一己之力取得成功的。在我们事业的发展中，一个人的力量可大可小，但若汇聚在一起就会拥有无比强大的合众力。一个善于合作的人，

也更容易取得事业上的成功。而一个缺乏合作精神的人，事业上难有建树，也难在激烈的竞争中立于不败之地。只有善于合作，才能够团结形成合力。

哲学家威廉·詹姆士曾说：如果你能够使别人乐意和你合作，不论做任何事情，你都可以无往不胜。这就是团结互助的力量，尤其是在现代社会，单枪匹马、孤身奋斗的结果只能是事倍功半，想要获得成功简直比登天还难。集体的力量，才是事业获得成功的关键。因此，学会合作并努力去做一个善于合作的人，这是每个人在社会上立足所必须具备的基础能力之一。

李嘉诚说：善于合作，壮大自己的实力。要做生意就是要学会与人合作，在合作中共同发展，这样才能形成强强联合。学会合作，积极地团结他人，不仅是个人成功的需要，更是这个合作团体取得更大利益的需要。

有句话说得好：树只有成林，才能抗风雨。学会团结合作是我们生存的关键，也是我们成功的前提。在如今劳动分工日益精细的情况下，靠个人的能力成功的机会太少了。合作已经成了人的一种能力，取得胜利的基础。对于一个想要在社会竞争中取得成功的人来讲，仅仅懂得合作的含义是远远不够的，还要善于并做到彼此间的合作。善于合作就是要做到与集体成员之间的密切配合、精诚合作，在合作的基础上实现多层次合作、多渠道合作，通过相互合作进行交流和沟通，达到利益最大化的目的。因为一个人的能力有限，如果不善于同他人合作共进，不懂得借用他人的力量，顶多只能称得上是一个独臂英雄，一个无人呼应的强者。

微软创始人比尔·盖茨可以说是一个计算机方面的天才，但他在公司管理方面却手足无措，以至于微软刚成立时就陷入了危机。比尔·盖茨知道自己不懂管理和经营，于是想到了和别人合作，那个人就是他的哈佛校友史蒂夫·鲍尔默。

鲍尔默是个外向型的人，他热情洋溢，有幽默感，喜欢用煽情的语调表达自己，并有极强的社交能力，和腼腆拘谨、沉静稳重、不善交际的比尔·盖茨刚好相反。两人的性格虽然有很大差异，但是都有个共同的特点，就是善于合作。他们无时不在一起交流对许多问题的看法，这就是两人为什么在业界决斗场上可以天衣无缝地联手出击的原因，这也为他们以后的肝胆相照、精诚合作奠定了基础。

于是在1980年，比尔·盖茨就以5万美元的年薪，说服了当时正在斯坦福大学商学院深造的鲍尔默。于是鲍尔默便成为了微软第一位非技术学院毕业的受聘者，鲍尔默也没有让比尔·盖茨失望，加入微软后便和比尔·盖茨合作得很愉快，他把微软当成了自己的家，一干就是25年。

比尔·盖茨有很好的技术，而鲍尔默有着惊人的管理才能，二人合作互助，使得微软战胜了一个又一个的对手，摆脱困境，走向了强大和成功。有人说，盖茨就像是一个精明的掌柜，而鲍尔默则是一个忠实的管家，正是二人的相辅相成，使微软一步步走向了辉煌的巅峰。

没有完美的个人，但可以有完美的团队。一个人的能力毕竟是有限的，为了弥补个人的不足，便需要有善于合作的精神。比尔·盖茨和鲍尔默虽个性迥异，但通过互补达到了自己的目标。蚍蜉虽小，却能撼动大树，它凭的是什么？凭的就是成千上万的蚍蜉团结合作的力量。所以，善于合作是一种智慧，我们每个人都应该以开放的心态去接纳每一个与我们有共同追求和奋斗目标的人。

国际21世纪教育委员会在呈给联合国教科文组织的报告中说："由于竞争成为日常生活各个领域中一种无处不在的现象，团结互助就显得尤为重要。"他们认为，当今社会就需要有合作精神。21世纪对人才规格的基本要求不仅是要敢于冒险、敢于探索、富有创造力，更要善于合作。

既然合作对于成功来说很重要，那么怎样才能有效地与人合作呢？

1. 要善于寻找共同的利益。人与人之间合作的基础就是共同利益，离开了共同利益，合作就无从谈起。这个利益可以是金钱，也可以是共同的目标和梦想。只有两人的方向一致，才能够形成更大的力量，创造更大的利益。

2. 要有一定的认知力。在合作中，合作伙伴相当重要。所以要有一定的认知力，看清眼前之人到底值不值得合作。如果选错了合作伙伴，那你们的合作将会是一盘散沙，必败无疑。

3. 要善于接受别人的意见。在合作中肯定会有意见相左的情况，这时就不能盲目独裁，而要分析别人话里的含金量。要虚心接受别人的意见，而不是唯我独尊。

2 团队建设就像揉面团，越筋道凝聚力越强

什么叫团队建设？如果用新东方创始人俞敏洪的话说，团队建设就像揉面团，越筋道凝聚力越强。俞敏洪说过："一个团队，刚开始的时候，就像面粉，一拍就会散，但是随着时间的延长，往里面加水，揉啊揉，慢慢地就会成为面团，就很难散了，甚至越揉越黏，到最后这个团队就分不开了。"

在俞敏洪看来，要想打造一支优秀的团队，少不了三个因素：一是利益，二是权力，三是人情。这就是"揉面"时需要往面粉里添加的东西，俞敏洪特别强调了"人情"在团队建设中的作用。为此，他还联想到《三国演义》中的刘备和曹操，他说刘备和曹操都有强大的管理能力，不同的是刘备在人情投资方面，比曹操做得更好。

当年曹操对关羽那么好，关羽依然过五关斩六将，非要去找刘备，这就是刘备人情投资成功的一个典型例子。刘备经常跟部将们说："你们都是我的兄弟，打下的天下就是大伙儿的。"曹操却不这么说，曹操不曾和别人结拜，他聚集人才的手段既有人情，也有利益。相对于刘备，他偏重于用利益留人才。

在新东方发展的过程中，俞敏洪历来崇尚“人情+利益”的团队打造理念，不过他承认，在新东方发展初期他的人情投资比较低级，不外乎请客吃饭、喝酒、出去玩儿，他和大家称兄道弟。随着业务的不断拓展，新东方的赢利范围不断扩大，这个时候俞敏洪身兼董事长和总裁的职务。原本这是一件好事，但是众人利益分配方面出了问题，以前“大碗喝酒、大块吃肉”的哥们儿开始陷入尖锐的利益纠纷之中，新东方遭遇了成立以来最严峻的考验。

在这种情况下，俞敏洪将利益、权力和人情三者巧妙地糅合在一起，在以往的基础上，加大了“利益”的分量，使之大于“人情”的分量。最后，他在利益与人情之间找到了平衡点，他认为：利益始终应该放在第一位。如果你给员工的利益超过了其他企业给员工的利益，那么你的员工留下来的可能性就较大。在此基础上，你再给员工人情，员工就会感到很舒服，就愿意为你效力。

经历了那次风波之后，俞敏洪表示：现在的新东方非常好，不光没有散架，而且团结得更加密切，彼此之间合作的层次也提高了，而且每个人在自己擅长的领域为公司做出了贡献。比如说徐小平老师针对中国留学生出版了四五本书，王强老师出了基本口语著作。大家一起关注新东方的未来、命运和前途，彼此从理念到行为，都非常的一致。

从俞敏洪的讲述中，我们可以发现“揉面团”的过程中，既包括了团队成员之间并肩战斗，也包括了团队成员之间相互摩擦。这种摩擦主要表现在思想观念、内心需求、观点建议方面的碰撞和融合。这也让我们意识到，把一堆面粉揉成劲道十足的面团不是一蹴而就的，而是一种长期的修炼。

阿里巴巴“十八罗汉”进入公司的时间不同，大家有先有后。在多年的合作中，有过很多不同观念的冲突，彼此间也曾有激烈的争吵，甚至有几天不说话的。遇到这种情况，马云就会站出来缓和气氛，因为大家有共同的事业。最后，十八罗汉糅合在了一起，彼此之间合作得非常愉快，为阿里巴巴的发展做出了重要的贡献。

很多企业像新东方、阿里巴巴这样的大企业一样，也拥有众多优秀的人才，但是他们中的一些企业，没有像新东方、阿里巴巴一样打造出凝聚力十足的团队，导致他们企业发展不那么迅速，有些企业甚至举步维艰。这到底是怎么回事呢？答案是团队成员之间没有产生有效的反应，没有揉成一个整体，没有劲道。

有一家企业由于项目好、战略措施得力，在创办后短短两年时间内，企业业绩直线上升，成为同行的佼佼者。但不足之处是，由于企业发展迅速，人力资源工作相对滞后。这家企业的人员比较特殊，有创业期的老员工，也有经验丰富的“空降兵”——职业经理人，还有初出茅庐的大学生。可以说，这家企业已经具备了发展需要的人才，可是问题就在于这些人员没有融合成一支有战斗力的团队，无法真正发挥团队的作用。

后来，该企业在管理专家的帮助下，开展了员工培训计划，对企业人力资源进行整合。同时，大力宣扬企业文化，提出共同的目标，很快这家企业又焕发了生机和活力。从这个案例中，我们可以看出：“揉面团”在团队建设、企业文化、价值理念、共同目标统一方面，都是不可忽视的重要因素。

此外，在团队建设中，为了让团队成员之间产生有效反应，管理者应该注意以下三点：

（1）根据团队成员的个性来建设团队。我们知道，每个人都有自己的个性，有些人个性很强势，有些人个性比较温和、比较弱势。如果把个性都很强势的人捏合在一起，那么团队中就有吵不完、打不完的架，如果把个性都很弱势的人捏合在一起，那么团队就会失去骨气和气魄。这都是不明智的，最好的办法是把个性强势和弱势的人整合在一起，这样他们彼此间可以互补，自然就比较有战斗力。

（2）把能力互补的人整合在一起。有些人擅长组织，有些人擅长策划，有些人擅长执行，把这些能力侧重点不同的人整合在一起，让大家各行其是，就能把一件事做得尽善尽美。

（3）引导团队成员保持畅通的交流。良好的团队沟通可以增进大家相互之间的情感，使彼此更好地协作，有了情感基础，团队才能产生凝聚力。

3 用目标和利益把团队成员紧紧绑在一起

有个农夫有一匹马和一头驴。一次外出，他让驴驮的货物多一些，让马驮的货物少一些。在途中，驴累得筋疲力尽，就对马说："老马，你能帮我分担点货物吗？我累得受不了啦！"马说："凭什么帮你驮，我不帮。"没过多久，驴因为超负荷累到了，主人见状，只好把驴身上的货物全部放在马背上。这一下，轮到马受尽苦头了，当马累倒时，它才后悔之前没帮驴分担货物。

这个故事充分说明一点：团队成员不能自私自利、各自为政，而应该为了达到共同的目标，为了共同的利益，紧密团结在一起，互相协助，互相支援。只有这样，团队才是一个有效的整体，才能攻克难关，赢得更大的胜利。

看看草原上的蚂蚁，当野火燃烧时，众多蚂蚁会迅速聚拢起来，努力抱成一团，然后像皮球一样滚动，以逃离火海。在这个过程中，蚁球外部的蚂蚁被烧得很惨，但是他们用自己的身体保护了蚁球内部的蚂蚁，为集体留下了生还的希望。再看看竹篓中的螃蟹，一只螃蟹爬上篓壁，想逃出去时，其他螃蟹就会攀附在它身上，结果把它拉下去了，最后一只螃蟹都逃不出竹篓。

对比蚂蚁和螃蟹，我们就会发现：没有目标的团队是无法真正团结起来的，最后也无法赢得团队利益。尽管人性是自私的，但是在企业里，老板必须强调共同目标，强调团队利益，要让员工明白：如果一个团队无法实现共同的目标，无法获得整体的利益，员工的利益就没法保障。

杰克·韦尔奇曾说过：“鉴别一个团队是平凡还是一流，就看它有没有一个明确的目标，而且这个目标还要让大家都兴奋。”关于这一点，知名足球教练希丁克已经用实际行动证明了。

距离2002年韩日世界杯只剩500天时，希丁克被韩国聘请为国家足球队的主教练。当时韩国足球队的情况非常糟糕，虽然他们是以东道主的身份进入世界杯的，但是国外同行都嘲笑韩国队，说它只会在最底线竞争，说它第一轮就会出局。这是韩国自1954年之后，第一次参加世界杯，世界杯上的表现关乎国家尊严，关乎韩国足球队的荣誉。

希丁克临危受命，他决心把韩国足球队从危机中拯救出来。他知道韩国足球队的实力和韩国人民的主观期望有一定的差距，要缩短这个差距，就必须充分激发每个球员的潜能，制定一个令大家兴奋的目标。同时，还要对常规的足球战术进行大胆的改革。

希丁克给韩国足球队定下的目标是进入16强，为此，他引进了“全攻全守”的足球观念，并强调必须这样做。他果断地说，过去韩国队球员打不起精神，是因为没有明确的团队目标，没有把球队利益与个人利益结合起来，才导致球员激情不够。因此，他要求全体球员振作起来，为进入16强而努力。

希丁克知道，要想带领韩国足球队走出困境，仅仅设定远大的目标是不够的，还必须在这个过程中付出艰辛的努力。因此，在训练中希丁克不断采用目标激励的策略，充分调动了球员的比赛激情和自信。

在那届世界杯上，韩国队不仅进入了16强，更是进入了4强。世界杯结束后，希丁克表示，韩国队之所以能进4强，是因为树立了具有挑战性的目标。他说："领导者应该是一个把自己目标变成整个团队目标的人，同时又是一个把团队目标转化成个人目标的人。"

目标对团队的团结作用、对团队成员的激励作用是不可估量的，充满挑战性的目标可以激励人去努力。这一点在韩国足球队身上得到了充分的证明。作为企业的老板，也应该成为希丁克那样的领导者，把自己的目标转化成企业的目标、团队的目标。当团队实现这一目标时，意味着团队的利益得到了满足，这样大家的利益也得到了保障，团队荣誉也会被很好地激发出来。

1980年，零售业巨头沃尔玛制定的销售额目标是10亿美元，10年之后，它的销售额目标达到了千亿美元。为了达到这个目标，沃尔玛通过"Beat Yesterday（超过昨天）"图表，把今天的成果与一个星期之前、一年之前的成果相比较，从而不断提升预期的水平，激励员工为达成最终的目标而努力，最终实现了艰巨的目标。

本田公司也十分注重团队目标，当年雅马哈在摩托车市场对本田公司形成了巨大的威胁，于是本田公司提出"打倒雅马哈"这一目标，不出几年，本田公司就主宰了摩托车市场。本田宗一郎表示，利用目标可以把团队人员的集体力量集合起来，形成巨大的魔力。同时，还可以有效地协调不同人的行为，使大家保持密切的合作。如果团队没有目标来协调大家，就必须通过无数次会议、指示、命令来协调大家，这样就会导致办事速度大减、企业花销增多。

企业老板们，你的团队目标是什么呢？明确清晰吗？期限具体吗？计划细化吗？如果你能做到目标明确清晰，规定实现的期限，制定具体的计划，就能很好地把大家团结起来，为了实现那个共同的目标去努力，这样一来，成功就离你不远了。

4 优化组合，让每个人都能和谐工作

“夫兵，诡道也。专任勇者，则好战生患；专任弱者，则惧心难保。”这句话的意思是，打仗用兵时，如果只用勇敢的人，这些人往往会好战，容易生出祸端；如果只用弱者，这些人往往会胆小怕事、胜利难保。由此说明，用人要注重合理搭配，优化组合，这样才能在总体协调下最大限度地发挥团队的能量，产生良好的组织效应。

任何一个有战斗力的团队、有执行力的组织，更多的是依赖于合理的人才结构。如果人才结构残缺，则会影响团队的运转。即便各个是强者，若不能协调好，就容易产生内耗，而无法产生 1 +1 >2 的效果。反之，如果人才组合得当，往往会产生几倍甚至无限大的团队战斗力，在这方面有一个典型的案例。

在《三国演义》中，曹操派张辽、李典、乐进三人守合肥。之后曹操派人送了一个木匣到合肥前线，上面写着：“贼来乃发。”当孙权率 10 万大军前来攻打合肥时，张辽、李典、乐进三人打开木匣，里面有一道文书：“若孙权至，张、李二将军出战，乐将军守城。”

面对孙权来犯，张辽坚决执行曹操以攻为守的命令，率先做出行动，表示要和敌人决一死战。李典素来与张辽不和，起初对张辽的建议没有回应，但之后被张辽的行为感动，当即表示愿意听从指挥。

张辽表现出广阔的胸怀和豪爽的气概；李典表现出公而忘私、勇于摒弃前嫌，豪迈直率的性格；乐进是个中间人物，是个老好人，谁也不想得罪，而且有些怯战，所以他坚决守城。就这样，三人不计前嫌，齐心协力，把孙权军队打得落荒而逃，张辽也由此一战成名。

曹操远在万里之外，为什么要送这个木匣呢？他如此安排，是否脱离实际呢？会不会影响三位将军指挥呢？事实证明：曹操的做法是高明的，他清楚这三人的作战能力、用兵特点、性格修养，也知道他们三人平日有隔阂，料到他们大敌当前，难以做出一致的决策，更无法协同作战。所以，他才会下这样一道命令，目的在于促成张辽、李典、乐进三人性格互补，使他们团结起来，一致对外，达到最大化的整体效应。由此可以看出曹操优化团队组合的高超艺术。

一个团队实力的大小，固然由团队成员的能力决定，但更有赖于团队合理的人才结构。合理的人才结构，不仅可以实现“化零为整”的化学反应，达到众志成城的宏伟景象，更有利于各个成员扬长避短、取长补短，发生质的飞跃，产生一种集体合力。

在现代企业中，需要个人能力强的人才，但这取代不了团队合作的重要性。因此，管理者一定要善于优化团队组合，让每个员工在企业中，都能在适合自己的岗位上工作，同时又能协助同事，与同事保持融洽的合作。这样才能让企业产生凝聚力和战斗力。

俗话说：“金无足赤，人无完人。”在这个世界上，十全十美的人是不存在的，一无是处的人也不存在，企业用人的关键在于让每个人发挥自己的优势，让大家最优化地组合在一起，实现团队效益最大化。

有一个寓言故事说得好：盲人和有腿疾的人在大森林中迷路，无法走出去。后来，他们商量一番，决定合作。盲人背着有腿疾的人，在有腿疾的人指路之下，终于走出了森林。这就是优化合作创造的奇迹，如果盲人和有腿疾的人各自为政，永远都不可能走出森林。

杰克·韦尔奇曾说过：“我的工作是为最优秀的职员提供最广阔的机会，同时最合理地分配资金。传达思想，分配资源，然后让开道路。”管理者要做的，就是分配资源、分配任务、优化团队组合，让合适的人做合适的事，让各个成员相互配合，这样团队的战斗力自然就迸发出来了。

那么，在优化团队组合中，管理者应该从哪些方面下手呢？要考虑什么因素呢?

(1) 年龄匹配

一个理想的团队应该有各种不同年龄层的成员，青年人、中年人、老年人都应该有，形成一个金字塔形的人才梯队，大家在年龄的匹配上较为和谐。这样一来，老年人的经验、中年人的理智、年轻人的干劲融合在一起，就能促使团队力量实现最大化。

(2) 知识匹配

所谓知识匹配，指的是不同专业知识的人才相互结合、相互合作。现代企业的生产经营，离不开知识和技术，激烈的竞争、技术的不断更新换代，都需要以专业知识为基础，而任何一个人都不可能掌握多门科学技术和技能，因此，需要不同专业的人才通力合作。

(3) 能力匹配

所谓能力匹配，指的是一个团队应有不同能力的人。有的人能力大，有的人能力小，有的人可以做决策者，有的人是优秀的组织者，有的人是踏实的执行者，有的人是细心的监督者，有的人是及时的反馈者，有的人是冷静的咨询者等等，总之每个人都有各自的特长，大家组合在一起，“八仙过海，各显其能”，各自展现自己的才能，为企业的发展而努力。

(3) 气质匹配

气质是指人的脾气、性格、秉性等，有的人外向，有的人内敛；有的人泼辣，有的人通情达理；有的人沉默寡言，有的人十分健谈；有的人慢条斯理，有的人心急火燎；有的人不修边幅，有的人风度翩翩。不同气质的人，适合担任不同的职位，做不同的工作，比如，风度翩翩者适合做企业的公关人员，健谈者适合搞销售、搞外联工作、组织协调工作等等。如果团队内都是性格急躁的成员，那么大家在一起工作时，就容易发生矛盾冲突；如果团队内都是沉默寡言的成员，那么团队就会死气沉沉、没有轻松的氛围。总之，团队成员的气质要相匹配，才能最大化地释放团队的力量。

5 强化整体，拆散三三两两的小圈子

随着企业做大做强，员工自然也越来越多，这个时候每个领导就会不得不面对一个问题：小圈子。圈子是人们为了抵御风险和危机，保证利益的存续而存在的一种松散组织。这种组织方式没有确定的纲领和组织原则，属于利益的攻守同盟。

有小圈子不能说完全是一种坏事，毕竟每个人的风格和节奏不一样，为了让自己有更高的效率而组合起来是一种有益的事情。但是当这种圈子以利益为目的结合的时候，就会与组织的整体利益产生冲突，即形成了所谓的“内部帮派”。

巨人集团总裁史玉柱曾把企业内部拉帮结派视为企业的十三种死法之一。在企业发展过程中，员工拉帮结派是非常忌讳的事情，会导致管理者无法掌整个企业的局面。拉帮结派的一大危害就是人才排挤，使真正有才能、想踏实干事的员工被打压而无法专心工作，难以给企业创造高效益。

现代公司是以商业利益为目标的组织，内部成员按照一定的契约进行合作，这就要求一个企业必须有一个大方向。但是不得不承认个人利益和整体利益实践中是存在不一致的，这种利益差异势必引起不同的诉求，这是不可避免的。当产生利益冲突时，一些人为了获取私利而勾结外患就不可避免。

在不少公司内部，都有不同的派系、不同的团体，这些派系和团体之间互相倾轧、尔虞我诈。比如，在一家工厂里，来自同一个地方的人经常聚在一起，形成“同乡派”，一旦有了摩擦，帮派之间就会起冲突，弄得鸡飞狗跳，严重影响团结，降低员工的工作效率。

小华刚进入一家企业，就敏锐地察觉到公司人事上的刀光剑影，各个部门都分别以学校、地域划分派系，工作中充满了磕磕绊绊。这个派系的人说东，那个派系的人偏说西，意见分歧之大，并不是出于对企业发展的考虑，而是为了维护自己帮派的立场，即纯粹地为了反对而反对。老总为了维持企业的运营，只好忙碌在各个派系之间，玩好平衡。小华来到公司后，只求把自己本职的工作做好，拒绝加入任何一个派系，因此，成为各派系都不欢迎的人。

针对这种现象，他曾找老总谈了一次，老总也感觉头疼。但由于各派系的“老大”都是公司的骨干，他也不好惩处。小华在公司无法施展自己的才能，过得不顺心，半年之后他就离开了，进入一家私营企业，发现这里几乎没有帮派。老板根本不允许任何人建立自己的小帮派，发现一个，严惩一个。任何事情都是对事不对人，公司业务蒸蒸日上，员工之间相处愉快。

不少公司里，都有各类小集团，比如，市场部是一帮，人事部是一帮，销售部是一帮，生产部又是一帮。除此之外，有些资历较老、能力较强的员工也喜欢自立门户，把一些推崇他的员工聚集在一起，形成一个小圈子。当他圈子里的人和其他员工发生矛盾时，他们就会集体排挤、打压别人。所以，老板必须旗帜鲜明地告诉全体员工：拉帮结派就是团队祸害，企业绝不允许、绝不迁就。

对于领导人和整个组织，一个优秀的下属都是一笔财富。才能出众的下属，是每一位领导人渴望得到的。但是下属能力过强，就会危及领导的地位，就像战国士大夫架空诸侯一般，形成尾大不掉的局面，这对于整个企业的运作是不利的。下属之间勾结在一起，以少数人的利益为目标，势必会动摇组织的整体利益。所以说，在管理企业过程中，一定不能对小圈子放松警惕。

对于这种小圈子，一个合格的领导既不能听之任之，同时也不能畏之如洪水猛兽。一个成功的老板，既需要有容纳小圈子的胸襟，又需要有利用小圈子的智慧。要正确对待这种小圈子，原则上一定要打散，但是可以采取一些其他手段。

首先，对无害的可以支持。对于这种圈子，如果对于工作有利而对整个组织没有影响，不妨让他们继续存在。这种没有共同利益诉求的团体与其说是小圈子，不如说是工作组。

再次，要加以疏导和利用。要调解好各方面的利益，使集体的利益尽量和小圈子的利益结合起来，这样一来，危害集体利益的小集团自然就不复存在了。

最后，如果确实存在威胁了大多数人利益的小圈子，就必须采取雷霆手段加以打击。可以用调离、明升暗降、打散分组等方式来对小圈子进行疏导与分化，从而达到拆散小圈子的目的。

江苏某企业的老板在经营和管理企业中，非常重视团队建设，极力反对员工拉帮结派。公司制定了经费制度，每个部门每个月完成任务后，都可以从公司申请集体活动经费。如果部门负责人自己掏腰包请部门的下属吃饭，将会受到严厉的处罚，从不手软。这样做就是为了防止部门负责人建立自己的小团队。

作为老板，对于公司内部拉帮结派的现象，不能只在心里不满，而应该当众表态：我鼓励你们团结合作，但是反对你们拉帮结派、建立自己的小圈子，如果你们明知故犯，不要怪我不客气。当你发现企业内部拉帮结派产生了不良后果，比如，优秀人才被冤枉、被排挤走了，你必须立即铁腕铲除罪魁祸首的幕后主谋，绝不可感情用事。

在企业管理中，老板必须设立一个底线，这个底线就像高压线一样，谁敢触碰，就让谁出局。只有这样，企业拉帮结派的现象才会从根本上被铲除。

6 良性换血，让团队始终保持战斗激情

激情是团队的血液，是员工的灵魂，是企业的活力源泉。企业老板的职责，也是企业领导成功的秘诀，就是让激情在团队内扩散、流淌、传递、飞扬。著名的企业管理专家谭小芳认为，衡量一个公司的领导人是否优秀，衡量他是否把公司管理好了，很重要的一个指标是看他能否激发出员工的工作潜能、工作斗志。

对于激情，有着军人经历的“商战教父”柳传志是这样说的：“做企业、带队伍的第一条就是要让员工做事有积极性，受到激励，这和让战士爱打仗是一样的。确实是因为这种氛围一旦创造出来就非常厉害，对提高企业执行力有极大的帮助。”

要想让团队始终保持战斗激情，企业管理者就必须充满激情。比尔·盖茨之所以创建强大的微软帝国，杰克·韦尔奇之所以成为备受赞誉的世界第一 CEO，松下幸之助之所以被称为“经营之神”，李嘉诚之所以连续多年成为华人首富，就是因为他们是充满激情的人，同时，他们善于激发员工的激情，使团队保持生机和活力。

华为集团特别重视培养员工的激情。据说，华为的员工工作起来不要命，经常加班到深夜，饿了吃盒饭，困了就在办公桌底下打地铺。在深圳，有些女孩开玩笑说：“嫁人不嫁华为人。”因为如果嫁给华为人，就意味着前半夜独守空房。这种说法也许有些夸张，但是不可否认的是，华为人显著标志之一是激情飞扬的工作精神。正是因为对工作始终保持激情，才使得华为这只“土狼”在短短的 20 年以无比凶猛的势头扩张成为世界 500 强企业。

员工有了激情，才可以释放出巨大的潜在能量；员工有了激情，才可以把枯燥的工作变得生动有趣，使自己对工作充满渴望，产生一种狂热的追求；员工有了激情，才可以感染周围的同事，营造一种充满激情的团队氛围，打造一支强有力的团队。

在《赢在中国》中，马云曾说过："短暂的激情是不值钱的，只有持续的激情才能赚到钱。"作为一个企业团队，为了保证更好地达成目标，团队成员的工作士气和战斗力非常关键。可是，团队成员的工作激情很容易受到周围环境的影响，导致难以保持长久。所以，管理者必须不断消除影响员工激情的因素。为此，可以从以下几个方面下手：

（1）聘用对工作充满激情的人

比尔·盖茨说："每天早晨醒来，一想到所从事的工作和所开发的技术将会给人类生活带来的巨大影响和变化，我就会无比兴奋和激动。"在比尔·盖茨看来，一个优秀的员工必须具备一个重要素质，那就是对工作充满激情。他的这种理念已经成了微软文化的核心，就像基石一样让微软王国在IT世界里傲视群雄。

微软公司在招聘员工时，会问应聘者一个特殊的问题："你是一个非常有激情的人吗？你对公司，对技术，对工作有激情吗？"为什么微软公司重视激情呢？微软公司的一位人力资源主管是这么说的："我们不能把工作看成是几张钞票的事，它是人生的一种乐趣、尊严和责任，只有对工作拥有激情的人才会明白其中的意义。"

（2）淘汰萎靡不振、牢骚满腹的员工

谁都不希望和一个萎靡不振、牢骚满腹的人交往。同样，公司也不愿意录用萎靡不振、牢骚满腹的人。不仅如此，如果发现员工长期萎靡不振，经常牢骚满腹，那么老板应该将其淘汰出局。为什么要这么做呢？因为萎靡不振、牢骚满腹的员工往往爱拖延、爱找借口、爱传播消极。比如，同事忙得团团转，他们却冷眼旁观，对工作没有热情，对同事也没有热情。公司里这样的员工多了，团队的激情就会被消磨掉。

（3）淘汰爱找借口、逃避责任的员工

在企业中，有些员工抱着“多一事不如少一事，少一事不如没有事”的工作态度，严重缺乏主动性和创造性。更糟糕的是，面对错误和失职时，他们往往会给自己找借口，以逃避责任。他们在团队里滥竽充数，不努力付出，很容易打击其他员工的积极性。当其他同事与他们合作时，一旦出了差错，就很容易因他们逃避责任而酿出矛盾冲突。因此，对待这种员工，老板一定要严惩不贷，如果他们屡教不改，那只好将其淘汰出局了。

（4）淘汰懒散、拖延的员工，吸引勤奋积极者

有这样一个故事：

一家建筑公司招聘员工，经过一番考试，三个求职者从众人中脱颖而出。人力资源部经理对他们说：“恭喜你们，请跟我来。”他将三个求职者带到一处工地，指着几堆乱七八糟的砖瓦，说：“你们每人负责一堆，把那些砖瓦码放整齐。”说完就走了。

甲说：“怎么回事？我们不是被录取了吗？怎么要我们做这种事情？”

乙说：“是不是搞错了，我们来公司不是干苦力的啊！”

丙说：“我也很疑惑，但是既然让我们干，我们就干吧。”说完他就干了起来。

甲和乙一看，也硬着头皮跟着干。没干多久，甲和乙就不想干了，甲说：“经理已经走了，歇一会儿吧，何必那么拼命！”乙跟着也停了下来，只有丙在继续干。

当经理回来时，丙已经把所有的砖码好了，甲和乙还没完成一半。经理说：“这次公司只聘用一人，刚才码砖就是对你们的考验，恭喜丙，你被录用了。至于甲和乙，你们自己想一想为何落聘吧！”

几乎每家公司都有甲和乙那样的员工，他们懒懒散散、拖拖拉拉，在他们身上，看不到积极性，看不到执行力。早上，他们踩着点上班，甚至迟到几分钟。在上司面前，假装忙碌，上司不在身边，就不认真干活。他

们做事的时候，好像需要一只鞭子抽着、用脚踢着才会积极起来。

对于这样的员工，管理者有必要选择合适的机会将其淘汰，避免他们给团队的其他员工带来消极的影响。而对于像丙那样的勤奋积极者，管理者应该予以重用，并视其工作业绩予以奖励，促使他长久地保持激情。

7 拒绝“内讧”，整体利益高于一切

有这样一幅漫画：

漫画上画着两头被拴在一起的毛驴，两只毛驴的不远处各有一堆草。为了吃到身旁的草，两只毛驴拼命向离自己近的草堆用力蹬绳子，但由于绳子不够长，两只毛驴的力气又差不多，因此它们都无法吃到草。

经过一番较量，它们似乎明白了内讧、争斗是没用的，这样大家都吃不到草。于是，它们停止了内讧和争斗，转而采取合作的姿态去吃草。它们先一起走到一堆草旁边，让一只毛驴把草吃完，然后再一起走到另一堆草旁边，让另一只毛驴吃草。最后，它们都填饱了肚子。

这幅漫画告诉我们：内讧是不明智的，合作才是团队制胜的法宝。因此，管理者一定要解决好企业内部的分歧、争斗、猜忌等问题，让团队成员之间保持信任、理解、合作，把团队拧成一股绳，从而实现团队的大目标，这样才能从根本上保证每个员工的利益。

众所周知，自私和欲望是人性的一大弱点。有些人就是见不得别人比自己出色，一旦别人比自己出色，他们就担心自己的风头被抢，担心自己的利益受损。这种现象在企业内部十分常见。管理者如果不能解决员工之间的矛盾和争斗，那么就很难为企业的发展保驾护航。

熊先生在深圳某软件公司的市场策划经理，他在公司工作了 6 年，算

得上是元老级的员工。对企业的忠诚度不用说，对工作更是尽职尽责。虽然他只有35岁，但是由于软件行业的性质，他那些已经老化的技能以及日益下降的市场敏感度，已经使他不能胜任市场策划经理一职。为此，公司一年前招聘了一名副经理来辅助他的工作。

在这一年多的时间内，多数关键性的工作均由这位副经理完成的，熊先生为了保全自己的权威与地位，经常与副经理抢功，偶尔还会给副经理穿小鞋，在背后说副经理的坏话。

副经理年轻气盛，心想：我给你打天下，你抢我的功也罢，但是你给我穿小鞋，在背后说我坏话我无法忍受。于是，副经理采取了回击的姿态，结果两人之间的关系急剧恶化，二人之间的争斗几乎成了公司里公开的秘密。

高层知道二人的矛盾后，并没有积极协调，他们好像睁一只眼闭一只眼，只有总裁私下劝过副经理：“你忍一忍吧，这个位置迟早是你的，不过当前，你资历尚浅，人家是老员工，对公司也有深厚的感情，你年轻，就忍让一下吧！”

副经理嘴上答应了总裁，但是忍受了两个月后，他再也忍不下去了，最终不顾上司和总裁的挽留，毅然决然地离职了。

当企业内部出现内讧时，管理者应该站在公司利益的角度，从整体出发来协调和解决内讧。上面的案例中，总裁让副经理忍一忍，其实是在偏袒总经理熊先生，这样就让副经理感到很不公平、很受委屈。如果总裁批评总经理，让总经理大度一点，又会伤害总经理的心，下面这个案例就说明了这一点。

北京某公司的行政部经理姚淑和总经理大吵一架之后，即向人力资源提交了辞职信，准备离职。同时，她向公司全体员工群发了一封邮件，标题是“这是一家卸磨杀驴的公司”。在这封邮件里，她用长长的文字讲述了自己加盟公司后为公司做的所有贡献，声称：“公司管理层没有人情味，见自己职业能力有所欠缺，就抛弃自己，选用新人代替自己。”一时间，这封邮件在全体员工中引起轩然大波，对公司造成了很不好的影响。

事情是这样的：公司半年前招聘了一位年轻的行政部副经理，该新人入职后提出了很多的行政工作改善建议，大大节省了公司的行政成本，提高了行政部的工作效率。公司鉴于她能力突出，贡献较大，就公开表扬了她，还给她颁发了数额不菲的奖金。慢慢地，姚淑感觉到自己不被上司重视，而副经理则越来越“红”，于是她产生了嫉妒心，处处与副经理对着干，最后公司了解了情况后，狠狠批评了姚淑，还在全公司通报批评她，让她感到心都凉了，这才有了她后来辞职、群发邮件这些事。

从上面的两个案例中我们可以发现，当企业内部发生内讧时，管理层偏袒任何一方的做法都是不明智的，最有效的做法就是本着公平、公正、客观的原则，把两位有矛盾的正副经理叫到一起，提醒其尊重企业的整体利益，解决好彼此间的矛盾，更好地为企业效力，否则，两人都必须“走人”。

然后私下与总经理进行谈话，说：“你资历老，年纪大，应该对人家包容一点、照顾一点，毕竟人家是在你手下工作的，也为你做了不少事，没有功劳也有苦劳，你何苦为难人家呢？有功劳不用抢，上司看得很清楚。”

接着，再与副经理进行谈话，说：“你工作能力出众，但资历尚浅，还应跟着总经理历练历练，对总经理的不良行为，你不妨装一装糊涂，不要太往心里去。你有功劳上司是看得见的，你做出了多少成绩，上司心里十分清楚，所以你就好好干，不要被总经理影响。”通过这种办法，应该可以协调好两人之间的矛盾，至少使其有所收敛，从而保证公司的整体利益不受影响。

8 以文化凝聚人心，让团队文化融入每个人的血液

有一项针对“影响美国企业最重要的因素”的研究，其结论是：特定的企业文化决定了企业绩效。很多企业不断地宣传公司的文化，并将其视为吸引和留住员工的一种手段，而事实上，这种手段是非常有效的，并且重视企业文化的打造和宣传，对提升企业的绩效非常有益。因此，对管理者而言，建立优秀的企业文化，用文化凝聚人心，让文化融入每个员工的血液，是管理中的重要任务之一。

松下电器公司历来重视企业文化的建设，当员工进入公司时，首先要接受的就是公司的文化。公司会对员工进行价值观训练，并且从学徒时期开始，反复向员工传达公司的文化，直到员工退休为止。

松下公司有一个特别的规定：每个月的公司小组会议上，每个工作小组都要选出一名员工做10分钟的报告。报告的内容主要是介绍公司的价值观，介绍公司与社会的关系。在松下公司，有一句话非常流行：“如果你因诚实犯了一个错误，公司是非常宽容的，公司会把这个错误当作一笔学费来对待，要求你从中吸取教训。但是如果你违背公司的原则，那么你会受到严厉的批评和处罚。”这句话很好地反映了松下公司重视员工的价值观培养。

在松下公司的文化中，人性化的文化处处可见。松下幸之助在创办松下公司时，就设计了“职工拥有住房制度”，该制度规定：当员工35岁时，要让他们有自己的房子。这项惠民政策是松下企业文化的重要内容，为此松下幸之助个人捐赠了两亿日元，设立了“松下董事长颂德福会”基金，用于对员工表达人文关怀。

松下的企业文化中，还有一条“遗族育英制度”，这项制度旨在对意外死亡的员工家属支付年金，保证其子女顺利地接受教育。在这种文化的熏陶下，松下公司的员工以公司为家，对公司充满归属感。

很多企业都注重对新人进行入职培训，所谓的入职培训，除了一些技能的传授，更多的是企业文化的灌输和渗透。有人说，企业这种做法就像是在和员工谈恋爱，目的是让员工认同自己的企业文化、了解公司的价值理念，最终爱上公司，融入团队。

通俗地讲，企业文化的灌输过程，就是文化的洗脑过程。但真正的文化灌输，不能仅体现在入职培训上，也不是把文化写在纸上、挂在墙上。很多公司把企业文化的宣传和灌输视为一个过场，他们讲自己的文化，员工听的效果如何，他们没有去了解。其实，企业文化的传播更应该通过日常的工作潜移默化地影响员工，这样员工才能渐渐接受，从而认同和接受企业文化。

在这方面，世界500强企业做得非常成功，一方面他们的企业文化充满人性的关怀，非常清晰明了。另一方面，他们的企业文化传播方式容易让员工接受，比如，摩托罗拉公司就重视通过“家庭日”活动来传达公司的文化，以影响员工及其家属。

摩托罗拉为提高公司的凝聚力，经常举办“家庭日”活动。所谓“家庭日”，指的是把员工的家属邀请到公司来参加活动。活动内容丰富多彩，活动主题贴近生活。在“家庭日”活动中，既有精彩的节目，还有丰富的奖品。在整个活动过程中，大家始终沉浸在温馨的亲情中，使员工非常受触动。

通过这种方式，摩托罗拉很好地凝聚了人心。当员工试图跳槽时，第一个站出来劝阻的不是公司的领导，而是员工的家人。他们的家人很可能会认为，在摩托罗拉工作是一件引以为荣的事情，劝说自己的家人不要离开摩托罗拉。

另外，摩托罗拉还注重人性化的管理模式。公司专门设立了道德专线，主要作用是为员工提供信息、忠告和建议。当员工遇到疑虑或问题时，可以通过这条专线来求得帮助。道德专线最大的特点是公正，在处理一切问题或疑虑的时候都会非常谨慎和彻底。该专线没有设置来电识别功能，目的是让员工更坦诚地表达自己的爱恨情仇，且不用担心招来嫉恨和报复。

摩托罗拉的企业文化充分说明，优秀企业文化有助于增强企业的凝聚力，使大家产生强烈的归属感，从而为公司的发展赢得了强大的民心支持。

当然，优秀的企业文化有一种号召力和威慑力，会散发出一种无形的力量，从而影响员工的言行。当然，它的影响力不是单独发挥功效的，而是与企业制度相配合产生作用的。

身为公司的管理者，想要把有着不同价值理念的员工团结起来，就有必要构建优秀的企业文化，并灌输到员工的思想意识中去，使大家有一个全新的统一的价值理念。与此同时，在企业文化的指导下制定合理的制度，用制度约束员工的不良行为，使大家有统一的行为准则。这样，公司的凝聚力才会强大起来，公司的战斗力也会呈现倍增效应。

第十二章 Di Shi Er Zhang

少管是最好的管，无为而治是管理的最高境界

管理一家公司，最理想的状态就是“无为而治”。你一定要认识到：即使你能力再强，也不可能成为“百事通”。身为老板，就应该少管、精管，给员工足够的自由度，重视员工创造性的发挥，而不是裹住“思维的灵性”，让他们举步维艰。

1 少管是最好的管，无为而治是管理的最高境界

作为企业领导，你的任务不是处处管着、处处监视员工，而是建立一个能让每个人都能成为人才的制度，让员工自发地对待工作。因为一个企业最好的控制方法，就是来自于员工的自我管理。

管得少却能管得好，是因为各种制度、措施真正发挥了主导作用。在良好制度的规范下，员工的自觉性、责任感、积极性都能得到充分的激发，这对减轻管理压力、简化管理环节、提高执行力，都有非常好的作用。这一点在下面的例子中得到了充分印证。

苏州某工业园区实行体制规范、政策透明的“授权管理”，先后制定了45项新的管理办法和实施细则，里面清楚地规定什么可行，什么不可行，哪类问题应该怎么做。在“授权管理办法”实施以后，员工们发现，领导亲自过问事情的现象越来越少，但按制度办事的良好风气却在园区内逐渐形成。

由于少了很多管理环节，一些项目审批、海关物流、外事管理等看似复杂的问题变得十分简单而有效，园区的主要经济指标8年保持50%左右的增长速度。仅2002年全年的GDP总额就达到了252亿元，财政收入32亿元。

管得少并不是说管理者的作用被弱化了，恰恰相反，由于在管理上变“人”治为“法”治，真正实现了按制度办事，用制度规范企业，管理的效率大大提高，管理者可以从繁杂的管理事务中解放出来，更好地去做企

业战略上的规划。

台湾奇美公司是一家生产石化产品ABS的企业，该企业虽然比不上王永庆的台塑公司，但它的生产力是同行企业的4倍。在20世纪70年代，其产品掀起了石化业的一场革命，其产品质量之高、价格之低让同行的美国和日本企业都畏之如虎。公司想要投资的地方，众多的美日厂商都会退避三舍，不敢与之竞争。

为什么奇美公司有如此强大的竞争力呢？这得益于公司董事长许文龙的“无为而治”的管理方式。虽然许文龙挂着董事长的头衔，但这是一个十足的虚名，他就像英国女王一样，对企业内部的大小事，根本就不参与管理，而是全部授权给下属。许文龙从来不做任何书面的指令，即使偶尔和主管们开会，也只是闲聊家常。很多时候，他甚至根本不知道公司的图章放在哪里，更奇怪的是，他连专门的办公室都没有。因为他很少在办公室，而是经常开车去外面钓鱼。

有一次，他在外面钓鱼时，突然遇到大雨，于是他就开车去公司避一避雨，顺便看一下公司。当员工看到他时，竟然惊讶地问道：“董事长，没有事你来干什么？”他想了想说：“对呀！没事来这干什么？”说完，一溜烟地开车离去了。

许文龙的例子启示我们，作为老板，一定要信任员工，充分放权。充分放权，减少控制，这种“无为而治”是一种管理境界，是一种依托于企业战略而建立起来的经营平台。“无为”是让企业在制度、文化的规范下，非常自然有效地运行，就像钟表上了发条，尽管你不在钟表旁，但是它不会因为你的离开而停止运行。

国内一些中小企业的管理者，就缺乏无为而治的勇气。据一份权威的调查分析报告称：“中国企业每个层次上的管理者，大概都把80%的时间用于管理，把20%的时间用于工作上。”许多管理者习惯于崇拜自己、相信自己，对员工不放心，经常不礼貌地干预员工的工作，从始至终都不敢放开下属的手，每个环节、每道关他们都要严把。管理者忙得团团转，到最后企业却在生存的边缘上苦苦挣扎。究其原因，就是因为管理者管得太多造成的。

因为管得太多，管理者终日疲于奔命，没有精力抓制度、抓战略、抓落实，因而很难取得工作实效；因为管得太多，管理者顾此失彼，漏洞百出，问题层出不穷，使企业利益严重受损；因为管得太多，员工的积极性和创造性会严重受挫，会变得越来越束手束脚。时间一长，企业就会缺少活力，缺乏生机。

管理者管得太多，对员工的危害是致命的。在这方面，我们可以用“大象理论”来加以阐述。大象小的时候，饲养员用一条铁链将它拴住，使它无力挣扎。时间久了，大象就失去了挣扎的习惯，习惯了铁链。直到它长成大象，原本力气足够大，可以轻而易举地挣脱铁链时，它也不去挣脱。

其实，领导者对员工管理过多、管理过严，最终也会把员工变成不想挣脱铁链的大象。员工会习惯性地依赖管理者，而不会积极地思考、创新，不会独立地、自信地完成工作。在这种情况下，员工不可能获得成长，不可能变得出色。因此，管理者应该从一开始，就放开拴住“小象”的“铁链”，即使你觉得员工能力不够，也要给他机会去尝试、去锻炼、去成长。这样员工才可能在某一天，分担你管理上的压力，帮你实现“无为而治”的美好愿景。

2 经营企业靠的是“王道”，而非“霸道”

经营和管理企业，有两种不同的思路：一个叫“王道”，一个叫“霸道”。所谓王道，指的是做一个产业，要和别人合伙来做，一起把产业做大，让大家都有钱赚，使大家的路越走越宽。所谓霸道，是指一人独大，这个产业我全做，形象地说就是“走我的路，让别人无路可走”，垄断就是典型的“霸道”经营。

企业管理者如果不坚持“王道”的经营策略，而是走“霸道”路线，甚至走“贼道”路线，那么不但损人，而且终将损害自己。有这样一个案例，值得我们深思：

有个县级企业每年的销售额在5000万元以上，把生意做得有声有色。随着生意越做越大，公司的老板赵先生也越来越牛气。同行王先生想拜访赵老板，和他洽谈一个很好的合作项目，但是去了几次，都没见到赵先生。因为他不是在开会，就是在接待客人。最后一次，王先生终于见到了牛气的赵老板。

对于王先生的来访，赵老板没有表现出丝毫的热情，他坐在老板椅上，身子都没动，接过王先生的名片，也只是看了看，然后对王先生说：“我们公司是当地的行业老大，不会和你们这样的小公司合作的，而且我告诉你：两年内，我们将会垄断这个行业……”

赵老板不过是一个年销售额超过5000万的企业老板，他的霸气体现出来的更多是愚昧和可笑，一个不懂得与同行搞好关系，不懂得与同行合作的企业，恐怕很难继续做大做强。因为一个实力强大的企业，往往依靠几个主要产品或业务赢利，有些产品或业务并非行业最强的，这就好比一个人：他的能力很强，有很多优势，但在某些方面，他也有不足。如果企业管理者能够认清形势，认清自己的劣势，通过与同行企业合作，实现优势互补、取长补短，那么就可以实现双赢，于人于己都是有利的。

再者，从竞争态势上来看，在某一行业、某一地区形成“一强多弱”的格局之后，即便“一强”处处占据上风，但如果“多弱”联合起来，一起对抗“一强”，“一强”也不一定能完胜。而且市场处于不断变化之中，企业的口碑很重要，“一强”能否聚拢下线企业，能不能得到其他企业的支持和消费者的认可，很大程度上决定了企业的命运。因此，企业实力再强也不要处处显露“霸气”，因为做人不能太“霸道”。

某公司的张经理发现市场上出现了窜货，于是向总经销商反映情况。总经销商对此反应冷淡，嘴上对张经理说：“我马上派人去查，查出来就要严厉处罚。”但过了几天，总经销商依然没有查出货是从哪里发出来的。没办法，张经理只好亲自出马，去零售商店询问情况，通过层层查下去，最后发现是总经销商自己窜的。张经理非常气愤，但为了赚钱，不好与总经销商撕破脸皮，但是心里却想着：“你和我耍心眼，看我以后怎么对付你，吃了我的，早晚让你吐出来！”

案例中，那位总经销商的行为不仅是“霸道”，更是“贼道”。他在经商中违反了诚信原则，用非正当手段牟利。这种做法只会引起合作伙伴的极大反感。这样的总经销商，早晚会砸烂自己的招牌，因此，我们应该引以为戒。

作为一家实力较强的企业，也许在某一时期、某一区域，你的成功会引起同行的敬重。但是管理者千万不要自以为是，认为天下是自己的，霸道得不可一世。要知道，得人气者得天下，无论你的企业实力多么强大，如果“失道”，必然寡助。李嘉诚那种“有钱大家赚”、“要对手不要敌人”的经营思想，值得每一位企业管理者学习。

华人首富李嘉诚的生意做到了全世界，但他却没有任何“霸道”作风。相反，他处处表现得很平和，对待同行企业，十分尊重和友好，充分彰显了“王者风范”。当年牛根生等企业家组成一个团队，一起来拜访李嘉诚，当时李嘉诚已经 79 岁了，但他早早地守候在电梯前。当代表团从电梯里走出来时，他一一和他们握手。席间，李嘉诚逐桌坐下，和每一位成员亲切交谈，回答他们的提问。当代表团告别时，李嘉诚再次将他们送到电梯。从李嘉诚的表现和他一贯的经营思想来看，他所奉行的是“王道”经营思路，绝非“霸道”经营思路。

李嘉诚曾经说过：“做事要留有余地，不把事情做绝。有钱大家赚，利润大家分享，这样才有人愿意合作，假如拿 10% 的股份是公正的，拿

11%也可以，但是如果只拿9%的股份，就会财源滚滚来。”

俗话说得好：“多一个帮手，就多一条出路。”做生意也应与人为善，而不能不顾同行的利益，否则，就很容易树敌，就会把生意做得越来越孤立。反过来，如果像李嘉诚那样，即使自己是一家独大，也懂得与人合作，并考虑合作者的利益，达到利益均沾，虽然短期内可能少赚一点，但从长远来看，会获得数不尽的合作机会和源源不断的利益。这样才能把生意越做越大。

3 管理者要有所为，有所不为

孔子在《论语》中讲：“在其位，谋其政；不在其位，不谋其政。”指的是不去做不该做的事，这样才有时间和精力去做该做的事。可是很多管理者不明白这个道理，他们以为做得多就等于效率高，自己“一肩挑”，把下属该做的事情也做了，就能赢得下属的敬佩。如果真是这样，要下属干什么？还不如让老板一个人干。

公司给领导者招聘助手和下属，原本是想减轻领导者的工作压力，让他们从繁琐的事务中抽身出来。但是令人想不通的是，有些领导者偏偏不领情，偏要替下属做事，好像只有这样才能在下属面前显示自己的才能。那么，领导者到底为什么会替下属做事呢？细细分析一下，有这样几个原因：

（1）担心下属的能力太差，不信任下属

就像父母永远不放心孩子一样，有些领导者永远都不放心下属，他们对下属没有信心，害怕交给下属任务，下属无法胜任。因此，很多事情他们能做就替下属做了。可能你会问：“为什么他们不教一教下属呢？”因为他们会想：与其教下属去做事，不如我亲自动手，省得费时费力。

比尔·翁肯是美国著名的管理顾问，他曾提出过一个十分有趣的理论——背上的猴子。在这个理论中，“猴子”指的是每个员工应负的职责。管理者要做的就是给下属分配职责，组织他们完成自己的职责。可是很多管理者却把下属的“猴子”背到自己身上，亲自为下属承担职责，结果累坏了管理者，下属也没有得到锻炼和成长，继而他们失去主动性和独立性。管理者替下属背猴子的做法是不可取的，因为这样会打击下属的工作热情，最后导致有才能的下属流失，剩下的是一群懒散的庸才。

（2）担心下属的能力太强，害怕被比下去

有些管理者见下属能力比自己强，处处提防着下属，遇到有挑战性的工作时，他们会亲自攻克，生怕给了下属，被下属攻克下来之后，会让自己显得逊色。在工作中，他们抢着和那些比自己优秀的下属比拼能耐，为的就是表现得比下属强。这就很容易导致下属没有机会去做他们本该做的事情，因此，很容易打击下属的积极性。

（3）技术骨干成了管理者

这种情况在很多企业普遍存在，比如，某个销售员业绩突出，公司提拔他为销售经理。做了销售经理，意味着要管理整个销售团队，可是他并不是管理方面的人才，他只是优秀的执行者。因此，一旦公司有了销售任务，他就会一马当先，这也会出现“替下属做事”的现象。

管理者并不同于普通员工，要有所为，有所不为。管理者通常是战略任务的制定者、任务的下达者、工作进展的监督者，而不是具体事务的执行者，因为普通员工才是最坚实有力的执行者。如果管理者“闲”不住，把原本应该由员工做的事情做了，那他并不是一个值得称颂的领导者。相反，他是一个拙劣的领导者，因为领导者的任务不是替下属做事，而是让下属服从自己的命令，替整个团队和公司做事。所以，领导者一定要明确自己的职责，千万不要越俎代庖。

徐先生是做设计出身的，后来他开了一家装饰公司。曾经有一段时间，他每天白天出门见客户，晚上在办公室给客户画装修的图纸。累了就趴在办公桌上睡觉，饿了就吃点饼干或泡一袋方便面。后来，他招来几个专门从事设计的员工，但是他忙碌的状况并没有得到改善。

上班的时候，徐先生和往常一样拼命地工作，下班后他和往常一样拼命地加班。但是他的员工上班却偷偷地聊QQ，玩“反恐”、“魔兽”等网络游戏，下班了，他们一个比一个跑得快。为什么会这样呢？因为活儿都被徐老板抢去做了。

有一天，徐先生终于发现了自己的问题，他痛下决心，将以前不放心交给员工的工作交给员工，把主要的精力用在市场开拓上。再后来，徐先生轻松了很多，与员工的感情也融洽很多，公司的业绩稳步攀升。

作为一个管理者，你再也不能事无巨细地操心、担心和不放心了，你应该大胆地把工作交给员工，让他们承担应有的责任，让他们忙碌起来，这样他们的能力才能得到提升，他们才能为公司的发展贡献自己的力量。只有这样，他们的存在才是有价值的。

4 不要当救火队员，让员工自己解决难题

中国古代有一个“吴牛问喘”的故事：

西汉时期，有个名叫丙吉的宰相去吴国巡视，在路上，他遇见一群乡民打架，有个乡民被打死了。对此，他竟然不予理睬，催促随从快点赶路。

走到不远处，丙吉看见一头牛在路边不停地大口喘气，于是立即叫人停下来，向当地百姓调查这头牛为何会大口喘气。

丙吉的举动让随从们十分不解，于是随从问丙吉：“为什么人命关天

的大事你不去理会，却如此关心一头牛的性命呢?”

丙吉说：“路上打架杀人之事自有地方官吏去管，如果我去过问，就是越俎代庖；而在温度不高的天气，牛大口喘气可能是瘟疫的前兆，这关系到民生疾苦，这些问题地方官员一般不会注意，我作为宰相，肯定要调查清楚。”

故事中的丙吉不去过问路人打架杀人事件，而是去调查牛为何大口喘气，正是因为他清楚自己作为宰相应该干什么，不应该干什么。对于那些不该自己干的事情，他选择让地方官去处理，这样既避免干预下属工作，又避免给自己增加负担，以便把精力投入到自己该做的事情上。

这个故事告诉我们：管理者一定要给自己准确定位，明确什么事情是自己该做的，什么事情是自己不该做的。对于那些不该自己做的事情，一定要放手让员工自己去解决。这就叫“有所为，有所不为”。

管理者一定要认识到，即使你精力再旺盛，你也不可能拥有“分身术”，你也只有两只手。如果公司停水了你管，公司断电了你管，员工上班迟到、早退、抽烟你还管，那么你整天就陷入这些琐事之中，像一个救火队员一样，时刻追在问题后头，你又怎么有精力思考企业的战略决策，制定企业发展计划呢?

柯建是某公司的企划部总监，每当他和朋友谈及近况时，他就会说：“最近忙死了，公司有新品上市的企划，我要做产品定位、广告创意、软文写作、上市活动设计、物料制作等等一大堆的事儿，我还要巡视市场、拟定促销方案、媒体购买和执行促销活动……”

朋友们感到奇怪，就问：“你是部门的领导，你手下还有一帮人呢?他们干什么去了？怎么都由你来干呢?”

“他们？别提了，他们有他们的事做，况且这些事他们也做不了……”

事实真是这样吗？当然不是，现在我们就来看一看，当柯建忙碌时，他的下属们都在做什么。

当柯建坐在电脑前面苦思冥想几个小时，只为写一个企划案时，他的下属们已经浏览了很多网页，然后在互联网上看一场长达两个小时的NBA直播；当柯建为了制定一份新的市场管理制度，把头皮都抓破了时，他的下属们已经聊完了国内明星的花边新闻，开始将话题转移到科比的风流韵事上了；当柯建为了一份印刷品、几样物料、一则报纸广告，多次往返于公司与印刷厂、与广告公司、与报社之间时，他的下属们正在办公室吹着空调，吃着零食，天南海北地神侃瞎聊。

为什么柯建不将手头的工作分一部分给下属做呢？他完全可以安排下属做市场调研，安排下属负责软文写作，安排下属拟定促销方案。难道他担心下属做不好？如果他的下属连这些技术含量较低的工作都无法胜任，那当初公司又为什么经过层层筛选，将这些人招聘进他的部门呢？

请不要笑话柯建，因为很多管理者和柯建有类似的表现——上班比谁都早，下班比谁都晚，做的事比谁都多。整天忙得晕头转向，而他们的下属却闲得没事可做，只好通过上网、游戏、看新闻、聊天来打发时间。管理者为什么有那么多事情要做呢？因为很多原本不属于他们的事情，都被他包揽下来了，结果导致下属没有解决问题的自主权，让下属感受到领导的不信任，极大地打击了下属工作的积极性，这样怎么可能带好团队呢？

当今社会，企业处于瞬息万变的市场环境中，要想在竞争中处于领先地位，管理者就有必要整合全体员工的智慧，迅速地制定决策以把握市场良机。这就要求给员工一定的自主权，让员工有独立解决问题的权力，而不必层层上报、等待审批。

在这方面，美国达纳公司就做得很好，他们充分尊重员工的自主性，给员工自己解决问题的机会，他们认为这对员工来说是一种信任，可以激发员工的自信和潜能，同时也是锻炼员工的一种有效方式。

如果你也能够给员工一定的自主权，注重提高员工自我完善能力、独立解决问题的能力，那么得到信任和鼓励的员工肯定会主动承担起更多的工作，从而发挥团结协作的精神，更好地完成工作任务，使企业的工作绩效大大提高。

5 管得越少，成效越好——让管理回归简单

在管理界，流传着杰克·韦尔奇的名言："管得少，就是好管理。"韦尔奇认为，管理者没必要事必躬亲，什么事情都对别人不放心，粗鲁地干预别人的工作过程。因为这样做很容易形成一个怪圈：上司管得越多，部属越束手束脚，并养成依赖、封闭的习惯，最后把主动性和创造性丢得一干二净。而且，领导者什么都管，最终只会累坏自己。

尤金·杜邦是美国杜邦公司的第三代继承人，他是一个典型的专权者，凡事事必躬亲，大包大揽。在掌管杜邦公司之后，尤金坚持实行"恺撒式"的经营管理模式，即专制统治，绝对掌控管理权力。公司所有的决策和许多细微的决策，都必须由他来完成。所有的支票都由他亲自开，所有的契约也由他签订。他亲自拆信复函，做利润分配，周游全国以监督几百家经销商。

每次在会议上，他总是不断地问别人，别人一一回答。这种管理方式使杜邦公司的组织机构完全失去了活力和弹性，面对市场的变化，他们很难做出正确而及时的决策，导致公司遭受致命的打击，濒临倒闭的边缘。

而且尤金本人也陷入了公司错综复杂的矛盾之中，痛苦不堪。1920年，他因体力透支而去世，公司的董事长和秘书兼财务部长，也相继累死。

每每看到累死的管理者，就感觉他们的命运如此悲催。事实上，将管理者击垮的不是管理上的繁杂事务，而是他们自己。

在杰克·韦尔奇看来，要想通过"少管"达到"管好企业"的目标，领导者需要符合4个条件：

（1）精力。领导者的精神状态很重要，如果一个领导者整天打不起精神，不管是身体的问题，还是精神状态的问题，他都没法当好领导。韦尔奇认为，当领导者有充沛的精力时，他才能够激励大家实现团队目标。

（2）激励。领导不光要自己精神十足，还要能激发别人充满干劲。当领导者把权力下放给下属之后，他所要做的就是激发员工活力，帮他们实现各自的目标。

（3）敏锐。平时领导者可以把权力交给下属，但是当团队遇到困难，在问题很复杂或两难的处境时，领导者必须有当机立断的能力，绝不能优柔寡断。

（4）实施力。实施力其实就是执行力，这一点韦尔奇看得很重。他认为，有些领导者充满精力，也能激励别人，也有决断力，但是做什么事情都虎头蛇尾，就是出不了成果，这对团队的影响非常不好。领导者只有充当执行力的典范，才能在部属心中产生威信。

越是放心不下他人的领导，越是喜欢从头管到脚，结果越管越独断专行，反观部下依赖性越来越强，不仅丧失了原本的工作激情和创造力，还会做事畏首畏尾，在无形中增加公司的运营成本。管得多并不是好事，但管得少也要能管得住，最理想的状态就是“无为而治”，让每个人都学会自我管理。

只给职不给权，事无巨细都由自己拍板，这只会挫伤下属的积极性。企业领导人不要死抓权力不放，要舍得让下属表现，敢于让他们放手去做。被称为鞋业大王的环隆企业集团创始人蔡长汀，不仅敢于放权，更敢于把权交给“外人”，这也正是环隆集团不断发展壮大的秘诀之一。

进入20世纪80年代，蔡长汀四处开疆扩土，随着企业的不断发展，分公司的数量也随之越来越多，除了“环隆电气公司”和“美国国际开发公司”交由儿子和女婿管理外，其余分公司均是年轻精明的青年管理者。

当时，蔡长汀这种大胆放权的做法并不为人所理解，不少人都认为他是把自己辛辛苦苦打下的事业拱手送给了外人经营。对此，他却十分想得开，“交给后生小子啦，我乐得当太上皇不管事啦。”蔡长汀管得少，也很少过问每笔生意的成败，这就让他腾出了更多的时间去寻找信息，开发市场，联系国际业务。

在管理上，蔡长汀的秘诀只有十六个字，即“一曰知人，二曰善用，三曰放权，四曰无私。”一方面可以让下属独当一面，另一方面自己也可以养精蓄锐，看准商机和市场，随时调整经营策略，从而保证公司的长远发展。

这也管，那也管，这并不能证明你管理本事大，而恰恰说明你管得不够好。好的管理是不再需要管理，从这个角度来说，最少的管理才是最好的。不少公司原本有一套完善的规章制度，结果因为领导管得太多，反而让这些制度成了摆设，原本简单的问题反而越来越复杂。

所谓“君忙国必乱，君闲国必治”，企业管理者也是一样，管理的本质在于把事情交给他人去做，既然给了下属职务，那么，就要将相应的权力也交给对方，“扶上马，不撒缰”的做法只会挫伤员工的自尊心，对公司的发展而言，有百害而无一利。

6　无为而治——自发的才是最有效的

松下幸之助曾说过这样一段话：“当创业初期员工只有一百人时，我总是身先士卒，坐在他们面前，走在他们面前，员工增加至千人时，我采取分层负责的管理方式，员工上万人之后，我只是站在他们旁边，合掌感谢他们为公司效命。”

松下幸之助明白：企业发展要靠众人的力量，所以，他非常重视人才，重视授权。他认为，管理者应该少管甚至不管，把更多的精力用于提升自己的修养，通过自律来影响全体员工，比如，关心员工、鼓励员工，对员工表达爱，通过自身的积极工作，带动整个企业的工作氛围，从而使员工自觉地对待工作，自觉地遵守公司的制度。

管理者一定要认识到：即使你能力再强，你也不可能成为“百事通”。对于那些你本不该管、不该做的事情最好不要去做。况且有时候，你对那些具体性的事务并不内行，这个时候你硬要去做不是添乱、添堵吗？

美国通用电气公司 CEO 杰克·韦尔奇一直坚信：管理得少就是管理得好，但国内绝大多数企业领导者却缺乏这种观念和自信。公司经营者应该只管自己该管的事，如果事必躬亲，不仅越管越乱，还会消耗太多不必要的时间和精力。

放权给下属了，结果又总是放不下心来，因此免不了在他们行使职权时出面干涉，这种做法在管理者们中间十分普遍。殊不知，这种不放心的做法只会让员工认为“领导不信任我”，从而产生不必要的嫌隙。要想赢得下属的信任，管理者就要敢于让下属担当一定的职责，敢于放开缰绳让他们独挑大梁。

在不少企业中，管理者是发号施令的首脑，为了避免下属把事情搞砸，他们往往事无巨细，给下属定好条条框框，然后再让他们去执行。尽管这种管理方式显得很“靠谱”，但却是建立在破坏员工创造性和忠诚的基础上。让下属担当一定的职责，才是对他最好的信任，所以别再做“大包大揽式”的领导，把包袱交给下属才是省时省力又得人心的管理圣经。

只有那些懂得授权的领导才能行使好自己的职权，进而引导下属说到、做到、做好，并最终赢得他们的信任。这是一个长期而又连续的过程，企业管理者只有从一而终，才能借助这种信任大力拉动整个企业的发展。马云的“放手”式管理就是一个成功的典范。

马云并不精通电脑，对于电子商务也没有深刻的认识，尽管这对于一个互联网企业的领导来说无疑是管理上的硬伤，但正是这种“缺陷”，让他选择了大胆放权式的管理，越是专业性的难题，越是让下属承担，尽管表面上看来，这是在给员工压担子，但在实际管理中，所产生的效果却并非员工的抱怨和推卸，而是他们的绝对信任。

“领导能够将如此重要的任务交给我，这就说明领导信任我”，这种放权的做法往往能够激发员工的责任感，从而促使他们更好的完成工作。如今的阿里巴巴已经成为中国互联网行业的排头兵，但事实上，它的商业模式一点也不稀奇，当时和它一样的互联网公司多如牛毛，但绝大多数都是昙花一现，而阿里巴巴却成功地存活下来并从中脱颖而出，其关键就在于公司上下彼此信任，团结一心。

只有敢于给下属压担子，他们才能在压力下做出成绩，如果管理者总是畏首畏尾，舍不得把重要工作交给员工，那么一来：上下级之间难免产生嫌隙；二来：员工也得不到成长。不管是出于赢得下属信任的目的，还是从企业的长远发展来看，管理者都应该让下属担当一定的职责。

当然，在给下属放权的时候也要有一个“缓冲”，明明是还没熟悉公司情况的新员工，却突然给他一个大项目，即便这位员工十分优秀，潜力巨大，也会因为缺乏过度而把事情搞砸。赢得下属固然重要，但决不能拿企业前途开玩笑，因此，管理者在放权的过程中一定要循序渐进。

7 领导者加强自我修炼，是“简约管理”的第一步

领导者如果想获得优秀的人才，首先应该加强自我修炼，让自己充满人格魅力。这样一来，人才自然会登门拜访，主动加盟你的平台，为你效劳。

人格魅力来源于领导者的品格、素质、知识、能力、道德修养等，人格魅力越大，权威性越大，影响力越大，对优秀人才的吸引力自然就越大。因为跟着有魅力的领导打天下，是绝大多数优秀人才渴望的事情。

联想集团的创始人柳传志就是一个有魅力的领导者，他把“其身正，

不令而行”这句话挂在办公室的墙上，用来勉励自己。联想公司由20万元起家，如今发展成为资产上百亿的大型集团公司，成为中国电子工业的龙头企业，这与柳传志的个人魅力有巨大的关系。

柳传志说过：“创业的时候，我没高报酬，怎么吸引人？就凭着我多干，能力强，拿得少，来吸引住更多志同道合的老同志。”这句话充分展现了柳传志个人魅力对人才的吸引力，因为一家企业在创立之初，公司无法给员工提供高报酬，但柳传志却能身先士卒，多干、少拿，并且他的能力强，大家有目共睹，大家觉得跟着他干有前途，自然愿意跟在他身边。

下面这段话，从某个角度也能反映出柳传志的领导魅力。

“要部下信你，还要有具体办法，通过实践证明你的办法是对的。我跟下级交往，事情怎么决定有三个原则：同事提出的想法，我自己想不清楚，在这种情况下，肯定按照人家的想法做；当我和同事都有看法，分不清谁对谁错，发生争执的时候，我采取的办法是，按你说的做，但是，我要把我的忠告告诉你，最后要找后账，成与否要有个总结。你做对了，表扬你，承认你对，我再反思我当初为什么要那么做。你做错了，你得给我说明白，当初为什么不按我说的做，我的话，你为什么不认真考虑；第三种情况是，当我把事想清楚了，我就坚决地按照我想的做。”柳传志如是说。

身为公司的领导者，想必你也有过替人打工的经历，在你选择一家公司时，什么因素最吸引你？工资待遇？工作环境？晋升空间？还是事业前景？对于一个目光远大的人来说，肯定会选择事业前景，而跟随一个有魅力的领导打天下，市场前景是最光明的。

这一点在很多历史人物身上，都有很好的体现。比如，常山赵子龙一开始追随袁绍，但是不被袁绍重用，于是转投白马公孙瓒，但他发现公孙瓒魅力不够，跟着他没有什么前途，直到遇到刘备，他才觉得遇到了明主，从此跟随刘备南征北战，创业打天下。

我们不得不承认，领导者的魅力对人才的感召的重要性。不信的话，我们可以看一个例子：两家实力相当的公司看中了一个人才，给出的待遇也差不多，其中一家公司的领导者涉嫌偷税漏税、走私，还有克扣员工工资的劣迹，而另一家公司的领导正直廉洁，多次受到媒体的褒奖，试问，如果让你选择，你会选择去哪一家公司发展？一般来说，脑子正常的人，都会选择后一家公司，这就是领导者魅力的吸引力。

想一想，为什么全世界的精英都想去微软公司一展身手？这在很大程度上，是因为微软公司及其领导者本身魅力的吸引。微软公司的创始人比尔·盖茨中途退学，其勇气和魄力可见一斑，在他的经营下，微软公司从一家小公司发展成为全球最大的软件公司，其能力可见一斑。比尔·盖茨的勇气、魄力、能力等，都是吸引人才的地方，甚至很多人觉得在比尔·盖茨麾下工作，是一种无上的荣耀。

所以，领导者一定不能忽视个人魅力对工地的影响。要知道，你的形象对公司来说，就如同一面镜子，你时刻向外反射着公司的情况。那么，领导者的魅力主要表现在哪些方面呢？

（1）重视人才，爱惜人才

领导者吸引人才的前提是重视人才，爱惜人才。赵云当初之所以投靠刘备，是因为他知道刘备重视人才，知道刘备赏识他。如果刘备不重视人才，不赏识他，就算刘备魅力再大，恐怕赵云也不会为他卖命。

福特汽车公司是一家名气很大的公司，该公司的显著特点是：器重人才。有一次，公司的一台马达发生了故障，怎么也修不好，最后请人找来一个名叫斯坦曼的人来修。斯坦曼来了之后，看了看出故障的机器，然后指着电机的某处说："这儿的线圈多了16圈。"当他去掉16圈线后，电机马上运转正常。福特当即觉得斯坦曼是个人才，邀请他来公司。但斯坦曼说，自己的老板对他很好，他不能离开。没想到，福特对他说："我把你所在的那家公司买下来，你就可以来我这里工作了。"结果，福特真的买下了那家公司。

常言讲"三军易得，一将难求"，企业竞争最终归结于人才之间的竞争。企业领导者只有重视人才，爱惜人才，并想方设法招贤纳士，让人才看到你的诚意，你才能打动他们。

（2）礼贤下士，拥有优秀的人格

齐桓公得管仲，靠的是人格魅力，结果管仲帮他成就了一番春秋霸业；秦始皇得韩非子、李斯，靠的也是人格魅力，结果统一天下；刘邦得萧何、张良、韩信的辅佐，也是靠人格魅力，最后打败项羽，建立汉朝。纵观古今中外，得人才者得天下，如何得人才？靠的是领导者优秀的人格所产生的感召力。一般来说，优秀的人格包括“仁、义、礼、智、信、温、良、恭、俭、让”等传统美德，拥有这些品行的领导者，才能称之为品德高尚的人。

身为领导者，一定要充分认识到学习的紧迫性，认识到只有不断提高知识素养，才能紧跟时代的步伐，成长为优秀的领袖。要知道，没有人天生就是卓越的领袖，而学习是唯一的途径。只有不断学习、善于学习，你才能拥有渊博的知识，才可能在观察问题和分析问题时保持敏捷的思维，抓住转瞬即逝的机遇，带领企业展翅高飞。

8 大胸怀、大气魄，成就卓越的领导者

企业管理是一个做人做事的过程，在这个过程中，领导者能否做到大肚能容、宽厚待人、眼观六路、耳听八方、胸怀全局、心怀天下，很大程度上决定了企业能否长远地发展。因为宽厚待人，才能广结人缘，才有可能得到员工的支持，因为胸怀全局，才不至于目光短浅，捡了芝麻丢了西瓜，这是一种大气魄。

很多时候，大胸怀与大气魄是紧密联系的，很容易理解的一点就是：大胸怀表现为不与人计较，为的就是从长远来看，与人为善，使自己多一

个朋友，少一个敌人。这一点在企业管理中显得尤为重要。有些领导者嫉贤妒能，害怕下属抢了自己的风光，于是处处打压下属，这就是典型的缺少胸怀和气度的表现。

提到三国时期的周瑜，很多人就会产生刻板印象，认为周瑜嫉妒心强，心胸狭小，其实并非这样的。程普是东吴的老将，他原先与周瑜不和，两人关系相当紧张，但是周瑜并没有因程普对他不友好而报复。相反，他把程普的不友好抛之脑后，选择了大度宽容，后来，程普被他的宽宏大量感动了，两人成了挚友。程普还用“饮醇醪自醉”来评价与周瑜的交往，意思是与周瑜交往，就像喝了又浓又醇的美酒，让人心爽神清。由此可见，大胸怀是化解矛盾、消除隔阂的良药。

企业管理者不但要在做人方面有大胸怀，还要在做事方面有大气魄，这样才能让你的领袖气质影响更多的员工。李嘉诚当年创办塑胶厂时，将厂子的名字定为“长江”，他的解释是：“长江不择细流，故能浩荡万里。长江之源头，仅涓涓细流，东流而去，容纳无数支流，形成汪洋之势。日后的长江塑胶厂，发展势头也会像长江一样，由小到大。长江是中华民族的骄傲，未来的长江集团，也应该为中国人引以自豪。长江浩荡万里，具有宽阔的胸怀，一个有志于实业的人，理当扬帆万里，破浪前进，去创建宏图伟业。”

在做人做事做生意的过程中，李嘉诚总是提醒自己多一点大度、多一点让利。他说：“重要的是首先得顾及对方的利益，不可为自己斤斤计较。对方无利，自己也就无利。要舍得让利使对方得利，这样，最终会为自己带来较大的利益。我母亲从小就教育我不要占小便宜，否则就没有朋友，我想经商的道理也该是这样。”正是这种胸怀天下的大志向和大气魄，促使李嘉诚不断将事业做大做强。

无独有偶，格力集团的董事长董明珠也是一个拥有大胸怀和大气魄的人。在营销界，她被誉为传奇人物。这不仅在于她为格力创造了前所未有的营销模式，更在于她对营销保持着与众不同的态度。

很多人在搞营销时，都会赔尽笑脸、说尽豪华，跟在客户身后，服务周到，但是董明珠搞营销却不这样，她总是开宗明义地告诉客户：如果你不按我的规矩来，就别和我玩这个游戏。结果，客户围绕在她身边抢着付钱，还对她保持12分的敬佩。这到底是怎么回事呢？

有人曾问董明珠："你怎么敢肯定，客户会按照你的规则跟你玩游戏呢？"董明珠说："因为我的出发点不是我个人的那一点眼前利益，我手中把握的是合作双方的长远利益。"看到这样的回答，我们就不难理解为什么客户愿意与她合作了。

另外，董明珠还是一个有大气魄、大格局的领导者，她的一位下属曾表示："董总特别善于观察，而且反应敏捷，在你还没开口之前，她已经知道你要什么；她也会让你明白，她手里掌握的正是你想要的——她永远控制着大局的进程。"

领导者的大气魄、大格局很大程度上，表现为企业战略的制定和企业长远的规划上。就像董明珠这样，站在"大格局"的角度上，统筹内部和外部的一切资源，将利益最大化发挥得淋漓尽致。这一点在威盛电子董事长王雪红身上也有典型的表现。与董明珠向营销渠道的强权发起挑战大同小异，王雪红在威盛电子创立不久，就敢于向行业巨头英特尔叫板，结果一战成名。

王雪红向英特尔挑战并不是哗众取宠、借故炒作威盛的知名度，而是因为她从一开始就看准了中国电子公司不能永远都做"高级作坊"的趋势，必须拥有自己的芯片技术。结果，威盛在她的领导下，一点一点做技术，一点一点赢得市场，最终的结果是威盛和英特尔、AMD并称为全球三大芯片生产商。

敢于挑战是大气魄，这需要勇气，需要胸怀，需要长远的规划和大格局上的把控。企业领导者就应该具备这些素养，要学会着眼未来，积极地为明天准备；要学会掌控全局，判断企业的健康情况，以此掌控企业的运营和走向。